機能的家族療法

対応困難な青少年とその家族への
エビデンスにもとづいた処遇

トーマス・L・セックストン 著
Thomas L. Sexton

岡本吉生・生島浩—監訳

Functional
Family Therapy in
Clinical Practice:
An Evidence-Based
Treatment Model for
Working With Troubled Adolescents

金剛出版

Thomas L. Sexton
Functional Family Therapy in Clinical Practice
An Evidence-Based Treatment Model for Working With Troubled Adolescents

日本語版への序

　機能的家族療法（FFT : Functional Family Therapy）は動的で進化的なモデルです。FFT は，私たちが家族の援助のありかたについて新たなことを学ぶ時間とともに変化し適合してきました。FFT は，とかく変化に関心が向く複雑な家族であっても取り組むことのできるシンプルなモデルであると同時に，そのような家族にとっての足場ともなります。機能的家族療法のもっともユニークな特徴のひとつは，家族が機能する関係的でシステム的な性質に焦点を当てることによって文化を超えて用いられうるということです。このアプローチは，家族が「なぜ」ではなくどうやって機能し動くのかを見ています。そうすることで，治療者はうまくいく援助の独自で創造的な方法を発見することができるのです。FFT は，物事がどうやって動くのかに焦点を当てるさいに助けとなる，まさにレンズであり，変化のさいの複雑なステップを道案内してくれる地図であり，そして同一のモデルに従いながらも個々のケースはその家族にあった独自の方法で行われる創造的活動でもあるのです。しかも，FFT は研究成果中心のエビデンスだけでなく，日々を生きる患者中心のエビデンスで実践されます。

　この書物を日本で出版していただくことはわれわれの名誉です。われわれは翻訳をしていただいた皆さんや出版を可能にした皆さんに大変感謝しています。異なった文化で FFT がどのように機能するかを皆さんが学ばれることを楽しみにしています。

トーマス・L・セックストン博士，ABPP
FFT Model Developer
Board Certified Family Psychologist

まえがき

　25 〜 30 年前には，今日的な「経験上支持された」標準に足る質を，十分な研究によって得られた根拠（エビデンス）を積み重ね保証された家族療法やカップルセラピーの手法など存在していなかった。今日では，「経験上支持された」という評判を得てしかるべく中身の充実した見事な家族療法やカップルセラピーのアプローチが数多く存在している。それらのなかのいくつかは，特にカップルセラピーの領域において，非常に幅広い重要な関係性の困難を扱うために提供されている。また，特に家族療法の領域において，非常に重要な精神保健に関する臨床上の問題により的を絞るために開発されたものもある。後者のより抜きのグループのなかでも，機能的家族療法（Functional Family Therapy: FFT）ほど家族療法の歴史のなかで高い評価を得たものはない。

　多くの家族療法が現れては消え，往々にして創始者がいなくなると廃れてしまう。ところが，FFT に限っては現れてからこのかた 35 年間**発展**を続けた。疑いもなく，研究と実践の終わりのない相互関係に基づいた家族療法の唯一の主要な学派である。FFT はその臨床原則だけでなく，その有効性や効果についての関心が現在のようなトレンドになる以前からそれらを科学的に検討することに力を注いできた。そして，経験上支持されたいくつかの心理療法とは異なり，FFT は，家族やカップルや個人のどれに焦点を合わせるかにかかわらず，真に臨床的に重要な問題と悪戦苦闘する人たちの「現実世界」に基づいてきた。さらに最近では，他のほとんどのセラピーがあえて敬遠してきた領域にまで足を踏み入れてきた。つまり，その世界の「外側にある」臨床領域に，である。そこは FFT が始まったころのアカデミックな場所からするとはるか彼方であるが，異文化間であっても FFT の効果をしっかりと示す場でもある。その長い歴史と，さまざまな方法で効果を繰り返し示してきたことを考えると，FFT

は家族療法の世界において本当にたぐいまれな存在であると主張しても過言ではない。

FFT を，成長させ，栄えさせ，そして非常に挑戦的で希望を失わせてしまうような青少年の行動障害を目の当たりにする家族との作業に対して，これほど魅力的なアプローチにさせたのは一体何であろうか。

FFT は，緻密で複雑であるが，家族との作業に向け大変洗練されたアプローチである。可視性の拡大や現場への影響性をうちだした FFT の別の特徴を認める者もいるかもしれない。私にとっては，FFT の属性には家族療法の世界でその特別な位置を保証する，恐ろしいほどの，競馬でいう三連単のようなところがある。事実，より広いすべての心理療法の世界において，FFT は堅実な心理学的科学性に基づいており，きわめて教えやすく，そして治療者に創造力を求める。

FFT はシステム理論，疫学，発達精神病理学，および結果とプロセス双方に焦点化した臨床的介入についてのリサーチを含む，心理学的な科学的知見における進展を，その進化しつつある臨床上の理論化や実践の発展に系統的に組み込んでいる。その結果，FFT は，中核となる家族のプロセスの理解と特定の治療的な戦略と介入の活用を，青少年の行動上の混乱に含まれる最も手のかかる保護要因とリスク要因に焦点化している。

青春期の行動障害がどのように発現するか，そしてそのような問題を維持している家族の相互作用を改善するのに何が求められているかについての概念モデルが明快であることを考えると，FFT がとんでもなく教えやすいということは驚くことではない。しかし，FFT は重要な点で単なる教えやすい介入ではない。たいていの家族療法とは異なり，FFT は，治療への積極的関与という必要な段階，その段階の内部の必要な副課題を定義するからである。FFT は，治療者としての実践方法だけでなく FFT の実践をいかに効果的に指導（スーパーヴァイズ）するかについて，はっきりとした的確さと一貫性を持って詳細に説明している。このことを自負できる家族療法などはかにない。

しかし，FFT の教えやすさという特徴が，FFT の治療者をそのままマニュアルに従うロボットにしてしまうのではないかという心配は無用である。家族関係における「関係機能」という中心概念は，間違いなく二つのことを求めている。一つは，FFT において，それぞれの個々の家族や家族成員それぞれにある独自の心理的「文化」に深くトーンを合わせたとしても，単にそれを尊重するだけではないということである。この深淵にして明快な意味において，FFT は，

人種，宗教，民族的アイデンティティ，社会階級などの違いに本質的に敏感なのである。第二に，この機能の重視はまた次のことを要求する。つまり，家族成員が，全体として家族の機能を高めつつも，メンバー個々人の関係目標や好みを保つための新規で協働的な方法を発見し発展させるに際して，治療者が柔軟で，開かれており，そして実際のところ素直に創造的であることへの要求である。

　FFTはその有効性が十分に研究され，その技術的側面が十分に議論されてはいるとはいえ，これは「型どおりの治療」でない。FFTは，臨床科学と臨床調律の見事な相乗作用のブレンドであり，本書『**機能的家族療法：対応困難な青少年とその家族へのエビデンスにもとづいた処遇** *Functional Family Therapy in Clinical Practice*』は最も歓迎すべき，そして長い間の必要性に応えたものである。

アラン・S・ガーマン博士
ウィスコンシン大学医学・公衆衛生大学名誉教授

序

　機能的家族療法 Functional Family Therapy（FFT）は，30 年以上の間，外在化する問題行動・症状に関する思春期の若者との作業に向けた主要な家族療法のアプローチである。FFT に関する最初で唯一の本は，Alexander と Parsons によって 1982 年に出版された。そのとき以来，FFT モデルに関する章が，家族療法の分野におけるほとんどの著名な書物で取り上げられてきた。そのなかには，Gurman と Kniskern の『家族療法ハンドブック *Handbook of Family Therapy*』（Barton & Alexander, 1981），『心理療法ハンドブック *Comprehenslve Handbook of Psychotherapy*』（Alexander & Sexton, 2002; Sexton & Alexander, 2002），Sexton，Weeks，Robbins の『家族療法ハンドブック *Handbook of Family Therapy*』（Sexton & Alexander, 2003），『臨床家族療法ハンドブック *The Handbook of Clinical Family Therapy*』（Sexton & Alexander, 2006）や『家族心理学ハンドブック *Handbook of Family Psychology*』（Sexton, 2009）がある。これらの書物では家族心理学の分野における主要な理論的概念的モデルとして FFT の重要性が示されている。FFT は暴力研究防止センター（Center for the Study and Prevention of Violence）によって，ハイリスクな若者の非行，暴力，それに併存する問題に対する効果的な治療のための典型モデルとして位置づけられた（Alexander, Pugh, Parsons, & Sexton, 2000）。

　危機にある青年や彼らの家族に対して良好な結果が得られるよう繰り返し施行しながら，FFT モデルの臨床的に豊かな，理論的に統合され系統的な性質は，さまざまなクライエントのいる多くの設定において，地域に根差したものへと応用範囲が広がってきた（Alexander, Holzworth-Munroe, & Jameson, 1994; Sexton & Alexander, 2002; Sexton, Alexander, & Mease, 2004）。機能的家族療法は，最も困難な臨床的問題の一つである思春期の外在化型の行動障害を扱うために，アメリカや諸外国における精神保健や社会サービスの治療システムにおいて今や広く用いられるよう

になっている。リスクのある青少年にはあまり効果的な治療を選択する余地がなく，治療に抵抗的で動機づけが低いと見られることが多い。こうした若者は精神保健システムのなかでは決まってほかの機関に回されるのが通例であり，少年司法手続きの世話になる若者は意味のある資源や配慮を求めている。

　FFTはシステミックな臨床モデルであり，科学的探究を土台にし，スーパーヴィジョンと訓練を正式に取り決め，さらに普及と実践の過程をもち，質の改善システムを備えているため，実践家，サービス提供者やリスクのある若者の援助方法を求めている地域の注目を集めている。さらに，文化を重視し多様なクライエントの問題を特定することのできるその能力は，FFTをことさら価値あるものにしている。精神保健システムにおいて，FFTは問題のあるさまざまなタイプの若者（初期段階にある初犯者から重大事件の犯罪者，最も非行性の進んだ若者まで）やさまざまな文脈を伴う彼らの家族への主要なプログラムである（Alexander, Sexton, & Robbins, 2002; Alexander & Sexton, 2002）。少年司法場面では，FFTはしばしば予防プログラムとなり，そこではリスクのある青年という弾丸の軌道を精神保健や司法システムから少しそらすのに効果がある（Alexander, Robbins, & Sexton, 2000）。ソーシャルワーカー，心理学者，カウンセラー，夫婦家族療法家といったさまざまな処遇の担当者の領域を超えてFFTは用いられている。これらどの領域においても，FFTは，社会的にも人間個人にも大変な影響力があるという意味において，科学と実践をうまく統合していることが示されている。このような適用範囲の広さゆえに，FFTは心理学的な介入の歴史において特有の動きを描いている。そこでは，しっかりとした理論と力強い介入モデルの科学性が，臨床実践の世界に系統的に導入されてきた。

FFT 物語

　臨床モデルができ上がり，統計が積み重ねられ出版される背景には物語がある。FFTの場合，それは少年司法や精神保健や家族サービスシステムにおける最も困難な若者との作業に向け長年包括的なアプローチを発展させてきた一連のアイデアの物語である。私は，自らも青少年や家族を援助することに情熱をもつ家族心理学者であり家族療法家である。クライエント／家族とヘルパー／治療者の間の単なる会話が，それがうまくいったときは人生行路をどのように変えるのかに，そして，何が人の変化の助けになるのかに，私はずっと強い関心をもってきた。しかし，一貫して変化を生み出せる確信を私に与えてくれる

ほど理論的にしっかりした十分な科学的根拠に基づくモデルを見つけることはできなかった。

　この不満は 10 年以上前，FFT を学び FFT という臨床モデルの発展普及に積極的にかかわるようになってからは変化した。FFT は私にとってある基準を満たしていた。つまり，FFT には理論的な響きがあり，研究に基づき，臨床的有効性にも優れていた。にもかかわらず，このモデルの特有性は開かれていることである。FFT は中核原理と臨床実践の上に築かれており，それは臨床の分野の新しい考えや進化したアイデアに対して意図して開いている。FFT の生みの親である James Alexander は，臨床モデルは，生き残っていくためにはダイナミックで，進化的で，常に成長し続けるものでなければならないが，それと同時に核となるもの，同一性，中心性は保持するべきであると考えていた。カリスマ的な創始者が，アプローチを新しい世代に引き継げず，新しい考えを融合するのを好まなかったり，できなかったりしたため，大きな可能性がありながらも廃れてしまう，という臨床モデルのわれわれの分野での歴史をことさら振り返ると，このことは注目すべき点である。この原則が維持される限り，臨床分野の過去を語る書物の一章にはならずに FFT は生き続け，臨床的にも価値があり，活発で実践的なモデルであり続けるものとなるだろう。

　私が本書を提供するのは，FFT のダイナミックな進化的発展の継続という精神と通じているものであり，それは学問や臨床実践の 10 年の上に築かれているものである。本書では，FFT の臨床実践に向けた包括的で系統的な案内，サービス提供システム，理論的原則，臨床的変化のメカニズムを紹介している。第Ⅰ部は，FFT の起源についての重要な歴史的文脈，実践におけるエビデンス・ベースの運動での役割，FFT によって明らかになる臨床的問題，および理論的科学的基礎について述べられている。第Ⅱ部は臨床的適用に割かれ，第Ⅲ部は FFT をコミュニティ・ベースの臨床実践場面で用る方法，これらの努力の結果，FFT の普及に必要とされた臨床的スーパーヴィジョンについて述べられている。ここでの目標は FFT の中核的原則，つまり臨床的に意義があり，理論的な響きがあり，科学性に基づいていることに一致した書物を作成することであるため，各章には話題についての系統的な議論，基礎として役立つ理論的な視点，そしてこれらの原則が FFT でどのように用いられるかを示す臨床例の描写が含まれている。

　機能的家族療法のモデル——そして本書——は，問題行動のある青少年，その家族，そして彼らの生活にある問題の解決策を必死で見つけようとすること

に関することが中心である。FFT は個々のクライエントに「ついて」というより，彼らと「一緒になって」認識し，的確に評価し，尊重し，理解することを求める。こうしたクライエントを治療的変化という最も親密な旅行のひとつに招くことができるよう懸命に情熱を傾ける臨床家にとって，FFT は，地図であり，案内であり，しっかりとした基礎のある原則のセットである。そこから，臨床家は成功する治療で起こるような偶然で迅速な決定を行うことができる。

　私は，モデルの創始者である James Alexander や，臨床モデルを関連づけ普及プロセスに貢献し現実の臨床場面で FFT を研究し継続発展するサービス提供システムを構築するのに貢献した好奇心旺盛で精力的なデベロッパーたち（Parsons, Barton, Waldron, Robbins, Turner ら）と作業を共にする名誉を授かった。モデルは将来また変わっていくだろうが，このモデルの強みは，成功するモデルは理論を臨床実践という「部屋」に翻訳するのを助けることだと実感する実践家たちに受け継がれるのである。

機能的家族療法

対応困難な青少年とその家族への
エビデンスにもとづいた処遇

［目次］

第 I 部
機能的家族療法の概要——理論，科学，実践の力強い進化… 017

1 機能的家族療法の進化

伝統的理論からエビデンスに基づく実践へ…………………………… 020

2 機能的家族療法の中心原理

クライエント，臨床問題，効果的な治療的変化の基礎……………… 046

3 臨床的変化

時継列的に系統的であること，関係性への焦点化，
そしてクライエント中心……………………………………………… 079

機能的家族療法

対応困難な青少年とその家族への
エビデンスにもとづいた処遇

Functional Family Therapy in Clinical Practice

An Evidence-Based Treatment Model for working with Troubled Adolescents

I

機能的家族療法の概要
理論，科学，実践の力強い進化

優れた臨床業務は，親身になって耳を傾けたり安全で信頼できる人間関係を提供したりするだけにとどまらない。その業務にはクライエント（さらに複雑な場合，家族やカップル）の内的生活のアセスメントが含まれると同時に，クライエントの生活に違いが生じるような変化の途上での諸段階を通して，関係性を土台とする対人的・連関的な旅を案内しその旅を容易ならしめることも含まれる。当然ながら，臨床家はその案内役となる臨床実践モデルを求めることになる。

　家族やカップルの治療におけるこのようなモデルには長い歴史がある。カリスマ的な先人たちが，関係システム内での効果的で原理に基づいた実践法を見出した。研究者たちは有効なモデル，変化のメカニズム，成功をもたらす臨床業務の核心をなす諸要因を突きとめてきた。今やわれわれは，科学的根拠（エビデンス）に基づいた新世代のモデル——理論に基づき臨床的に適切で，しかも同時にクライエントのためによい結果を生みそうなアプローチ——をもつにいたっている。

　機能的家族療法（FFT）は，行動に問題のある青少年とその家族を助けるための臨床モデルである。理論レベルでは，FFT は臨床的変化を，家族が自分たちの目標を効果的かつ効率的に達成するのを助ける目的で細かい点まで配慮され

た，一連の段階を進んでいくプロセスであると説明している。臨床レベルでは，FFT は進み方を示す効果的な地図を用意し，個々のクライエントの状況に合わせた実際的な介入方法とその技術を提供する。最も大切なことは，クライエントにかかわるためにクライエントの文脈を理解し，しっかりとした目的のもとに効果的で効率的な方法で活動するための情報を系統立ててまとめ上げることであり，それによって，クライエントが人生のさまざまな試練を通して前向きでその成長に合ったやり方で前進するよう手助けすることである。科学レベルでは，FFT はさまざまな治療と文化的背景の違う多様なクライエントに対して，常に好結果を生んでいるといえよう。

　本書はあくまで FFT の臨床モデルの物語であり，FFT を開発した人々の多くの功績を詳述する歴史的な内容の本でも，理論的発展のさまざまな段階について長々と説明する本でもない。むしろ臨床モデルに関する本であり，複雑な家族療法の治療モデルの，内側からの説明と理解に関するものである。このモデルは，最も難しい青少年のいくつかの問題行動に優れた結果を得ていることが証明されており，過去 35 年にわたって目覚ましい進化を遂げている。治療，スーパーヴィジョン，普及，そして訓練をガイドするという原則レベルでは，広い意味での「変化モデル」である。それに加えて，特有の「室内」での面接法もあるが，こちらも何年にもわたる FFT の提供，指導，その実施によって微調整がなされている。本書はまた，とどまることを知らない「進化」モデルの物語でもある。もちろん，FFT には基盤がある。過去 35 年にわたって発表された 30 本以上の研究論文がその基盤を形作っている。進化の物語にならしめたのは，これらの基盤を明確に表明することにとって，新しいアイデア，とりわけ治療において「人と人との間」で生じる再帰的・関係的な性質に関するアイデアを調整し，取り入れてきたことで成長してきたことによる。したがって語られる物語は，その基盤となる明確な表明が変化するところにあり，さらに，モデルが新しい考え，違う人々，臨床実践から得られた新しい洞察，スーパーヴィジョン，研究，FFT の臨床モデルをめぐって変わりゆく理論世界の知識，といったものとともに成長するところにある。現行の FFT モデルは，早期に練り上げられた中核となる原理を土台としながら，プロセスと臨床経験を足掛かりにして，治療者，スーパーバイザー，および組織レベルで供給されるときに必要な「現実生活」の経験を取り込む方向に向かっている。

　この第Ⅰ部は三つの章からなり，FFT の概要，およびそのなかで FFT が開発され FFT が対象としてきた文脈──青少年の問題行動──の紹介をするこ

とを目的としている。第1章では，青少年の複雑多岐にわたる臨床問題を振り返り，この種のクライエントの援助を意図した臨床モデルがどう変化してきたかを概観する。その物語には，単純なアイデアから，ひと組の原理や，今では現実の臨床課題を取り扱う包括的な実践モデルにいたるまでの，FFT の進化が語られている。形づくられたモデルは，クライエント中心的，プロセス重視，特化してはいるが臨床面には柔軟性と適応力を備えたものである。このことは FFT を理解するには重要な文脈である。というのも，FFT は若者と家族に影響を与える主要なリスク要因と保護要因を扱うために設計されているからである。

　第2章では，FFT の理論的基礎——クライエント，治療における役割，治療において向けるべき注意と変化への焦点に関する概念仮定——について検討する。これらの原理は FFT の治療における臨床的な方針決定の基礎となる。第3章では，臨床的変化モデルについて説明し，FFT の原理と構造が面接室内の治療者と家族の間で展開する様子を描写する。第Ⅱ部では，この理論的背景をもとに，FFT の「考え方」，「実施」法，治療の進行「プロセス」を示すために，実際の臨床例を用いて FFT の各段階をさらに細かく検討する。

1

機能的家族療法の進化
伝統的理論からエビデンスに基づく実践へ

　機能的家族療法 (FFT) が辿ってきた道は，問題を抱えた青少年や解決法を探すサービス提供者の側が辿る道とたいへんよく似ており，進化と変化，挑戦と成功の物語である。FFT は一つの臨床モデルの物語であり，多種多様なクライエントやさまざまな青少年の問題行動のみられる多様な文脈 (地方と都市) において実践されている。いまや全員が FFT モデルで訓練され指導された何千人もの実践家が，数多くの組織や機関において FFT を広く活用している。臨床経験を蓄積したデータベースが FFT 実践の進化に役立った。理論的原理は臨床的に妥当な意味を持ち，現実に臨床的な挑戦が試みられ，検討され，そして FFT モデルの変化メカニズムは適宜見直され，改良された。この 10 年で FFT が力量のある臨床モデルになったのは，理論の発展と現実の臨床実践のこのような循環的な相互作用のおかげである。この FFT の臨床への適用が本書の中心である。

　多くの理論モデルと同じく，FFT は創始者 James F. Alexander を中心に組織された小さな文脈 (ユタ大学) のなかで始められた。ユタで創始された学問的充実に惹かれて，FFT について学んだ世代の学生たちが集まり，違った形で FFT アプローチに貢献した者たちも (私のような) 畑違いの専門家とともに小集団を作った。われわれ全員が，子どもたちを助けたいとする Alexander の情熱に共感し，何が有効な手立てなのかを見つけ出そうと躍起になった。この 10 年にわたって FFT は，クリニックや多様なクライエントのいる精神保健システム，その他さまざまのサービスを提供する場に系統的に導入されてきた。何千人ものソーシャルワーカー，心理士，家族療法家，行動学の専門家たちがそれぞれ FFT を実施できるよう訓練され，熱意あふれる指導を受け，臨床面での監督を受けてきた。治療者，家族，政策立案者は，FFT が継続的な質的改善に役立つ

ためのツールとともにきちんと実施されれば，現実生活の臨床場面でも研究結果と同じ結果を出しうることを理解したのである。

機能的家族療法のダイナミックな進化

　よいアイデアがみなそうであるように，FFT は，さまざまな人々やそれらの視点によって影響され，そこで現れる新しい見解や視点を吸収して組み入れ，研究成果や臨床面接室から多くのことを学んだ結果をきちんと言語化するなかで変化した。

　FFT は最初，James Alexander と Bruce Parsons によって 1960 年代後半に開発され，まず少年審判という文脈に現れる若者に適用された。そこでは若者たちにありがちな重要な課題の一つである治療プロセスへの積極的なかかわりに焦点を当てた。Alexander と Parsons が関心を持ったのは，他の人はまだ誰も知らない子どもへの治療法を発見することだった。Jim（Alexander）は，説明責任や研究やモデルの明確化に力を注ぐ家族システム的視点にもともと強い関心を抱いていた若い教授だった。当時大学院生だった Bruce（Parsons）は，独創力豊かな治療者であり，なおかつ，洞察力の鋭い観察者だった。二人はあるアイデアの核——治療の中心目標としての動機づけと積極的かかわり——に取り組み始めた。今日の私たちの観点からすれば一見明白な論点であるにもかかわらず，当時としては新奇な着眼点だった。彼らの仕事は，治療の二つの段階（積極的関与とクライエントの動機づけ）と教育（特定の行動への介入）に焦点を当てることで，結果的に FFT 臨床モデルの初期バージョンとなった。

起源

　FFT の中心原理を最初に世に問うたのは Bruce Parsons だった（Alexander & Parsons, 1973, 1982）。その後，Cole Barton と James Alexander（1976, 1980）によってさらに発展した FFT は，歴史に冠たる『家族療法ハンドブック *Handbook of Family Therapy*』（Gurman & Kniskern, 1981）のなかで家族療法モデルの「第 2 世代」の一つに数えられた。Barton は Alexander の教え子で，当時一般的だった認識を大きく超えて，人と人の間にある関係のつながりに着目するという独自の方法を導入した。これは人間関係の構造に注目するものだった。Barton の見解を Alexander のダイナミックな理論背景と結合させたこの取り組みは，革新的なものだった。それは，システムパターンにおける個人の心理学的プロセスの役

割と家族成員間の関係を説明するために関係機能（relational functions）という理論を導入したからである。それとほぼ同じころ，Alexander と Parsons は FFT に関する最初にして唯一の本を出版した。1988 年，Alexander は介入モデルの解剖学（Anatoy of Intervention Model: AIM）を開発し，各段階の諸目標に向けて治療を系統的に分割し，特定の治療者の行動に適合させることでこの分野を発展させたのだった。これは，治療者の役割が治療モデルのさまざまな段階を通して，特定の目標と課題とリンクしたはじめてのもので，その意味できわめて意義深い一歩であった。

　FFT 開発初期にユタ大学で同時並行して続けられていた研究プロセスの重要な貢献にも言及しておかなければならない。Alexander は卓越した生物統計学者の Charles Turner と協同して研究チームを作ったが，おかげで変化プロセスのマッピングに必要な，理論的才能を統計的モデリングに融合することが可能になった。その結果，特にジェンダーの役割，治療者の体制と支援が機能する仕方，リフレーミングの影響（Robbins, Alexander, & Turner, 2000），治療の初期段階における家族の拒絶的態度の位置づけなどに関して多くの重要な科学的発見があった。FFT が生まれ，実用的な治療モデルとして成長したのは，間違いなくこの種の臨床に基づく科学と理論の融合のおかげである。

発展

　この 10 年，FFT はユタ大学の研究室を出て現実の臨床現場に組み込まれていった。これが臨床モデルのさらなる明確化と成長の拍車となった。段階作業分析（Phase Task Analysis），すなわち PTA（Alexander, Pugh, Parsons, & Sexton, 2000; Sexton & Alexander, 2000）は治療を三つの段階に分けているが，そこでは段階ごとの変化目標を達成するために実地の臨床戦略と結びついた介入とアセスメント活動がセットになっている。この発展は，心理学者と治療中の家族との間で展開する恒常的で複雑な関係プロセスを引き出した。PTA のおかげで，システミックで関係的で個別化した臨床プロセスとしての FFT は，緊迫した面接室内の力動を最も視覚的に定義づけることができるようになった。そして，治療成果が相互を支え合うような，明確かつ予測可能な諸段階を通して前進し，それが最終的には前向きな行動変容を生む結果となった。これによって FFT は，サイコセラピーへの医療モデルアプローチに用いられるような伝統的な段階ベースのモデル（アセスメント，治療）から，治療者と家族の「循環的」相互作用が変化メカニズムの治療的好機となる力動的・臨床志向的アプローチへと発展するこ

とができた。これら実際の臨床の場で実際の家族を扱った FFT の臨床ベース
の適用例については，第Ⅱ部で取り上げる。

　FFT を数えきれないほどたくさんのコミュニティ場面に適用し移行すること
で，臨床モデルを現実生活におけるさまざまな場面で試す機会となった。臨床
面や理論面で学んだ教訓の数々は意義深く，おかげで関係プロセスは FFT の
中核として確固たるものになった。大学の小さな守られた環境のなかでのモデ
ルの実施と，実際の治療者がさまざまなタイプの若者を治療する現実のコミュ
ニティ場面にモデルを持ってくるのとはまったく別物である。FFT の現在の仕
事はいまだに現実の臨床実務から刺激を受けているが，それはモデルの臨床的
幅広さをさらに明瞭にし，発展させるという意味で，はかりしれないほどの価
値がある。これらの発展の成果については第Ⅲ部で取り上げる。

システム化

　最近の FFT は，臨床モデルとスーパーヴィジョンのためのシステム化した
実施計画書の作成，システム化した訓練プランの開発，コンピュータを用いた
質的向上と事例計画システムの作成等において革新的に変化した。リアルタイ
ムに反応が返ってくるツールを臨床家に持たせたことで，効果研究とプロセス
に基づく研究のデータを臨床実践のなかで得る手段が手に入り，そのおかげで
モデルの臨床への適用はさらに改善した。これらの努力は次のような結果をも
たらした。

◉臨床的スーパーヴィジョンへのマニュアル式アプローチ（Sexton, Alexander, &
　Gilman 2004）
◉コミュニティ場面への移行を促進するためのコンピュータを用いた質保証
　と改善システム（Sexton, 2008; Sexton & Alexander, 2000, 2004, 2006）
◉訓練とコミュニティへの普及のためのシステム化したアプローチ（Sexton &
　Alexander, 2004）
◉訓練の組織化（FFT Associates, FFT inc.），大学での研究（Center for Adolescent and Family
　Studies, Indiana University; Oregon Research Institute, University of Oregon），大学の訓練機関
　（Functional Family Training Institute, Indiana University）。
◉質的改善システムの開発により，研究と実践が現実の臨床実践場面のなか
　で一体になった。この開発の成果については第Ⅲ部で詳述する。

行動問題を抱えた青少年の複雑さへの 回答としての機能的家族療法

　FFT は表出型の問題行動のある若者とその家族を援助するという特定の目的のために作られている。そのような問題はたいがい「素行障害」と呼ばれる。素行障害は，特に学校の問題，薬物の使用や乱用，暴力，非行，反抗挑戦行動などを包含するさまざまな種類の行動が外在化したものである (Kazdin, 2003)。もし，これらの行動を個々の青少年の問題だとしか考えなかったら，その範囲の広さについて重大な過小評価をすることになる。これらの問題行動は，個々の若者たちの家族，仲間，学校，コミュニティに大きな影響を与える。コミュニティ内での児童福祉，少年審判，精神保健の各システムは，同じような問題行動にそれぞれ別個の名称をつけている。その名称は，子どもが最初にかかわったシステムに左右されることが多い。

行動問題の範囲，割合，有病率

　概算で，10 歳から 17 歳までのアメリカの青少年のおよそ 10 パーセントが少年審判システムと関わりをもち，その影響は一生続くという。たとえば，そのような少年たちの大部分は保護観察下に置かれたり罰金を科されたりするが，約 4 分の 1 は何らかの施設に何年間か入れられ，そういう少年たちの多くが若年成人期になっても刑務所に収監され続ける。少年審判システム下に置かれていたという経歴の割には，かつて収監されていた若者の 12 パーセントが若年成人期までにハイスクールの卒業証書か GED ［訳 注：General Equivalency Diploma, 卒業と同等の証書］を取得している。これに比し，全米の平均は 14 パーセントである。しかし，社会復帰後学業に戻るか職に就く者は約 30 パーセントにすぎない。非行歴のある若者たちは，大人になってから失業して福祉の世話になる人生を送る傾向が 7 倍にもなり，離婚したり婚外子を持ったりする傾向も強い。最終的には，これらの若者たちは，人生のどこかの時点で再逮捕される可能性がきわめて高い (Chung et al., 2005)。

　未治療の精神保健関連の事項や少年の非行行動にかかわる社会的コストも同様に相当な額にのぼる。アメリカ合衆国における犯罪関係の全コストは，概算で 3,000 億ドルから 1 兆ドル以上に及ぶ (Andersen, 1995; Miller, Cohen, & Rossman, 1993)。青少年犯罪は犯罪全体の約 20 ～ 30 パーセントと推定されることを考えると，少年犯罪にかかる全コストは年間 600 億ドルから 3,000 億ドルの間だと

推定される (Greenwood, Model, Rydell, & Chiesa, 1996)。しかしながら，それによる損失は，暴力に関連した病気，身体障害，早死にという形で表面化して家族やコミュニティへの大きな負担となっているように，経済的なことに限らない (Dahlberg, 1998; Miller et al., 1993)。

　少年非行は，単に社会現象というだけにとどまらない。非行少年と分類される若者のかなり多く (60～85 パーセント) は，少なくとも精神病理学の一つのタイプに属すと診断され，二つ以上の精神障害に該当することも珍しくない (Teplin, Abram, McClelland, Dulcan, & Mericle, 2002; Robertson, Robertson, Dill, Husain, & Undesser, 2004; Abrantes, Hoffman, & Anton, 2005; Dixon, Howie, & Starling, 2004; Domalanta, Risser, Roberts, & Hale Risser, 2003; Pliszka et al., 2003)。研究対象となるサンプルの構成によって部分的に影響を受けるように (たとえばジェンダーの分布)，研究が異なると特定の障害の有病率についての評価基準も異なってくる (Dixon et al., 2004; Teplin et al., 2002; Rosenblatt, Rosenblatt, & Biggs, 2000)。

　測定具は異なるかもしれないが，根本問題は変わらない。外在化型の障害，物質乱用，感情障害は，少年非行について述べている最新の文献のなかで一貫して認められているカテゴリーである。たとえば都市の少年審判システムに委ねられたさまざまな民族の少年たちからなる身柄拘束された事案について大規模に調査した最近の研究によると，次のようなことが判明している。

- ◉男女とも 40 パーセント以上が素行障害か反抗挑戦性障害と認定できた
- ◉男女とも約 50 パーセントが物質乱用の基準を満たしていた
- ◉男性の 20 パーセント以上，女性の 25 パーセントが感情障害の基準を満たしていた (Teplin et al., 2002)

　別のサンプルでは，素行障害の割合は男女合わせると 60 パーセントに上り，女性では最高 91 パーセントにもなった (Pliszka et al., 2000; Dixon et al., 2004)。これらの統計値をさらに気がかりにさせるのは，素行障害は物質乱用障害 (Abrantes et al., 2005; Pliszka, Sherman, Barrow, & Irick, 2000) や抑うつや不安 (Neighbors, Kempton, & Forehand, 1992; Dixon et al., 2004; Ulzen & Hamilton, 1998) を併発しやすいとみられていることである。さらに，薬物の多剤乱用 (Neighbors et al., 1992) と大うつ病性障害の診断 (Domalanta et al., 2003) は青少年の精神保健関連の症状を伴っていることが少なくない。事実，Neighbors ら (1992) の研究によると，多種の物質を使用する非行少年は非使用者と比較すると，素行障害や抑うつや不安の症状が見られ，

それらの診断を受けていることがわかった。Domalanta ら（2003）の研究によれば，1,000人以上の少年勾留者のうち大うつ性障害の基準を満たす者は，より軽いうつ性障害を持つ者よりほんのわずかに（3パーセント）多重物質乱用になりやすい傾向があった。

「問題行動」というレッテルを張られた若者は，実際に複雑な臨床的側面を見せる。すなわち問題になっている青少年は発育面，感情面，行動面で広範囲に及ぶ問題を抱えている可能性がある。Kazdin（2004）は，診断可能な精神科的障害（不安障害，気分障害，物質関係障害，適応障害，破壊的行動障害など）を，危険な行動もしくは問題行動（物質使用，怠学，怠学）と非行（不法行為）とに区別している。それに加え，行動障害は，青少年の通常の発育途上で起きる行動——たとえば，けんか，ひきこもり，意見の相違，権威者への反抗などとある程度重なるため，特定するのが難しいことがある。

FFTの治療を受けることになる若者の問題は，主として次の3タイプに分類される。

- ●**外在化型の障害**（externalizing disorders）　これは他者や境遇のありように対して向けられた古典的な表出行動である。これには反抗的，過活動的，攻撃的，反社会的行動が含まれる。そのような行動を包含する精神科診断には，注意欠陥障害や破壊的障害など非常に多くのカテゴリーがある。精神保健システムと少年審判システムに現れる青少年には外在化型の行動障害の症状を呈する者が非常に多いが，彼らの表出行動が他人に影響を及ぼすのだからこのことは驚くことでもない。

- ●**内在化型の障害**（internalizing disorder）　これは内面的に悩む問題であり，不安，ひきこもり，抑うつといった臨床症状を伴う。これらの障害をもつ青少年は行動表出をしないので，処遇対象にされることはまれである。彼らの悩みが家族や学校やコミュニティの注意をひくことはあまりない。

- ●**その他の行動**　外在化型の問題行動の基準にも内在化型の問題行動の基準にも適合しないが，それにもかかわらず若者が精神保健システムや少年審判システムに現れたり，将来的に精神科的問題を抱えたりする危険におかれる場合がある。怠学，公共物破壊，盗み，薬物使用，いじめ，家出などは，まさにそのような問題行動である（DiClemente, Hansen, & Ponton, 1996）。この理由から Kazdin（2003）は，公刊された若者の行動問題の有病率というのは，問題性の大きさを著しく少な目に評価したものであると示唆している。

リスク要因と保護要因

　前述した統計値は驚くほど差が大きく，若者たちとその家族が直面する諸問題を理解しようにも，どこから手をつければよいのか皆目見当がつかないかもしれない。FFT のような治療プログラムに委ねられる青少年は，生物学，人間関係，家族，社会経済，環境等の諸要因を盛り込んだ一つの「パッケージ」と考えられる。この「パッケージ」にはまた，多くの人々がかかわったさまざまな問題行動も入っている。したがって，青少年の行動が診断可能な病気かどうか，それが早発性，あるいは遅発性を示す発達曲線に適合しているかどうか (Loeber, 1991) にかかわらず，両親，他の家族成員，仲間，学校，環境などはすべて，その若者自身と彼／彼女の問題の性質を理解するうえで重要である。

　リスク要因と保護要因という概念は，青少年とその家族を面接室に送り込むことになる問題行動と他の問題の「パッケージ」を理解するための便利な方法である (Hawkins, Catalano, & Miller, 1992; Kumpfer & Turner, 1990; Sale, Sambrano, Springer, & Turner, 2003)。**リスク要因**とは，青少年が薬物や精神症状や素行問題に陥る可能性を高める要素のことである。**保護要因**とは，若者の薬物使用と問題行動の生じる可能性を減少させ，同時にリスク要因の影響を軽減する要素のことである。リスク要因と保護要因は，クライエントが抱える問題がどの程度重大かを理解する上で，それぞれ別個なやり方で貢献する。したがって，リスク要因は単純に保護要因の逆ではない。両者は潜在的にそれぞれ別個に，結果に対して貴重な役割を果たすものとして評価されなければならない。家庭生活と家族関係のいくつかの特定の側面は，青少年の問題行動の開始，悪化，再発に首尾一貫して強い関連をもっている。

　多くの機関がリスク要因と保護要因のモデルを用いて問題行動の原因を査定し，どの個人，家族，コミュニティ，治療モデルの要素が若者が援助を受けることや適切な行動変容を遂げるのに妨げとなっているのかを確定しようとしている。たとえば，青少年の暴力予防協会 (Youth Violence Prevention Council) は，単独のリスク要因があっても非社交的な行動の原因にはならないと提言している。むしろ，多数のリスク要因が結合して成長の過程でそういった行動の一因となり，行動を起こさせるという。リスク要因と保護要因の集合体が，リスクを抱えるような行動を引き起こすのかどうかを決定する。表 1.1 は疾病管理予防センター (Centers for Disease Control and Prevention, 1995)，国立薬物乱用研究所 (National Institute for Drug Abuse, 1992)，および青少年の暴力予防協会 (U. S. Public Health Service, 2001) が発表したリスク要因と保護要因の要約である。

表 1.1—深刻な問題行動を抱えた若者にとっての
個人，家族，コミュニティのリスク要因と保護要因

若者と親の 個人的リスク 要因	・暴力被害の経歴 ・注意欠陥多動性障害（ADHD）あるいは学習障害 ・早期に攻撃的行動がみられた生活歴 ・薬物，アルコール，タバコへの耽溺 ・低 IQ ・行動コントロールの不得意 ・社会的，認知的，情報処理能力の欠如 ・強度の情緒障害 ・情動的問題に対する治療の経歴 ・反社会的なビリーフと態度 ・家庭内で暴力と葛藤にさらされること
家族の リスク要因と 保護要因	リスク要因 ・相互的アタッチメントと両親による世話の欠如 ・効果的でない子育て ・雑然とした家庭環境 ・思いやりのある大人との大事な人間関係の欠如 ・世話をする人物の薬物乱用，犯罪への関与，精神障害 保護要因 ・子どもと家族の強い絆 ・子どもの生活への両親の関わり ・経済的，情緒的，認知的，社会的ニーズを満たす支持的な子育て ・しつけに関する明確な限界設定と一貫した態度
友人と学校の リスク要因	・非行仲間との交際 ・非行集団への関与 ・仲間たちによる完璧な無視・拒絶 ・行事ごとへの関わりの欠如 ・学業成績の不振 ・学校への参加の低さと学校での失敗
コミュニティの リスク要因	・経済的機会の減少 ・貧しい住民の密集 ・短期滞在者の多さ ・家庭崩壊の多さ ・コミュニティへの参加率の低さ ・社会的に無秩序な近隣住民
治療プログラム の保護要因	・親による子どもの支え，親子のコミュニケーション，親による関わりを通した家族の絆と人間関係の強さ ・物質乱用に関する家庭の方針の発展，話し合い，実施 ・ルール設定を含む親の監視と指導の焦点化／活動を監視するためのテクニック／適切な行動に対する称賛／設定した家族のルールを強化する一貫性のあるしつけ ・家族に焦点を当てた短期的介入

　リスク要因と保護要因というアプローチは，青少年の問題行動の治療に役立ってきている。次章を通じて明らかになるように，子どもが薬物を使用したり，学校に行かなかったり，けんかをしたりする原因はなかなか理解しにくく，結局，複雑すぎて解明できないという場合が多い。リスク要因と保護要因の結果として行動をとらえるというアプローチをとると，あることに気づかされる。それは，どんな若者でも，深刻な問題を抱える危険に彼らを追いやることになりそうな何らかのリスク要因を，自分自身のなかにも家族関係のシステムにもコミュニティのなかにも持っていることがわかる。その一方で，まったく別の特徴がこれらのリスク要因から彼らを守り，その影響を和らげてもいる，ということである。このアプローチで特に強調したいのは，それが治療のメカニズムにじかに転用(translate)できることである。リスク要因と保護要因は，後に問題行動となる可能性を実際に低下させることへと導く治療モデルに有用な部分である。

答えを求めて
●エビデンスに基づく実践の増加

　当然のことながら，さまざまな問題やリスク要因を抱えた若者の援助に役立つ方法を突きとめようと，多大な関心が払われてきた。しかし，若者が熱心に取り組み，彼らの変化を助け，その変化の維持を促進するように彼らと作業する方法を見つけるのは容易ではない。精神保健や心理学の訓練を受けた専門家のほとんどは，カウンセリングや心理療法の教科書で目にしたさまざまな理論ベースのアプローチ，つまり，クライエント中心療法，行動療法，あるいは認知療法のようなアプローチに目を向けた。たしかに紙面をみる限りでは，これらのモデルは興味深く見えるかもしれない。しかし，怒りに満ちた若者やその家族と同じ面接室にいる治療者は，これらの人まかてときには時代遅れの原理だけでは，面接室で生じる可能性のある無数の治療上の出来事をどう扱えばよいかを知る助けにはならない，ということにすぐに気がつく。実務という現実を前に，たいていの臨床家は，何が，そして誰が変わらなければならないのか，何が変化のプロセスを助けるかについて，自分の臨床的判断や信念に基づいた，より統合的で折衷的なアプローチを自力で開発した。同じように，少年犯罪率の増加に直面するコミュニティのなかで自治体の行政官にしばしば欠け

ているのは，現行の心理的処遇・治療にはいくつもの異なるタイプがあり，それらはどれも同じではなく，すべてが非行化や行動化した若者への使用を意図したものではない，という認識である。

ごく最近では，問題を抱えた若者を救済する方法の探求は，エビデンスに基づく実践 (EBP) 運動へと向かう医療科学や教育，その他の分野に従うようになっている (Sexton et al., 2007)。若者と家族の治療を行う者は EBP の中心教義を共有することが多い。それは，すべての個人はその時点で利用できる最も効果的なサービスを受ける権利を持っているという考えである (Schoenwald, Hanggeler, Brondino, & Rowland, 2000)。EBP は，臨床家・コミュニティ・家族が，よい結果の出る理にかなった信頼性を備えた介入プログラムや防止プログラムを選ぶために必要な，有効性の高い科学的エビデンスを提供する。

カナダとイギリスは先頭を切って，治療の有効性を向上させる目的をもった医療と臨床の意思決定の基準として，研究に裏打ちされたエビデンスの使用を定着させた。エビデンスに基づく予防と治療のモデルは，ほぼ間違いなく，他のどの領域より青少年の行動障害の領域に影響を与えた。青少年治療プログラムの有効性のためのエビデンスは，家族心理学と予防科学の臨床研究からもたらされたが，そうしたエビデンスを求める声は，影響を受けたコミュニティや家族当人からだけでなく，青少年の問題行動というのは行動面に現れる一種の流行病であることを理解し始めたもっと広い層の人々からも上がったのである。1999 年に起きたコロンバイン高校乱射事件を契機に，疾病管理予防センターと少年司法・非行防止事務局 (Office of Juvenile Justice and Delinquency Prevention) は，地元のコミュニティでも同じような結果が得られるように実施可能なプログラムを求めるようになった。

さらにそれより前の 1996 年，暴力研究防止センター (Center for the Study and Prevention of Violence: CSPV) は初めてプログラム評価をスタートさせた。CSPV は効果的なプログラムの認定を目的として研究に基づく基準を定めた専門家による会議を招集した。これは暴力予防計画のブループリント (Blueprints for Violence Prevention project) と呼ばれて有名になった (Elliott, 1998)。ブループリント・プログラムのための最初の基準はかなり控えめなもので，次のような質問項目からなっていた。

◉プログラムに一貫性があり特定可能か？
◉プログラムは機能的か？

●効果は持続するか？
●プログラムは地域のコミュニティでも同様に実施可能か？

　その後，これらの基準をさらに厳密に適用したものがブループリント・モデル・プログラムと見なされるようになった。

　2004 年までにはブループリントの担当者は，結果として暴力的行動化に至るおそれのある青少年の問題行動の防止や治療に向けて作成された 1,000 件以上のプログラムを審査した。ブループリントの基準を満たしたのは，この膨大な数の防止および介入のプログラムのうちわずか 11 件（約 1 パーセント）にすぎなかった。これら 11 件のプログラムはアプローチという点ではかなりの幅があったが，どれも証拠となる結果を明らかにしているという点では共通していた。7 件は予防プログラム（Midwestern Prevention Project, Big Brothers Big Sisters of America, LifeSkills Training, Olweus Bullying Prevention Program, Promoting Alternative Thinking Strategies, The Incredible Years, Project Towards No Drug Abuse），4 件は治療中心のプログラム（Functional Family Therapy, Nurse-Family Partnership, Multidimensional Treatment Foster Care, Multisystemic Therapy）である。治療プログラムのうち 2 件は家族を基礎としたカウンセリング治療プログラムである（Multisystemic Therapy, FFT）。

　一方，2000 年には，アメリカ公衆衛生局医務長官もこの探索に加わり，優れた成果を上げた多くの EBP プログラムを，さまざまな年齢や文化をもつ若者に持続的な効果を及ぼすものとして認定している。「子どもの暴力——公衆衛生局長官報告 Youth Violence: A Report of the Surgeon General」（2001）では以下の要件を実証したプログラムを**モデル・プログラム**であると認定している。厳密な実験あるいは準実験的研究計画／暴力や深刻な非行に対する著しい抑止効果，あるいは暴力のリスク要因に対する大きな効果のある抑止力／実証的効果の示された再現性／効果の持続可能性。プロミス・プログラム（Promising programs）も同じような基準をもっているが，リスク要因防止効果をより小さく扱い，再現性や持続可能性を実証するプログラムである必要はない。暴力防止のための以下の 5 件のプログラムがモデル・プログラムの基準を満たしていると認定された。Functional Family Therapy, Multisystemic Therapy, Multidimensional Treatment Foster Care, Prenatal and Infancy Home Visitation by Nurses, Seattle Social Development Project。これら 5 件のプログラムのうち 3 件が青少年向けのものである（FFT, Multisystemic Therapy, Multidimensional Treatment Foster Care）。

　エビデンスに基づいた実践は，青少年の問題行動の治療を劇的かつ根本的に

変えつつある。EBP は家族と若者を救おうとする治療実践者の仕事のやり方や，コミュニティのプログラム選択方法を変化させる。その変化は，臨床トレーニングの方式，プログラムの開発者と介入の説明責任，そのようなプログラムから期待できる結果等に影響を与え，このことが研究と実践の「好循環」を作り出す。EBP は実践者中心の治療から臨床的意思決定のための治療モデルに焦点を移した。前者では，クライエントを理解しクライエントに介入する最良の方法を治療者が決定する。後者は，治療項目，治療目標，成果を上げる治療メカニズムをセットにした臨床モデルである。モデル方式の治療プロセスの利点は，クライエントと家族が，正しい方法でやりさえすれば効き目のある治療を受けられるという信頼感を持てるということである。これに加えて，臨床決定は，治療者の価値観や個人的な信念に委ねられるのではなくて，科学，この分野での幅広いすう勢，そして共通の臨床判断から得られる。

　「しかしクライエントはどこにいるのだろう？」と訝る者もいるかもしれない。事実，この疑問はエビデンスに基づく実践に反対する共通の指摘事項である。本書を読むと，EBP は非常に明快なモデル的焦点をもっているが，その一方で若者や家族の個々のニーズ，要望，機能に開かれており，応答的でもある，ということが明らかになるだろう。これは FFT のような EBP プログラムに関して一見矛盾したように見えることのひとつであるが，実のところこれらのプログラムはクライエント応答的であり，かつ臨床焦点的なのである。

研究と実践の間の溝

　EBP は専門家に強く支持されているものの，ケアの標準として導入することは論議も引き起こしている。エビデンスに基づいた実践を，すでに確立した伝統的な治療法への挑戦と見なす者がいる。EBP を単純なカリキュラム・アプローチと見て，クライエントやコミュニティのニーズに応じていないとまことしやかに言って「塗り絵」のガイドラインだとけなす者もいる。また，EBP のプログラムは必要だと認めはするものの，「エビデンス・ベースト」という定義やそうしたプログラムの基準に疑問を呈する者もいる。科学性は，いまだに福祉の実践における意思決定の基礎として広く認められてはいない。それに加え，EBP 運動はいつの間にか，同じくリスクとトラブルにさらされている青少年を救おうとする他の運動（ケア・システム運動）と競争状態になっている。実際，臨床実践における研究や，研究範囲内での臨床実践の利用・位置づけを超えた対立になっている。Pinsof と Wynne (2000) は，系統的な研究の世紀であっ

たにもかかわらず，「カップル・家族療法の研究は，カップル・家族療法家の実践に影響を及ぼすことがほとんどなかった」と注記している。

　研究の実践への統合に葛藤があるのはやむをえない。実践と研究の目標は同じだが，アプローチと作用域は異なる。実践はプロセスであり，非常に具体的な事柄をめぐって絶え間ない意思決定をする。実践者は，どうやって治療を状況やクライエントに適合させるか，どうやってクライエント自身の強さとパーソナリティを臨床に生かすか，どうやってクライエントに応対するのかを決定しなければならない。したがって，臨床家の主な関心事は**個性記述**的になる。特定の状況に置かれた個々のクライエントのために特定の介入を適用する。一方，研究者の焦点は**法則定立**にある。多くの状況に当てはまる一般的傾向を見つけようとする。研究者が問題とするものが必ずしも実践に関係しているとはかぎらない。むしろ，その分野における最新の進歩や将来の発見のための原動力と言ってもよいものだろう (Gurman, et al., 1986)。残念ながらこのような焦点の違いは，研究と実践を隔てる溝を作る一因となってきた。

　エビデンスに基づいた実践活動に向けたこれらの重要な挑戦は文献にも取り上げられてきた。たとえば最近の論文では，Westen, Novotny, Thompson-Brenner (2004) が，これらの問題点について的を射た論評をしている。彼らによれば，実証的に明らかとなったのは，限られた一組の「リスト」間でなされた決定ではなく，むしろクライエント，治療者，治療環境の複雑さを説明する方法として，多くのタイプのエビデンスを必要としている，ということである。もっと最近になると，Kazdin (2008) は，この分野は治療とそれを支えてきた研究に向かうより複雑なアプローチによってさらに役立つものになる可能性があると主張している。彼は，エビデンスに基づいた**実践** (practices) （概して研究を基礎としている）とエビデンスに基づいた**治療** (treatments) （特定の成果と変化メカニズムをともなう特定のやり方）を区別した。Kazdin は，治療的介入の仲裁者なり調停者の意義にもっと注目する必要があると述べている。このような議論の高まりを受けて，アメリカ心理学会 (American Psychological Association) は，エビデンスに基づいた治療を研究しエビデンスに基づいた実践に関する政策綱領を作成するための特別委員会を設けた (APA Task Force, 2006)。特別委員会は，研究の求めるエビデンスは，臨床的意思決定のプロセスの一部であるべきだとした。それでこそ，臨床医は，研究による発見を，クライエントの特徴，文脈，治療法を決定するための臨床的判断などの他の諸要素に統合することができる。

　臨床の実践家は「アート対科学」論争という形でこれらの課題と出くわすこ

とが多い。論争の一方の側は臨床実践をアートの一形態と考え，臨床的決定は実践家の経験と直感に基づくものだと信じている。他方の側は説明責任の要望に直面する実践家を含み，臨床実践は科学に基づくべきだと主張し，臨床的判断を最重要視することに疑問を呈する (Dawes, 1994)。この議論は，これまで散々指摘されてきたように研究と実践との間に大きな溝を作る結果になった (より完全な議論は Dawes, 1994; Roth & Fonagy, 1996; Sexton & Whiston, 1996 を参照のこと)。

「アート対科学」論争のどちら側につくかにかかわらず，最もうまく適用できるようにプログラムを設計し実行するためには，臨床的問題の複雑さには明らかに研究の助けが必要だろう。論争は，技術も科学もどちらも必要だという事実，そしてすべてのクライエントが最高の研究と最良の臨床技術の恩恵を受ける権利があるという事実を見失ってきたように思われる。

膨大な数の出版物と発表を通して，私と同僚たちはこの論争に少々違うアプローチをした。研究と実践に対し，「あちらか，こちらか」という見方ではなく，むしろ「あちらも，こちらも」という，言い換えれば弁証法的見方をしてきた。私たちにとって，よい実践とは臨床技術と科学的探究の両方であり，どちらも他方と切っても切れない共生関係にある。これから本書の各部で触れていくように，FFT は研究を堅固な土台としてその有効性を実証し，かつ実践の新しい方式を発見していく，一つの科学である。コミュニティ環境への FFT の普及もまた，この品質証明を支援する。データを使って実践を指導し，FFT の治療者を「地域の科学者」に押し上げる。というわけで，治療者は日常のごく当たり前のこととして，自分の臨床決定の結果をよく調査し検討すべきである。さらに，モデル開発者として私たちは，研究は新しい仮説を検証し，革新を取り入れ，異なるクライエントや環境の変化を詳しく調べる場であるべきだと信じている。どちらの場合も，研究の成果は実践に反映される。

EBP への挑戦は，FFT などの数多くの治療プログラムの臨床課題をまさに指摘している。第一に，治療というダイナミックで本来ある臨床的な性質は保持されなければならない。FFT においては，人間関係に基づいた実践の複雑さと曖昧さが認識され是認される，一つの臨床的介入であり続ける必要がある。それは大まかで具体性のない原理に基づいた単純なモデルではできない。逆に，厳密で，きわめて明確に表現され，臨床と関連のある変化メカニズムに基づいたものでなければならない。それらの変化メカニズムは試行され精査される必要がある。それはまた，FFT はこの分野のさまざまな領域から出てくる新しいエビデンスや知識として成長し，進化できるものでなければならないという意

味でもある。最後に，FFT のようなプログラムは，モデルが開発された臨床的
複雑さを無視してうまい具合に普及させようと，市場ベースでビジネス主導的
になろうとする誘惑に抵抗しなくてはならないということを意味している。

援助に必要なもの
●研究からの教訓

　機能的家族療法 (FFT) には，家族療法と家族心理学の充実した研究と実践の
文脈のなかで真価を発揮してきた豊かさがある。家族療法の初期の開発者は，
卓越した臨床家や熱意あふれる研究者たちだった。そこから，家族に焦点を当
てた数多くの訓練施設 (たとえば Philadelphia Child Guidance Clinic) や研究所，そして
臨床的知識と科学的明晰さの両方を最もよく兼ね備えたものを発見しようとし
たプログラムが出現した。研究は豊富な知識基盤へと進化し，それらは複合的
で革新的な研究戦略からなり，結果への単純な疑問 (うまく機能するかどうか) から，
特定の場面への臨床的問題に向けた夫婦・家族療法の適用についての吟味 (こ
の文脈に家族療法の何が最適か) に至るまでの多岐にわたる変化プロセスと臨床結果
の調査を目的とした。研究結果は，有望な臨床結果 (プロセス研究) の根底にあ
る変化メカニズムを特定しようとする努力も加わり，どんどん複雑さを増し
た。この 20 年間の研究成果が，家族療法全般の実践のための，もっとはっき
り言えば FFT のための強力で科学的なエビデンスの基盤である (Sexton, Alexander,
& Mease, 2004)。
　本書の主眼は夫婦・家族療法の研究を概観することではない。それは数多
くの優れた資料で見ることができる (Alexander, Pugh, Parsons, & Sexton, 2000; Sexton &
Alexander, 2003, 2004)。本書の意図はむしろ，FFT の出現と成功のために重要なお
膳立てをした研究からの教えに焦点を当てることにある。これらの教えが FFT
の土台となっている。たとえば，援助のために以下のことが必要と私たちは
考えている。

　●マルチシステミックに機能する。伝統的アプローチは個人に焦点を当てる
　　傾向がある。青少年のクライエントの内的な働き，動機，理性的思考，意
　　志力などが変化の標的となる。伝統的治療者の希望は，これらの領域に影
　　響を与えることによって，若者が自分の暮らしている無数の社会的，関係

的システムのなかに変化を持ち出せることである。リスク要因や保護要因に関する文献は，若者だけに焦点を当てることは主要な介入にとって効果的ではないことをかなりはっきり示している。研究論文が勧めているのは，むしろ，マルチシステミックな焦点である。これは，問題を抱えた青少年を治療するということは，学校，保護観察などの法律制度，コミュニティ，拡大家族，そしてこのあと言及するが，中心となる肉親に働きかけるという意味である。他のタイプの心理学的介入と違い，若者たちはさまざまな社会的領域で活動するので，効果的な援助はこれらの活動領域に適しており作用するものでなければならない。

◉**アセスメントと治療の主要単位としての家族に働きかける。**青少年の生活の中心にあるマルチシステミックな領域の一つが家族という単位である。リスク要因と保護要因に関する文献ははっきりと，家族を基本とした働きかけが最も迅速かつ長続きする影響を子どもたちに与えると提言している。家族を基本とした介入では，中心となる家族単位である肉親を，行動化を引き起こす直接要因の理解につながる最良の道，迅速な変化をもたらすための最も効果的な介入ポイント，行動変化を長期間維持するための源泉であると考えている。家族を基本とした介入は精神保健や少年審判の対象となっているさまざまな若者たちのための治療選択肢として急速に伸びているが，それには多くの理由がある。第一に，家族は若者の向社会的発達の主要要因であることが多い。いくつかの論文 (Henggeler, 1989; Loeber & Dishion, 1983; Loeber & Stouthamer-Loeber, 1986; Snyder & Patterson, 1987) で，家族の機能化が家族の絆，素行障害，学校の絆，仲間の選択，その後の非行等に速やかで持続的な影響を及ぼすという主張が支持されている。第二に，個人の問題は当人が置かれた文脈と分離して扱っても理解できないという家族療法の基本的な前提は，さまざまな種類の集団のイデオロギーや文化基準とうまく合致している。第三に，家族療法は幅広い人種や民族集団において多くの青少年問題行動の治療介入の選択肢として認められてきた (Kazdin, 1987, 1991; Shadish et al., 1993; Weisz, Huey, & Weersing, 1998)。第四に，家族療法は (コミュニティ介入やネットワーク療法と頻繁に併用されるが) 文化が混在するなかにいるクライエントのために選択される治療として用いられることが多い (Tharp, 1991)。

◉**困難な青少年をコミュニティに留める。**司法や精神保健志向の在宅治療プログラムは，公私どちらの場合も，この 10 年で爆発的な人気を得ている。

行動的問題を抱えた青少年のために用意された伝統的プログラムの，苦痛に満ちた奮闘や惨めな記録を考えると，この人気もうなずける。しかし問題が介入を要するほど大きくなると，コミュニティや家族は問題を抱えた若者に我慢できなくなることが多い。誰にでも息抜きは必要である。残念ながら，研究によると，収容治療施設に行った若者のほとんど (75 パーセント以上) が結局そこに戻るという。若者が似たような問題を抱えた他の若者たちの仲間同士のグループ内で社会化されることを考えると，いくら施設で善意ある治療が施されても，こうなることは当然とも言えよう。

●**科学的に信頼がおけ，臨床的に適切な治療を用いる。**コミュニティ，両親，治療提供者は，若者たちが援助を得るかどうかだけでなく，彼らがどのような援助を得るかについても注意深く考える必要がある。青少年の臨床問題の複雑さには臨床治療に向けた明確に定義され，焦点がはっきりし，包括的なアプローチが必要となるが，これは関連した臨床問題のカテゴリーに取り組むために設計されたシステミックな治療プラン，介入，理論的原理と結果目標を伴う。介入／治療モデルが効果を出すためには，臨床的介入の根底にある理路整然とした概念的骨組みを持たなければならない。すなわち，中心となる特定の介入は，可能な限り詳しく説明されなければならない。

●**研究と実践で現れた新たな傾向をいつでも受け入れる。**家族心理学の研究から得た山のような知識は常に成長し変化する。新たな発見が実践をはっきりさせたり，その方向を変えたり，まったく新しい道を作り出したりする。FFT を含むすべてのモデルは，新たに現れる最高の理論的モデルおよび研究エビデンスに基づいた変化をいつでも受け入れる用意がなくてはならない。

●**モデル実施のために明確で臨床に基づいた役割をもつ。**研究のおかげで，治療プログラム自体は，それが実践に移される方法ほどには重要ではないことが次第に明らかになってきている。モデルをうまく実践に翻訳するには，優れた専門的実践の知識と臨床的介入に関する研究の指導の**両方**が必要である。介入へのアプローチは，次はどこへ進むか，目標を達成するためにはどんな介入が最も有効かという明解なガイダンスを治療者に与えなければならない。

●**コミュニティのなかで仕事をしよう。**治療研究室や大学の訓練環境の中だけで仕事をしてはならない。研究に基づいた治療は数多くある。大切な問

題はそれらがコミュニティ環境にうまく翻訳できるかどうかということである。**文脈的有効性**とは，治療がさまざまなコミュニティの文脈のなかで多様なクライエント（たとえば異なる民族やジェンダー）に対して効果を発揮する度合いであり，それが治療プログラムの臨床的実用性を決定する手助けとなる（Sexton, Alexander, & Mease, 2004）。

機能的家族療法(FFT)

FFT は，この対処の難しい年齢層の人々を効果的に救済するためにどうすればよいかについて，上述したような教えを取り入れてきた。機能的家族療法は，系統的で，エビデンス・ベーストで，マニュアル主導で，家族を基本とした治療プログラムであり，若者に影響を及ぼすさまざまな問題(薬物の使用と乱用，素行障害，精神保健関連問題，不登校，関連する家族の問題など) や，幅広い文脈，コミュニティ，環境のなかにある家族の治療に成功を収めてきたことが実証されている。

FFT は，ジェンダー，民族的背景，文化，地理上の区域の違う若者たちに適用できる（Alexander & Sexton, 2002）。司法や精神保健の場だけでなく，臨床場面や家庭環境のなかでも有効である。FFT は軽症に対しては短期間の，平均して 8 回から 12 回のセッションであり，もっと難しい症例に対しては 30 時間までの直接サービスを 3 〜 6 か月間まで延長して行う。介入の対象は 11 歳から 18 歳までの青少年で，たいていは児童福祉，少年審判，精神保健，薬物治療などのシステムに委ねられたリスクの高い若者たちである。これらの若者たちは似通った一連の精神保健問題と問題行動を抱えていることが多い。彼らの家庭は複雑で，これらの問題によって引き起こされた痛みと苦闘の影響を受けている。FFT は家族の機能の改善と青少年の問題行動の減少を援助するのに必要な家族関係プロセスに積極的に関わる。

FFT は，理論的に統合された一組の案内原則（guiding principles）と，特定のセッション内のプロセス目標に基づく明確に定義された臨床「地図」で構成され，両者は一つの段階モデルのなかでともに結びついている。案内原則(次章の中心)は家族の機能を理解するためのパラメーター，臨床的諸問題の原因，変化の達成の背後にある原動力と動機づけ，個々の家族にそれぞれに固有な特徴に合うやり方で対応するための原則を提供する。

この 10 年間，FFT はアメリカとヨーロッパで広く実践されてきた。系統立っ

た訓練方式，臨床的スーパーヴィジョン，品質保証の手順は，普及とともに発展した。このような手順は FFT がもはや単なるひらめきに留まらないことを意味している。FFT はいまや実施可能な臨床モデルであり，若者やその両親やコミュニティが最も必要とする優れた結果をもたらす公算が高い。これまでのところ，特に中国系アメリカ人，アフリカ系アメリカ人，オランダ人，モロッコ人，ロシア人，トルコ人，白人，ベトナム人，ジャマイカ人，キューバ人，中央アメリカ人などをクライエントとする機関で活用されてきている。FFT はまた，常に 8 種類の言語で提供されている。

FFT の独自性の源は何か

　今日，機能的家族療法 (FFT) は，一つのアプローチにいかにして多様な視点を入れられるかを例証する臨床モデルの小グループのなかに位置づけられている。FFT は弁証法的に統合されたモデルであり (Sexton & Alexander, 2004, 2005; Sexton, 2009)，同時に臨床的に適切でエビデンスに基づいていることを，さまざまな実践家やクライエントに対して証明してきた。FFT が採用したのは，しっかりした臨床経験 (実践家の個性記述的な関心と協調している) に基づいてクライエントに焦点を絞ることと，それと同時にさまざまな優れた治療介入の根底にある研究，理論，変化メカニズム (研究者の法則定立的な焦点と協調している) に注意を払うことの両方である。今日，FFT が最も優れた実例となっているやり方は，科学と理論と臨床実践の知識を臨床的にすばやく利用でき，また，系統的訓練である臨床的スーパーヴィジョンや実施手順を通して別の文脈にも移植できるというものである (Alexander & Sexton, 2004; Sexton, Alexander & Robbins, 2000)。

　もう一つ，FFT を独特のものにしているのは，FFT は一見すると矛盾しているように見えることである。弁証法的アプローチの「……も……も，どちらも」という原則を体現して，FFT は科学と実践の両方を取り入れている。これは系統的でマニュアルに基づいた治療であり，また関係性を意識し，実際的で，クライエント中心の治療でもある。目標と方針はシンプルだが，現実の臨床実践のなかで人々に適用されるときには複雑である。

　FFT は優れた臨床実践の原則 (治療関係の創造，クライエント中心，等々) に基づいて構築され，今日，効果を上げる治療の共通要因と呼ばれるものをすべて包含している。FFT はまた，青少年とその家族に臨床的影響を与えることを意図した，モデル特定型の独自の目標と方針を設けている。それについては本書で次第に明らかになるだろう。機能的家族療法 (FFT) は「真に」家族を基本とした

独自のアプローチを採用し，それは家族システム内の多様な視点（個人的，家族的，文脈的／マルチシステミックな）全体を通してクライエントの経験（認知，情動，行動）のさまざまな領域に焦点を当てるものである。これらの領域全般の理解と介入に成功するために，FFTは**関連する文脈**を土台としている。この意味するところは，治療する上で行うこと（アセスメント，介入，治療計画，等々）はすべて「人と人の間の空間」で起きるということである。

　FFTは関係モデルである。分析の最小単位は常に最低でも二人一組，すなわち関係的相互作用をする二人の人間である。この関係的「……も……も，どちらも」アプローチのおかげで，私たちは家族療法に特有の弁証法的緊張，すなわち臨床的実践や基礎理論（システム，発達的精神病理学，疫学，文化社会学，等々）と厳密な科学との間の緊張を包含することができたと，筆者は考えている。

　家族療法モデルのなかでもFFTは独自である。治療者とクライエントの間で進行するプロセスを特定の方向に向けながら，理論と実践を統合する。マニュアルはあるが，そのマニュアルに盲目的に従うのが目的ではない。その代りに，モデルによって特定される目標と方針に到達するために臨床技術を使う，他にない独特の強さをもつ治療者を求めている。FFTは一連の「介入技法」ではない。系統的で理論に基づいた臨床モデルであり，特定の臨床上の理論的原理と，治療の症例とセッション計画を導く系統立った臨床実施計画書もしくは地図を有している。

実践における FFT 臨床モデル

　臨床的に役立つためには，FFTが行われる複雑で情緒的で相互作用的な人間関係のなかで用いる地図を作成するための，概念的諸原理が一つにまとまる必要がある。原理は「クライエントはどのように機能するか」，「変化の性質はどのようなものか」といった質問を発する。臨床モデルは「私はどんな行動をとればよいか」，「いつ行動をとればよいか」といった質問に答える。FFTは臨床介入の三つのはっきりと異なる具体的な段階からなっている。積極的関与（エンゲージメント）と動機づけ，行動変容，一般化の3段階である。地図は，変化の各段階の治療目標と戦略を詳しく記し，うまく使用されたらこれらの目標が達成される見込みが最大限になるような治療者の技術を明記する。各段階にもまた，特定の，焦点を定めた介入の構成要素と，達成したい近接した結果がある。このモデルについては第3章で取り上げる。

共通要因とモデルに特有の特徴

　一つの視点から見ると，FFT は，治療がうまくいく共通要因あるいは共通の構成要素を盛り込んだ実に優れた臨床実践でもある。治療における共通要因は，Jerome Frank の著作 (Frank & Frank, 1991; Frank, 1961) を通じて頻繁に叙述されている。彼によれば，すべての心理臨床家は以下の四つの基本的な構成要素を共有しているという。

◉援助者との情緒的に満たされた信頼関係
◉その専門家はクライエントのために救済の手を差し伸べてくれると信頼しうる人だとクライエントが信じるような，治療的だと判断される環境
◉患者の症状を理解するための，治療者が提供する信用に足る合理性もしくは妥当なスキーム
◉症状に取り組むための信頼できる儀式あるいは手順

Frank と Frank (1991) はまた，治療の儀式と手順には共通する六つの要素があると力説している。

◉治療者は強い人間関係を確立することによってクライエントの自信喪失や疎外感と闘う。
◉治療者は改善への希望を治療の過程と結びつける。それが患者の期待を高める。
◉治療者は新しい学習体験を提供する。
◉クライエントの情緒が喚起され再加工される。
◉治療者は克服感あるいは自己効力感を促進する。
◉治療者はクライエントが新しい行動を実践する機会を提供する。

Frank は，特定のモデルと関連する技法は，治療者が信用することのできる治療のための理路整然とした仕組みを提供することと，クライエントが信頼することができるような経験を提供することの両方が必要だと信じていた。
　FFT はリスクを負った青少年とその家族を治療するためのモデル特化型の専門性を提供する。FFT の初期段階は，希望と期待感を高める目的で信頼関係を発展させ，家族成員間にある否定的な考えを減少させる。中間段階は，特定の行動変容に的が絞られるときに生じるような学習の機会を提供する。一般化段

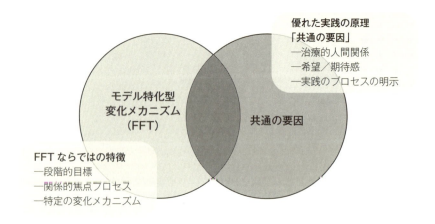

図 1.1—共通の要因と機能的家族療法の関係

階では，クライエントはいろいろな技術を実践し，自己効力感を発展させる。
FFT は彼らの目標を達成するための一貫した仕組を提供する。

FFT の技術

　仕組みがあるとはいえ，大切なのは，変化の主要なメカニズムとしての家族
と家族心理学者の間の相互交流の独特な治療的性格が重視されるときにのみ，
FFT モデルはうまく適用できるという点に留意することである。家族が自分た
ちの物語を話すにつれて，彼らを治療する心理学者は個人的だが治療的なやり
方で応え，応えるためのあらゆる機会を意識して捉え，段階ごとにモデルの関
係目標を達成し，治療を前進させる。一つの家族と同室する経験が一度でもあ
ればわかるが，シンプルなモデルは必要不可欠なものの，ときどき強い関係を
示す感情的なやりとりが続いている最中に，たちまちどこかに行って見えなく
なることがある。だから，この複雑さに対してシンプルなアプローチをする
と公言するモデルは，どんなものであれ，おそらく実践を土台にしていない。
FFT を含めたどんな介入でも，成功するためには，巧妙で個人的で，それと同
時にシステム的でモデルに焦点を当てた関係的方法で行われなければならな
い。概括的に言うのは簡単だが，個別性を持たせて説明するのは非常に難しい。
治療で実際に起きるのはすべて，人と人の間の会話と相互作用である。つまり，
クライエントが話し，治療者が応答する。しかし，会話はただの言葉以上のも

のであり，表面に見えている簡単なやりとりのずっと上を行く。結局，臨床面で強力な要素となる可能性があるのは，この会話――変化の仲介者としての治療者と，自分たちだけでは克服できない問題を抱えて苦痛と闘いのなかにあるクライエントや家族との間の相互作用――である。

　会話として，治療は進行していく話し合いである。そのなかでクライエントは自分の闘いを描写し，自分がかかわった情動を経験し，それが彼ら自身の置かれた状況を変える助けになる。こうして彼らは治療者に，自分が問題をどう定義づけるかを見せる。それは自分以外の家族の行動について自分が理解し，ふるまい，感じるようになった道筋である。これはクライエントが少年審判，精神保健，児童福祉システムの対象となっていると特に高まり，より感情的になる。これらのシステムと長くかかわると，それが原因で家族が希望を失い，問題のある若者を責めがちになり，非常に否定的で手厳しくなることが多い。彼らは行き詰まっていく。面接室で，あるいはクライエントの家の居間で，治療者は家族の怒り，未来志向の解決策にかかわることを嫌がったりできないと思ったりするような態度，否定的で非難ばかりして効果の上がらない行動などを通して，このプロセスの結果に出合う。

　治療者にとってなすべき仕事は，目的をもってじっと腰を据え，クライエントが家族療法を受ける気になるような最善の機会を彼らに提供しようと思慮深く応答することである。なすべき仕事には，敬意をもって家族と会い，家族の価値観や伝統がその家族らしさを導くような変化の道筋に彼らを案内するような援助が含まれる。治療の目的は，彼らが連帯感に基づいて力を合わせ，しっかりしたやり方で目的を達するのを助けることである。治療者は面接室内でのプロセスにおいて私人としての位置づけを維持しつつ関与しなければならないが，それと同時に先に述べた特定の変化プロセスの段階や方向についての明確な視点を保持し続けなければならない。考えることと計画することを同時に集中して行い，また一方で敬意をもって同席し，系統立てて関与するのは難しい。

　これこそがことさら FFT にある価値であり，FFT を独自なものとしている所以である。つまり，FFT はこれら明らかな情報と隠れている情報の，ときには冗長で理解しにくいやりとりのなかに，理解可能でうまく機能するような視点を供給する。治療のプロセスにおいて治療者は，家族が小さな一歩を前に出すのを助け，当初の否定的な気持ちや責める気持ちを減らし，変化プロセスにおける同盟や関わり，責任といった気風を作り上げ，それから家族内の相互作用をシステム的に変えるために，会話内の機会を創り出す。この変化は，個人

に合わせた行動変容プランの対人関係面での相互作用や，家族内の保護要因にある経験上健全と考えられるメカニズムを採用することによって生じる。つまり，向社会的で同盟を基盤とした人間関係の気風，向社会的コミュニケーション，効果的なコミュニケーションと問題解決，適切なモニタリングとスーパーヴィジョン，家族を取り巻く学校のような仲間システムや社会システムに向けた注意などがそれである。

　FFT の臨床実施計画モデルは，たんなる 1 組の目標ではなく，治療の系統的で関係的な性質まで描き出している。治療はゆっくり時間をかけて行われ，動的なプロセスとして進化する。そのため，FFT の諸段階は次のような仮定に基づいている。

- ◉ FFT は一つの交流，家族成員と治療者との間の複数レベルからなるひと組のプロセスのなかで行われる。
- ◉ 変化プロセスは時間をかけて進展する。各段階には臨床的に関連性があり科学に基づいた介入が含まれるが，それは理路整然としたやり方で組織されており，それによって臨床家は重大な家族と個人の崩壊という文脈に焦点を保つことができる。
- ◉ 各段階には，その段階に特有のいくつかの具体的な治療目標，その目標を達成するのを助けることに関連した特定の変化メカニズム，そして，その変化メカニズムを最も活性化させると思われるような治療者による具体的な介入がある。

　面接室（あるいは家庭）では多くの重要なプロセスが進展していき，同時に挑戦的で感情的な気分で満たされた雰囲気が作りだされてくる。治療者の挑戦は，これら新たに出現してくるプロセスと，それらが引き起こす情動にすぐに反応することであり，それと同時に，FFT の原理を支えとし，その臨床地図に従って進むことである。FFT の大きな強みの一つは，中心にある臨床実施計画書が，治療者が話し合いを望む方向に進ませるための舵になるということである。それによって，家族同士の関係の相互作用という，否定的でしばしば非難の応酬になる厄介な海を，具体的で重要な前向きの関係変化が生じる可能性を高めるように進むことができる。

結び
◉問題を抱えた若者の救済

　問題を抱えた青少年相手の仕事をするのは非常に難しい。クライエントはいつも，簡単に正体を突きとめられるとは限らない問題に解決法を見つけたいという希望を持って，見知らぬ他人のもとに自分の世界を持ち込まなければならない。治療者は，青少年問題やエビデンスに基づいた治療や優れた治療に関する，増大し複雑化する研究に取り組むかたわら，家族に対してもつ治療者自身の個人的要望や希望も扱わなければならない。結局のところ，この情報はすべて，問題を抱えた若者とその家族を治療するための関係的で個人的で強力な方法に集約される必要がある。それには大まかな原理と成功させたいという善意だけではとうてい足りない。FFT は援助可能なモデル——情動の嵐に投じる錨や次になすべきことの道筋を示す地図を提供することで，治療者を援助する。家族に対して FFT が提供するものは，敬意に満ち，力づけ，クライエントを中心とするアプローチであり，この分野が提供するベストなものに基づいている。それは，家族が日々直面する彼ら独自の，強力で，感情的で，重要な奮闘への援助には欠かせないものである。

　次章では，FFT の中心原理と，家族に効果的な援助を提供する既存研究を FFT がどう活用するかについて考察する。FFT がうまく機能する理由や FFT における変化プロセスについて言及する。

2

機能的家族療法の中心原理
クライエント，臨床問題，効果的な治療的変化の基礎

　青少年の行動と精神的問題に効果的な治療解決法を見つけるのは驚くほど難しい仕事である。1990 年のアメリカ公衆衛生局長官報告では，当時最新の治療実践に有効なものは何もないと結論づけられている。その後 10 年にわたって，効果的なプログラムが探究され，次第にエビデンスに基づいた実践に注目が集まってきている。EBP プログラムには立証された結果と明快な理論的アプローチと明確に定められた臨床実施計画書がある。それでも，行動に問題をもつ若者に対する効果的な支援は依然として特定しにくい。クライエント，つまり若者とその家族と，彼らが抱えている問題は，外から見るよりはるかに複雑である。

　学校へ行く，行儀よくふるまう，人と仲良くするといった，一見何でもないことが強い人間関係システムに組み込まれていて，簡単な「理性的」解決策（「ただノーと言いなさい」のような）では効果が上がらない。では，治療者は，どこで誰に働きかければ効果的で持続的な変化を生み出せるのだろうか。若者たち（ひいては解決策）はマルチシステミックな社会，仲間，家族，コミュニティ，文化といった文脈のなかにいて，その文脈は若者自身の内的働き（たとえば犯罪学的思考など）よりはるかに大きいことを考えると，有効に働くものを見つけることは，なおさら込み入ったものになってくる。最高の技術や特別な介入ツールは存在するのだろうか。どのような治療アプローチ，どのような臨床モデルに，求められる結果を最もよく生み出す可能性があるのだろうか。

　Kazdin と Weisz (2003) によると，400 種以上ものさまざまなサイコセラピーや，問題を抱えた青少年を救うと主張する何百もの特定のアプローチが存在する。明らかに，これらのモデルには多くの類似点がある。しかしながら，それぞれが，しかじかの治療活動がなぜ理にかなっているかを主張する，ひと組

の中心原理なり理論なりを備えている。理論的基礎とされる仮定が秘密にされて言及されていないものもあるし，はっきりと明確に表明されているものもある。問題は，一つのアプローチの理論的原理や臨床ツールが前向きな結果を生むかどうかである。少年審判システムや精神保健システムに委ねられた若者にとって，前向きな結果は，学校での安定した行動や安定した家族関係，あるいは二度と警察の厄介にならないなどの意味をもつことが多い。これらの特定の行動の原因には，多くの変わりやすいものがあるので，治療モデルには，包括的で，周知のリスク要因に取り組み，クライエントとその問題に関する系統立ったアセスメントを導き，包括的な治療プランを用意するような，理論的基礎と中心原理が必要である。成功するためには，治療プログラムは第1章で述べた研究から得た教訓に従わなければならない。

　機能的家族療法（FFT）は，家庭内の問題（たとえば家族の衝突，コミュニケーション），さらにそこから派生する内面化プロセスが複数併存する，外在化型の青少年の行動障害（たとえば素行問題，暴力，薬物乱用）を範囲とする幅広い臨床的問題を対象とした家族ベースの治療システムである。FFT は，幅広い文化的地理的文脈に暮らす，さまざまな問題を抱えた若者とその家族の治療に成功している（Alexander & Sexton, 2002）。さらに，防止プログラムとして，FFT はリスクを負った青少年を精神保健や審判のシステムにかかわるような道に進ませないという点でも効果的である（Alexander, Robbins, & Sexton, 2000）。

　FFT はひと組の技術と単独の介入だけからなるただの「道具箱」ではない。むしろ，システミックかつ段階的であり，関係に焦点を当てた介入の基礎となるもので，青少年と家族を理解するための包括的な理論モデルである。第1章ではクライエントの大まかな性質と FFT の一般的な記述に焦点を当て，FFT が用いられる文脈と FFT の進化的発展について説明し，モデルについても簡単に概観した。本章では FFT の理論的な中核部分に焦点を当て，仮定と理論的構図の概要を説明する。これらの中心原理は，治療者がクライエントやその問題や変化プロセスを理解しようとするときにそれを通してみるレンズの役目を果たし，若者や家族が少年審判システムや精神保健システムの厄介にならないように，今求めている援助や将来必要とする技能を得られるよう支援する。

臨床実践のレンズとしての中核的理論の原理

　私は家族心理学の専門家になろうとしている学生とも，臨床技能を上げたい

と思っているベテラン治療者ともよく一緒に仕事をする。よく聞くのは，「母親が大声を上げ，若者が部屋から飛び出し，父親が逃げ腰で頭を抱えてしまったとき，私はどうすればいいんでしょう」とか，「みんなお互いにわめき合うだけで誰も耳を貸そうとしない。私はどうすべきでしょう」という質問である。このようなクライエントにはどう対応するのが一番よいだろう。理論が成立した背景を説明すべきだろうか，役立つかもしれない臨床戦略を勧めるべきだろうか，それとも正直に「それはクライエントによります……，変化プロセスの段階によります……，この瞬間に面接室で繰り広げられている事柄次第です……，かくかく云々」と言うべきだろうか。

　上述したジレンマは，この分野における研究と実践の対立や，エビデンスに基づいた治療についての論争の根底にあるものである。治療を成功させるのは簡単ではない。それには臨床介入者が状況についての包括的で系統的な思考法を取り入れ，取るべき特定の行動を計画する必要があるが，その行動は以前に行われたものと次に行われるものに加えられるものである。そのような複雑な仕事を引き受けるには，臨床家はツール以上のものを必要とする。すなわち，彼らは臨床技術と直接結びついたひと組の理論的原理を必要とする。すぐに支援の手を差しのべられるような方法で対応するのに役立ち，それと同時に治療の次のステップのための基礎固めをするのにも役立つような仕組みが必要である。そのような仕組みのおかげで彼らは創造的になり，目的意識を持ち，常にクライエント中心でいることができる。

　治療における包括的で系統的な原理の重要性をわかりやすく説明するメタファーがある。私は視力が乏しいので，日々世の中をうまく渡って行く手助けをしてくれるメガネに頼っている。メガネは私のために二つのことをしてくれる。周囲の世界にピントを合わせてくれることと，メガネがなければ見えていないかもしれないものを見えるようにし，私が状況を解釈し，災難を避け，世の中を渡って行くのを助けてくれることである。レンズは光線を屈折させて私が注視しているものの方に向ける。いったんメガネをかければ，わたしはメガネがあることさえ忘れてその恩恵を享受する。レンズの倍率の詳細や，度の強さや曲率は，私にものが見えるためにとても重要である。しかし私はそんなことは考えないし，率直に言って，私のメガネのレンズを作る元になった研究にあまり関心はない。しかしながら，もしそれがなかったら自分が違う判断を下し，まったく違う生き方をしていたことは知っている。

　FFTや他のさまざまな治療モデルの中心原理は，臨床家がクライエントと状

況を見るためのレンズであり，それゆえ臨床家の意思決定の中心基盤である。レンズと同じように，原理は見ているもののある一定の要素に焦点を当ててはっきりさせ，一方で他の要素を目立たなくさせる。原理はほとんど膨大とも言える量の情報の組織化を助け，その情報がどんなときにも臨床家にとって重要なものになる。FFTのレンズによって，臨床家は，家族をよりよい場所に導くのに必要な臨床モデルと，面接室内における強力な関係性と情緒的な出来事との間のギャップを埋めることができる。レンズは臨床家が見るものをはっきりとした形にし，ひいては臨床家の取り組み方の土台を形成する。これらの原理と理論的構図のおかげで，治療は，クライエントや，クライエントが直面する特定の問題や，治療のための文脈である臨床関係的プロセスに適合可能になる。これらの原理の助けがあってこそ，治療者は治療の構成要素となっている関係的会話のなかで現れる機会を系統立てて活用できる。ある意味で，これこそが治療者が本当に若者と家族の必要に応えられる唯一の道なのである。

機能的家族療法の中心原理

　FFTは成熟した臨床モデルとして始まったわけではない。最初は，クライエントと，彼らの問題の性質と，その問題が存在している文脈についてどう考えるかをめぐるひと組の仮定に基づく，一つのアイデアだった。第1章で述べたように，FFTはさまざまなモデル開発者からの情報提供を得て，力強いやり方で進化し，融合・順応し，成長・変化した。やがて初期のFFTモデルの仮定 (Alexander & Parsons, 1973) にBarton (Barton & Alexander, 1981)，Robbinsと Turner (Alexander, Waldron, Newberry, & Liddle, 1988) の業績が加わり，最後にSextonと Alexander (Alexander, Pugh, Parsons, & Sexton, 2000, 2002; Sexton & Alexander, 2002b, 2004, 2005; Sexton, 2009) の業績が加えられ，練り上げられた。基本は変わっていないが，それを明確なものにし，細かさと精密さは増し，この分野に新たに生じてくるアイデアが収収され組み込まれていった。見直し，再発明し，取り入れ，変化していく周囲の文脈に適応する——これは，すべての優れた臨床モデルが有意義でありつづけるためにしなければならないことである。ここに示した論議は過去35年にわたって発表されてきた，FFTの原理の進化しつつある明確な表明に基づいたものである。それは私と研究仲間が，この10年にわたってさまざまな雑誌記事や著書に書いてきたことを代表するものである。

機能的家族システム・アプローチ

FFT は，その根底では治療のための家族システム・アプローチである。という わけで，FFT の仮定も完全に FFT 独自のものではない。家族療法とのちの 家族心理学は，数学者，コミュニケーションの専門家，文化人類学者，精神科 医の作るあるグループの研究から出現した。彼らは卓越した理論家，臨床家， 研究者で，箱の外側を見ることができた。すなわち，個人の心の内側にあるも のではなく，むしろ人と人の間にある空間に焦点を当てた家族という見方をし た。そのやり方は，当初は「システム理論」と呼ばれたが，その後発展して家 族療法のさまざまな理論的アプローチや中心原理になった。問題の所在を個人 の内面から文脈まで，特に家族にまで動かす先駆者たちの幅広い見方は，すべ ての家族療法の中心をなす概念的基盤となった。この革新的な一歩を説明する 初期の理論的概念が「家族システム」だった。この概念は，問題の病因，維持， 治療においてクライエントの社会的文脈の果たす役割と同時に，家族もしくは 拡大家族における連続する世代の果たす役割を調べることによって，有効性を 高めていった (Bowen, 1976; McGoldrick & Gerson, 1985)。家族システムという見方は， アセスメントと介入の焦点を変えることによって精神保健ケアのための治療的 アプローチを革新した。FFT はこの伝統に根ざしている。

FFT がこの分野に持ち込んだものは一連の機能的構図 (機能的家族療法はここか ら名前を取っている) だった。機能性にその焦点を向けることは，FFT の治療者が どのようにクライエントを理解するかに影響を与え，クライエントが家族内の 他の人間との関係のなかでどうふるまいどう反応するかを概念化し，家族を よりよい結果に導く臨床的変化プロセスを予見する。FFT は包括的で全体観的な パッケージで，リスクをもたらす現在と過去の個人的，生物学的，人間関係 的，家族的，社会経済的，環境的要因を指摘し，家族内の保護要因を生み出 す。これらの要因は家族がまとまり，問題行動をめぐって互いにやりとりする 方法をパターン化する。要するに，とても大雑把な言い方をすると，これこそ が機能の仕方なのである。したがって，FFT は，問題はたんなる単独の臨床的 症状ではなく，持続的パターンのなかに組み込まれた行動であると仮定する。 こうして見ると，問題というのはクライエントや家族にとってひとつの機能と して役立っている。すなわち，安定した行動パターンの一部として，問題は， 家族の関係パターンをまとめる役目を果たしているという見方をするのである (Alexander & Sexton, 2002; Sexton & Alexander, 2002b)。

機能という言葉のもう一つの意味で，FFT の臨床モデルは臨床家がいつ，ど

こに行って，どうやればよいのか知るのを助ける機能も果たす。言い換えると，モデルは地図としての役割を果たすことができ，良好な変化のなかで重要な目標と道しるべを示し，また治療者がそれを達成する助けとなるような，エビデンスに基づいたひと組の変化メカニズムを示す。

FFTモデル開発者の誰もが気づいていたことだが，すべての理論的観点には潜在的に限界がある。だから，もし本当に機能的で臨床的に適切な治療モデルが開発されたら，初期のものをしのぐにちがいない。したがって，FFTはさまざまな領域から集めた幅広い理論的アイデアを，組織化された，稼働している統一体に組み入れている。このプロセスは一種のダイナミック・システムのようなもので，特定の選択点の周囲の文脈を取り入れ，これに適応する。新たに生じるアイデアはたんなる借り物ではない。それは，FFTの独自の性質や，青少年とその家族の治療にうまく合うように仕立てられ，さらにまたモデルの中心原理を明確にし，これに深さと広がりを与える。

たとえば，このあとのページでは構造派家族療法（Minuchin, 1979）と戦略派家族療法（Haley, 1976）の両者の療法に根ざした理論的原理を示す。パロ・アルトのメンタル・リサーチ・インスティテュート（Mental Research Institute: MRI）でBatesonやWatzlawickやその仲間によって行われたコミュニケーション研究（Bateson, 1972）との理論的関連性も示す。社会的構成主義の仕事（Gergen, 1995; Mahoney, 1991）や社会的影響理論（Heppner and Claiborn, 1998）といった，より新しい考えもまたFFTの中心原理の理解をさらに深める。これらのさまざまなアプローチは，治療関係のクライエントへの影響を探索し，個人の意味づけの中心的役割や，それに付随する認知的，情動的，行動的構成要素を理解するのを助ける。特に，個人の意味づけがクライエントの経験している問題理解にどう寄与するかといった点や，意味づけが治療の成果の達成にむけてどのように変化する可能性があるかといった点に影響力が大きい。この幅広い理論基盤から，私たちはたとえば情動における意味の役割をもっとよく理解するようになった——面接室内にいるクライエントの強い情動は，クライエントに影響を与えるシステムの一つひとつに端を発する多種の意味に基づいており，だから情動自体が一つの社会的現象なのである。このように考えることで，治療者は，特に意味づけの構成要素に的を絞った治療介入を構築することができる。さらに，システムという観点は，FFTが現在の多世代的，歴史的人間関係を超えて，どんなに間接的でも，クライエントの問題とそれが起きる社会的文脈の特定の内容に外部のシステムの影響を考えるのを助けてくれる。したがってFFTは，

最近の段階において，ケースマネージャーという概念を超え，家族がより広い社会的文脈に治療的変化を転用するのを促すような，もっと特定した的確なやり方を含むようになった (Bronfenbrenner, 1986; Henggeler & Borduin, 1990)。その考えとは，青少年の問題行動はしばしば子どもの社会環境の多様なシステム内部およびシステム全体の問題のある相互作用によって維持されている，というものである (Huey, Henggeler, Brondino, & Pickrel, 2000)。

　モデルとして FFT は本質的にシステミックであり，方向性において機能的であり，その発展において開放的かつ動的である。作用のマルチシステミックな層は，個人，家族，コミュニティ，環境，普及している文化的社会的要因等を理解するための特定の枠組みを含み，これらの構成要素の相互関連性を理解する方法を提供している。図 2.1 には，FFT がマルチシステミックである一方で，依然として家族に焦点を当てていることが示されている。家族はシステムの他のすべての構成要素の影響を理解するための要である。個人の問題は，何重もの層になった家族システム内の家族関係に組み込まれている。

モデル特定メカニズム

　FFT は他のアプローチからいろいろ借用しているが，FFT モデルの中心となる「個性」を形成しているモデル特定原理が存在する。モデル特定原理は，クライエントや彼らの直面する問題や彼らの援助となる変化プロセスについてのさまざまな考え方に焦点を当てる。第 II 部では，包括的な臨床モデル（行動問題を抱えた若者の治療において従うべき臨床地図）を構築するためにこれらの原理がどのように一体となって働くのかを検討する。各章で説明される目標，介入，プロセス，臨床例は，ここで提示される中心原理に基づいている。

　FFT の中心原理がわかる最もよい方法は，一つの臨床例を通して解説することである。地域の少年裁判所を通して精神保健システムに紹介されたレジーナ (Regina) という 14 歳の少女の例について考えてみよう。レジーナは過去に 2 年間の保護観察を受けたことがあった。どの報告でも，彼女の最初の問題は小学校から中学校に上がるときに始まっていた。最初のころは学校に行きたがらなくなり，学校で教師が報告する行動問題の発生率が高まり，級友とけんかや口論をし，家庭では母親との衝突が増えていった。母親によれば，レジーナは常に読むことが苦手で学校の成績が良かったことは一度もないという。その 1 年前，レジーナはボーイフレンドと別れ，情緒的に取り乱すようになった。姉と

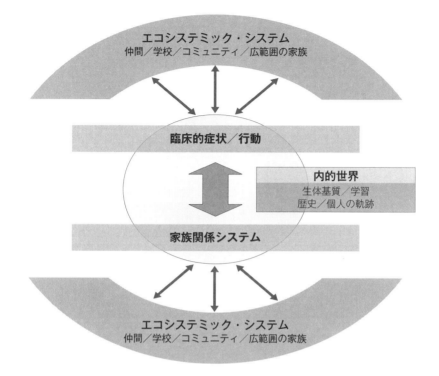

図 2.1──機能的家族療法（FFT）のマルチシステミックな焦点
Alexander and Sexton（2002b）より翻案

　母の報告によると，レジーナは家庭内で「引きこもる」ように思われ，次第に孤立し，反応しなくなっていった。このような状態が2，3か月続き，レジーナは母親に，自分は落ち込んでいて，自分を傷つけてしまいたいと打ち明けた。母親は保護観察官とケースマネージャーに話し，彼らはレジーナをその地域の精神障害者施設に入所させることを勧めた。レジーナは施設で3か月過ごしたが，家に帰るとすぐにまた問題が再発した。今度は，彼女はマリファナを吸うようになった。彼女は違う青少年対象の精神科入院施設に送られたが，そこは薬物のリハビリに特化した施設だった。

　委託されることになったのは，大きなコミュニティ・マルチサービス精神保健センターに勤務する FFT の治療者だった。センターでは，精神科医療，個人療法，グループおよび物質乱用の治療介入のほかに家族療法サービス（FFT）も提供していた。FFT の治療者たちは，事例を討論するために頻繁に集まる FFT の治療チーム内で活動していた。レジーナのケースマネージャーは，母親

の前夫が妻や子どもたちを肉体的にも情緒的にも虐待していたことを治療者が知っておいた方がよいだろうと考え，治療者に連絡した。子どもたちは母親と前夫の身体的暴力を伴うけんかをたびたび目撃していた。保護観察官は，レジーナはいろいろなところで問題を起こしているが，母親とはたいへんうまくやっていることから，彼女は個人療法を受けるのがよいだろうと考えた。

　FFT はこのような場合に何ができるのだろうか。明らかにこれは FFT の基準に合う事例，すなわち素行と薬物の問題を抱えた行動的に障害のある青少年の事例である。FFT はシステミックで段階に基づく変化アプローチを導入する。これらのステップを以下に説明していく。

　治療者にとって FFT は，レジーナの苦闘を理解するのに最良の入り口でありアセスメント・ポイントである。FFT はまた，このような事例を概念化するための「マルチシステミック」で臨床的に機能する方法を用いる (図 2.1 参照)。たとえば，FFT の治療者ならこの事例を次のように考えるかもしれない。治療者は保護観察官に，家族療法 (FFT) は最初の治療として非常に有効になりうると勧めることもあろう。治療者はレジーナと母親の両方が個人的な葛藤 (レジーナには抑うつ，母親には過去のトラウマと虐待) を抱え，それを彼らの関係に持ち込んでいることに気づくだろう。FFT の治療者がそれを見ると，二人の関係は，レジーナの症状としての問題行動が後押し・維持される相互作用的パターンなのである。薬物と素行の問題は症状と考えられるので，それらを排除することが治療の長期目標である。文脈もまた，拡大家族 (疎遠になっている父親を含む) や学校や仲間とレジーナとの関係に関して難問を突きつけている。学校や学業の追加支援も必要と思われた。治療者にもまた，こういう結果になってほしいという目標があるだろう。FFT が終了するとき，治療者がレジーナに描く期待は，学校にもっとちゃんと通い，もっとよく関わりながら母親とよく協力し合い，家族の支援や助言を得ながら抑うつとの内なる闘いにうまく対応する方法を見つけることである。FFT の後には，レジーナが追加の精神保健ケアを受けられるかもしれない。たとえば，もし精神病の薬物療法が短期の安定化のために必要なら，治療者は FFT の治療者と緊密に連携してそれを治療に取り入れる。

　FFT の主要な着手点は家族関係である。治療者はレジーナや母親と協力し，一緒になって変化に取り組み，家族に焦点を当てた問題についての共通の記述を発展させ，家庭内のリスク要因を減らす方法を見つけ出そうとする。中間段階では，治療者は母子が特定の行動技術もしくは有能性を身につける手助けをする。そうすれば家族が問題に対応するのを助けられるだろう。それから治療

者は，レジーナと母親がときを経て変化を支え持続させようとして，これらの技能を当たり前のように身につけていくのを援助する。究極の目標は，将来，家族が問題そのものにうまく対処できるようエンパワーすることである。最終段階では，FFT は家族と世間の間の橋渡しに注意を向け，安定したやり方でゆっくり時間をかけて家族を支えていくような，必要とされるコミュニティと拡大家族の資源を同定するよう援助する。

　この事例で用いられる具体的な臨床介入についてはのちほど触れる。今のところは，レジーナと母親を治療に参加させ，彼らの治療を続け，彼らを助けて，彼ら自身が将来，変化の主体となる準備として良好な変化を達成させるという，そういう機会をともかくも持ち始めるには，どのように二人のことを考える必要があるのかを検討しよう。これはいくつものリスク要因がからむ複雑な事例である。個人，家族，社会／環境の諸問題。それに，どれもはかばかしい結果を生まなかったこれまでの治療の長い歴史。治療者がこの事例をどう概念化するかは，どのような技術を使うかと同じくらい重要かもしれない。要するに，この場合の最も差し迫った問題は，成功する治療を進めるための臨床的に関連のある方法のなかでこの事例を理解するために，どのレンズを使えばよいかということである。

マルチシステミック・アセスメントと介入

　レジーナの場合の最も明らかな特徴は複雑さである。環境，社会，仲間，家族，個人の要因が無数にあり，それらがレジーナや母親や周囲の人々のとるそのときどきの行動の成り行きや選択に影響する。何が起きるかは，距離を置いて見ればおそらく簡単にわかるだろう。レジーナは抑うつに陥ったときには心を開いて，どうすれば助けられるかを家族に知らせるべきである。彼女は仲間に対する怒りの鎮め方を学び，学校に関しては不安を克服する必要がある。レジーナの母親は体制，監視，支援，理解の正しい均衡を保って，レジーナが行き詰まっている問題点を克服する手助けをするための方法を見つける必要がある。学校は，読書力と学力のアセスメントをすることで，うまく読めないという彼女の問題を改善する特別プログラムを特定するような支援が可能であり，ひいては学校にうまく適応するための支援を行うことができる。実際，もしこれらが実現したら，レジーナはもっと機能的になり素晴らしい進歩を遂げるだろう。これらの目標は合理的で単刀直入に見えるが，見た目より複雑である。難しいのはこれらの課題の一つひとつを行うことにあるのではなく，レジーナ

と母親に，二人がはまり込んでいる関係パターンを断ち切らせて，適切で論理的で彼らの助けになるような別の解決策に彼らの注意と懸念を向け直すことにある。言い換えれば，難しいのは作業そのものではなく，これらの作業の実行性を必要とする人間関係である。FFT の特徴はこの関係的な観点である。

　マルチシステミックな視点が主張するのは，すべての人々は多様な内部システム（生理，ホルモン，神経，認知，情動，行動等々の）からなり，それらは多様な外部システム（家族，近所，学校，仲間，仕事，社会福祉機関，文化等々）と順応できる関係であり，互いに作用し合ったり，その関係を形成したりしているということである。各システムの構成要素は動的で，相互に関連し，依存し合っている。どのシステムも他のシステムから孤立することはできず，一つの構成部分だけに還元することもできない。このように見ると，レジーナは静止して孤立しているわけではなく，複雑な関係パターンを通して家族やコミュニティや文化と否応なくつながっている。彼女はたんなるいくつかの行動を超えた存在である——個人としての彼女を超えて広がる一つの複雑なシステムなのである。レジーナはアセスメントや介入について単一の焦点とはなりえず，また，彼女自身の問題行動をけん引する推進力，きっかけ，機能性のアセスメントも主要な関心事になりえない。もしなったら，私たちは木を見て森を見ずという諺さながらの状況に落ち入っているのである。

　レジーナにはよく見られる青少年の行動問題がいくつかあるが，これらの要素は独自の人間関係や社会的文脈に深く根ざしている。彼女にはまたレジリエンスがあり，虐待や仲間とのいさかいや薬物使用や抑うつから生き残っている。母親は，自身につらい過去を持っているが，同時にちゃんと娘を養育し自分自身も前向きで活力のある暮らしを続けてきた。母と娘はそれぞれに，さまざまな出来事の複雑な歴史を明るみに出す。そして二人にとって互いの関係は，これらの個人的なものの一つひとつが互いに影響し合ったり問題解決に影響したりする場である。レジーナの症状の全体像を把握するためには，このような広範囲に及ぶレンズが必要である。

強さに基づきレジリエンスに触発される

　青少年が少年審判や精神保健のシステムの対象になった場合，警察や教師や両親の目に留まって FFT にも回されるようになると，行動に注目が注がれやすくなる。紹介した機関の者はそういう個人の行動に注目する。それは行動が彼らの主要な関心事だからである。しかし，包括的な治療を提供するには，青

少年には行動以上のものがあることを治療者は忘れてはならない。彼らは内部の遺伝的／生物学的素因と家族，コミュニティ，学校環境との間の相互作用に基づいた強さと問題を持ち，生き生きと活動する生命体である。研究を通して，われわれは周辺環境のあらゆる側面（個人内，家族，仲間，コミュニティ，そして社会までさえ）が事実上社会的な諸問題の，さらに言えば重い精神障害の，重要な要因であるというエビデンスをどんどん明らかにしつつある。文脈は，そのなかで起きる行動を促進し，限定し，これに意味を与える，重要なものである。

FFTの中心となる仮定の一つは，マルチシステミックな文脈の要素，プロセス，特徴は複雑だということである。われわれの一人ひとりが困難な状況と厳しい試練に適応し，それを乗り切るための方法を知っている。私たちに助けを求めてくるクライエントもまったく同じである。悪い選択をしたかもしれないが，それでも子どもたちも親たちも全員が奮闘努力し，術を磨き，適応のための基本的資源を開発する方法を見つけてきた。したがって，若者とその家族に関してFFTの中心となる信念は，彼らは生まれ持った強さとレジリエンスを持っているということと，非常に難しい状況下にあるにもかかわらず，文脈のなかで最善を尽くすということである。

強さに基づいたアプローチをとることには危険がある。強さに基づいた多くの伝統的アプローチは，前向きなものに強く焦点を当てすぎて，すべての行動をよいものと見てしまう。問題行動はしばしば，「彼らはそんなつもりじゃなかった」とか「ただ何とかしようとしただけだ」という，偶発的なものだと見られがちである。しかし若者を相手にしている治療者たちは知っているが，彼らも両親たちも周囲の人々も，頻繁に悪いことをする。彼らが治療に持ち込む行動はしばしば他人や彼ら自身を傷つける。そういう悪いことについて検討するだけでは強さに基づいたアプローチに反すると信じる者もいるが，FFTの観点からすると，これはクライエントの問題と難点を認めないという点で敬意を欠き，クライエントを理解し彼らに応える方法を制限するという点で有用でない。FFTの見地からすると，強さに基づいたアプローチでは，クライエントの技術と能力とレジリエンスと，彼らが治療を受けるに至った問題の深刻さの本質の両方を見ることが大切である。リスク要因と保護要因の両方に注目することが肝要である。そして，これから第Ⅱ部で見ていくが，強さと難点の両方について話すことが肝心であるが，それは責めたり糾弾したりすることなく，強さも難点の存在も述べ認めるような率直で正直なやり方で行う。したがって，強さに基づいたアプローチとは，悪い行動を見て見ぬふりをしなさいという意

味ではなく，むしろ敬意をもち，正確に説明をし，しかしそれら全部の背後に
はレジリエンスに基づいた高潔な意図があるという考え方に基づいた方法で，
全行動を包み込むという意味なのである。

　このことは，コップは半分満たされているか半分空っぽかという古いメタ
ファーを思い起こさせる。多くの伝統的精神保健のアプローチは，症状，す
なわちクライエントが委託される元になった診断や行動に焦点を当てる。そ
のようなアプローチは，クライエントの家族を半分空っぽとみなしていると
して批判されてきた（例としては「ひとり親」や「ADHD」のようなラベル貼りを含み，そ
れは要因を限定する考え方である）。しかし，症状や不適応のプロセスに焦点を当て
ることは，重要ではあるが，半分は満たされているクライエントの強さや資源
といった側面を，治療者に忘れさせてしまうことがある。FFT では，コップが
半分空っぽか半分満たされているかという見方はしない。代わりに，たとえ最
初は強さがなかなか見つからなくても，コップのなかに何があるかということ
だけを見るために仕事をする。したがって，問題を理解するための最初の大切
な一歩は，クライエントの問題行動や不適応的な家族機能を主要な焦点として
浮上させることよりもむしろ，彼らのあらゆる側面を前面に出したままにして
おくことである。精神保健システム内での通常の紹介プロセスにおいては，こ
のことがはっきりしない。通常説明されるのは問題行動で，ときどき関連する
DSM の診断である。個人や家族の強さや保護要因といった具体的な一連の項
目まで示して紹介されることはほとんどない。

個人が明るみに出すものを認める

　FFT が家族を基本とするマルチシステミックなアプローチだからといって，
それは家族機能を取り囲む情緒的気風，行動パターン，認知的特性において個
人はその部分にすぎないということを意味しない。両親も若者も同じようにマ
ルチシステミック・システムに個人的に寄与していることは，まったくもって
明らかである (Liddle, 1995; Szapocznik et al., 1997)。誰もがそれぞれにひと組の素因（た
とえば知能レベル，情動性，身体能力）の組み合わせを持ち，それらは経験（学習歴，文化，
模範とする人）と影響し合い，また，認知と情動と行動の各領域を取り込んで新
しく生じるプロセスのなかの，環境面で生じたさまざまな生理的神経的プロセ
スとも影響し合う (Sexton & Alexander, 2004)。青年期までには，これらの領域は価
値評価や反応の認知的かつ情動的基礎となり，それが関係パターン内の行動反
応と対をなす。同様に，これらの特徴傾向は，関係する各人一人ひとりが他者

と影響（束縛，強化，罰など）する刻々と動く基礎の上で環境（両親，若者のマイクロシステムの他のメンバー）と影響し合う。

　両親や若者やきょうだいは，拡大家族や他の関係者も同様に，要因の数々をごっそりと明るみに出す。これらの要因のいくつかは生物学的なものである。たとえば，注意欠陥障害に生物学的負因や素因は実際にあり，それが家族内に存在するあらゆる関係システムの一部になる。家族の一人ひとりも別の人間関係での経験を持ち込む。たとえば，両親は，自分たちが生まれ育った家庭の経験を現在の家庭に持ち込む。この人間関係の歴史は，家族はどう「あるべきか」，両親はどう「ふるまうべきか」，子どもたちはどう「行動すべきか」について一定の期待や信念を形成してきた。（詳細な家族史が得られないとして）このような個人の歴史や期待がいくらかわかれば，両親が現在の家族内での出来事のせいだと考えていることの意味を理解するのに役立つ。しかし，これらの経験は非常に重要ではあるが，正しく理解するためには，それらは現在の家族関係システムを介在する間接的な影響だという見方をしなければならない。親や子どもは，ひとつには自分たちにとっては前から重要であるという理由で，出来事や他者の行動に彼ら独自のやり方で反応するということに，治療者は気づいていなければならない。

　個人の貢献の役割は単なる歴史的データ以上のものである。個人の歴史，生物学的負因，期待は，家族の関係パターンが発展し維持する仕方に，より直接的に影響を及ぼす。私が家族治療者として最も驚いたことの一つは，たとえば青少年の薬物使用のような一つの出来事の持つ意味が，家族が違えば大きく違うということだった。ある家族にとっては，息子や娘の薬物使用は，ただちに大がかりで立ち入る必要のある重大な危機を表す行動である。若者はすぐに精神保健の専門家によって，おそらくは病院内で，そして多くの場合個人療法やグループ療法や家族療法といった広範囲な治療のなかで診察を受けさせられる。興味深いのは，別の家族では，まったく同じ出来事である青少年の薬物使用が，まったく違う反応を引き起こすことである。こちらでは両親は心配し，子どもと話し，自分たちで監視や指導の度合いを強める。どちらの状況においても，どちらの両親も，子どもを助けようとするのは同じだが，両親の反応行動の規模の違いは歴然としている。興味深いというのは，なぜ親によってこんなにも異なるのかということである。

　両親の反応は，若者の行動以上のものがあり，彼ら自身の価値観や信念や基準と関連しているということを，われわれは示そうと思う。これらの価値観や

信念や基準，そして取った行動は，両親が明るみに出すものに起因する。前者
の家族の場合は，もしかしたら父親の人生にアルコール依存という問題があっ
たのかもしれない。そのせいで父親は，そのたぐいの問題にとりわけ敏感で用
心深くなったのだろう。ここでの重要なポイントは，FFT のような家族に関係
するシステミックな介入においても，システム（たとえば両親と若者）の個人的な
部分にかかわる歴史，生態，周辺環境は，家族の現在の関係機能において，な
ぜあるものは大切で他のものはそうでないのかを理解する上で非常に重要だと
いうことである。

家族の中心的役割

FFT は家族を中心とする治療アプローチである。家族は子育ての役割を担う
が，さらに重要なのは，家族と子どもの日々の直接的な機能における役割であ
る。家族は，幼少期の学習，とりわけ人間関係が何を意味しそれをどのように
発展・維持すればよいかの学習に最も早期の，おそらく主要な文脈である。家
族という文脈のなかで最初に発展する関係パターンは，学校や友達グループの
ような新しい文脈にまで持ち越され，大人になるまで続くことも多い。残念な
がら，FFT に委ねられる青少年の多くにとって，自分が属すシステム（特に家族）
に支えられた唯一の対人戦略は機能を果たしていない。主導権を持っていると
感じるために薬物を使い暴力をふるうことに手本を示し，促進してしまう家族
もあれば，子どもや若者が強要によってしか注意を引けないのを黙認する家族
もある。若者によっては，帰属感を得るために非行集団に入るしかない者もい
る。機能不全のパターンは家庭から世間に出て，最後には問題行動になり，そ
れに精神保健や少年審判のシステムがさまざまな臨床的症候群（たとえば反抗挑
戦性障害，素行障害，薬物の使用および乱用）に沿ってラベルを貼る。

家族システムを作り上げる関係パターン，役割，期待，ルール（目に見えない
こともある）は非常に強力な要因である。Minuchin（1967）は，境界のあるサブシ
ステムやサブシステム間の階層関係といった構造的な方法で家族関係を記述し
た。初期の国際主義者たち（Watzlawick, Weakland, & Fisch, 1974）は，関係的相互作用
のパターンというのは安定化して永続的なものになり，人々の関係を定義する
ようにさえなると提言した。FFT のレンズは家族のパターンを安定して永続的
で機能的なものだと見る。関係パターンとは，個人の生物学的で個人的な貢献
が文化とコミュニティのより間接的な期待と混ざり合う場である。これらのパ
ターンは，歴史や生活現象，文脈的ストレス要因が，感じられ気づかれる場で

あり，そのため，家族がどのように機能し，家族システムのどこに介入したら
よいかをもっとよく理解するためのとっかかりを提供してくれるものでもあ
る。

　家族関係パターンは把握が難しい。家族を見るとき，われわれが見るのは行
動である。行動の情動的文脈は感じ取れるかもしれないし，情動と行動の両方
を取り巻く認知と信念は一べつできるかもしれない。見落としがちなのは，わ
れわれが観察している行動と情動を制限したり，推進したり，支えたり，励ま
したりする暗黙のつながりである。パターンはクモの巣に少し似ている。巣の
構成要素はどれも，無数のもっと小さい繊細な糸によって他の構成要素とつな
がっている。クモの巣を押すことは，糸を通してつながっているすべての部分
が動き，順応し，調整することを意味する。小さくて目に見えないかもしれな
いが，つながり合う糸は強くて粘り気があり，個々のパートから統合された全
体を作るのに役立っている。家族もよく似ている。見えにくいが，数多くのつ
ながりの糸が，肉親や拡大家族のなかで一人ひとりを他の家族と結びつけてい
る。これらの糸が関係を定義する。いわば，ある意味でそれが人間関係**である**。
どれか一つの部分を動かすことは他のすべてを動かすことであり，もし一つの
部分を取り出せば他の部分から抵抗と引き戻しがあり，どこかの部分を理解し
ようとすれば全体の関係を考えなければならない，ということである。

コミュニティと文化の傘

　家族は文化とコミュニティが供給した文脈にはめ込まれている。文化は大切
な儀礼，慣習や習俗，信仰，行動パターンを内包し，そこから家族のなかに現
れる価値観や情動や信念が生まれる。たとえば，どんな文化にも家族の重要な
行事のための儀式がある（たとえば出産，誕生日，結婚）。文化の儀式には共通の文
化的意味，期待，やってはならない行為が付随する。文化を特徴づける宗教，
民族，その土地特有の価値観，規範，行動が一定の行動を奨励するようになり，
正しいものと間違ったものを見分ける基礎を作り，個人と家族が機能する方法
に間接的に影響する。コミュニティはその文化，あるいはそのコミュニティを
構成するいくつかの文化にたしかに影響されている。しかし，コミュニティも
それ自体でその土地特有の文化や社会的気風を持ち，それが若者や家族の機能
に影響を及ぼす。

　文化的期待は，家族内の相互作用のパターン，感情を表現したり役割をあれ
これ組織したりする方法，ある役割が普通どのように見たり感じたりするか，

そして養育スタイルなどに寄与する (Falicov, 1995)。Snyder ら (2002) によれば，コミュニティの文化的価値と慣習に関する帰属と仮定は，参加や取り組み，治療をクライエントの関係システムに適合させる特定の方法に影響を与えることがあるという。たとえば，コミュニティの社会経済的構図は，家族が利用可能な学校，コミュニティ活動，コミュニティの資源の種類と質に影響する。さらにまた，異なるコミュニティ文化の価値観は，たとえば，暴力，協調，協力，あるいは個性に傾きやすくなる気風を養う。特に仲間グループの価値観は，私たちが FFT で扱う青少年の機能面で重要な役割を果たす。このようなさまざまな影響を考えると，しばしばもっと表面に顕れる臨床的な問題に，これらの異なる文化の果たす潜在的な影響力に敬意を払い，これを理解することは大切である。

　少年審判の場では，民族的マイノリティの立場にいる若者の人的不均衡と彼らへのサービスの適用が，少年たちと取り組むうえで最も差し迫った論点の一つとなってきている。たとえば，1997 年には少数民族の若者の数はアメリカの青少年人口の約 3 分の 1 だったが，少年鑑別所と少年院に行く者たちの 3 分の 2 は彼らが占めた (Pope, Lovell, & Hsia, 2002; Snyder and Sickmund, 1999)。人数の割合が多すぎることに加え，現行の少年審判に関する研究論文が明らかにしたところによると，人種および／あるいは民族的要因は少年審判システム全体を通して意思決定に影響し，民族的マイノリティの若者たちはまったく異なる処分を受けるという結果を生んでいる (Pope & Feyerherm, 1991)。有色人種の若者の方が数多く逮捕され，長く拘留され，長くて重い判決や刑罰を与えられる。明らかに，支配的な文化もマイノリティ文化もどちらも，若者と家族を処分する上で重要な文脈である。

　文化的人種的格差のあれやこれやの問題はこの分野で数多くの重要な動きを生んできた。文化に配慮した処遇 (Culturally Sensitive Treatment: CST) アプローチは，文化的感受性を処遇・アプローチの発達の根底にある中心的導入原則としている (Bernal & Saéz-Santiago, 2006; Pedersen, 1997)。根底にある理論的根拠は，ある一つの文化的集団出身の人々には，別の文化的集団に効果があるとわかっているものとは違うタイプの心理療法が必要だろうということである (Hall, 2001)。文化に適応させた処遇 (Cultullary Adopted Treatment: CATs) は，エビデンスに基づいた治療に変更が加えられたものだと位置づけられている。これはサービスの提供に向けたアプローチの変更，処遇関係の性質の変更，対象となる人々の文化的信念や態度や行動に適応するために処遇そのものの構成要素の変更等を意味する

(Whaley & Davis, 2007)。このような動きは青少年とその家族のための治療の発達，選択，承認における文化の重要性をよく物語っている。さらに，これらのアプローチは，処遇モデルの発達において文化の果たすべき役割を理解しようとして行われてきた仕事であることを示すものである。

　審判システムにおける格差の問題点と文化に繊細に対応し適応する処遇・治療を支持する動きは，すべて FFT が活動している世界の一部である。われわれは精神保健や少年審判という環境のなかで活動し，それらはどう見ても文化的に影響を受けた文脈を作っている。審判システムによって FFT の治療を受けに来るアフリカ系アメリカ人の若者は，白人の若者とは違う文脈の出身である。治療プログラムとして，FFT はこれらの問題点を理解し，これに応える術を持ち合わせている必要がある。しかしデータはさらに重要な疑問を提示している。すなわち，FFT は異なる人種的文化的背景をもつ若者を援助できるほど文化に敏感なのだろうかということである。あるいは，心理学において文化に敏感な治療が盛んになっているという動向に示されるように，新しい治療はこのような若者たちに特化して開発される必要があるのだろうか。この疑問はしばらく心理学の理論と実践の最先端に置かれ続けるだろう。われわれの仕事が示しているのは，FFT は異なる人種や文化のグループに適応でき，その結果はたとえ多数を占める白人文化出身の若者たちの結果ほど良くはなくても，それと同程度だということである (Sexton, Gilman, & Johnson-Erickson, 2005)。われわれの臨床経験は，FFT はこれまで 10 か国以上で用いられ，毎日 8 種類以上の異なる言語で実施されているというものである。これは，FFT が文化や人種や民族性を実際の一つひとつの治療における主要問題だと考えているからである。第Ⅱ部では，FFT が文化の問題に取り組む具体的な方法を解説しよう。

若者とその家族の援助に対する影響

　FFT の基礎となっているマルチシステミックな見方は，治療者による家族治療の実施のさいに直接の影響を及ぼしてきた。FFT のアプローチは，若者の個々の行動は家庭を温床としており，それは同様に幅広いコミュニティ・システムの一部だとみなしている (Hawkins, Catalano, & Miller, 1992; Robbins, Mayorga, & Szapocznik, 2003; Szapocznik & Kurtines, 1989)。文脈的要因のなかには，直接影響を及ぼすものと（たとえば反社会的な若者仲間のグループ）間接的に影響するものがある（たとえば貧困）。個々の治療者がマルチシステミックな周辺環境やプロセスのいくつかの側面を変えることはできるが，他の多く（近所，非行集団，貧困，文化）を変

えることはできない。そういうものは見分けられなければならないし，治療者はその周辺に働きかけて，家族内に前向きな変化が起きるのを促進し，前向きな変化の障害として後ろ向きな影響力が力を揮うのを弱めるようにしなければならない。同様に，治療計画は変化可能なプロセスを優先すべきであり，青少年や家族のなかで前向きな変化を起こし維持するように，システミックに取り組むべきである。

　マルチシステミックな視点は，家族の援助を願う治療者が下すいくつかの基本的な臨床決定に影響を与える。介入の選択ポイントは数多くある。モデルによっては（特に医学的焦点をより強く当てるようなモデルは），システム内の個人に強く光を当てる。目標は，意思決定への働きかけ，トラウマの克服，あるいは（他の多くの可能性のなかでも特に）両親か若者かどちらかの未解決の問題点への対処，といったものになるだろう。別のモデルは，仲間グループか学校に焦点を当てることで若者周辺のシステム内で介入し，なんとか若者によい影響を与えたいと考えるそのシステム内の人々と治療を行う。さらに，コミュニティ・レベルに焦点を当て若者の環境を改善し，社会の変化を代表する者として活動したりコミュニティ活動のなかで介入したりする治療者もいることだろう。どちらの介入もその中心目標は若者の行動を変えることにポイントがある。しかし，どこにどのように介入するかの選択は，治療モデルの基礎を形づくっている中心構造に従う。したがって，若者の理解と治療のためにマルチシステミックなシステムのどの要素に焦点を当てるのが「最適」かについては，多くの白熱した議論が闘わされるにしても，仮定と原理は明確で十分理にかなったものでなければならないのは明らかである。

　図2.1で示されているマルチシステミックな視点は，レジーナと彼女の置かれた状況に適用することができる。レジーナの事例を担当することになった治療者が彼女を理解しようとしたレンズは，この文脈上の見方を使っている。レンズは，文脈としての仲間や学校の役割を忘れないよう治療者に示している。上述したように，レジーナと母親は二人の過去の関係から何かを差し出している。母親にとって前夫とのかつての葛藤は，怒りを避けようとする要因となっており，そうしてレジーナとうまくやってきたことを確認してきた。このことは，母親が断固とした態度を取らなければならないときに，レジーナがまず怒りを示すと，たちまちひるんでしまうことを意味する。その結果，彼らが問題を解決することはめったになく，レジーナは自分の行動に現実的な限界を設けられないでいる。一方レジーナは，生活にほとんど投げやりになっており，自

分の性質に抑うつを加え，怒りとひきこもりという二相性を呈していた。学校も保護観察官も，他の治療者でさえも，彼女のことを無関心で無責任で無神経だと考えていた。そのため，彼らは彼女にもっと責任感を持たせようとしたが，そのとき彼女の内面はもうどうにもできない状態だったのである。レンズがあれば，FFTの治療者なら，レジーナの抑うつや学校での行いや仲間の問題などの問題行動を，同じ状態を維持する方向に働く関係パターンのなかに今や深く組み込まれている諸症状だと考えるだろう。

臨床的問題

　クライエント中心原理に加えて，FFTは若者たちと家族が直面する臨床的問題に関して，特定の仮定と原理の組み合わせを基本としている。ほとんどのアプローチが，若者と家族の普通の毎日の機能，そして治療の対象となる問題において，システムが果たす役割を認識している。学校や仲間や他の環境的諸要因は，おそらく多くの症状を示す行動の元になるような一定のリスク状態を作り出している。それにもかかわらずほとんどのモデルは，臨床的問題の精神内部および個人の病因モデルをベースにした，この分野の診断分類システム（すなわち，DSM: Diagnostic and Statistical Manual of Mental Disorders; American Psychiatric Association, 2000）と国際疾病分類（International Classification of Diseases; ICD-10; World Health Organization, 1992）に頼っている。診断的アプローチは，観察されたひとかたまりの行動を若者の行動群とその輪郭に結びつけるのに役立ち，診断分類をしたり診断名をつけたりするのを可能にする。しかし残念ながら，これらの診断名が根底にある家族関係プロセスに結びつくことはほとんどない。とはいえ，このプロセスこそが，適切な治療介入プログラムを特定するのに必要なのである。マルチシステミックなアプローチは，成果の期待される治療選択と家族を基本とした介入に導入することで，クライエントの複雑さをもっと認識しようとする。あらゆるタイプの臨床的問題に家族関係システムが介在している。したがってFFTは，青少年の問題行動によって表され，これを仲介する関係パターンに焦点を当てる。ここに焦点を当てることで長期間にわたる変化が始まり持続する公算が高まるが，それは可変的なリスク要因と保護要因の「活性成分」を意味するパターンそのものを標的としているからである。その結果，長期間にわたる変化は，治療者がずっと継続してかかわらなくても，家族の内部で，そしてコミュニティの（すなわちマルチシステミックな）資源とのポジティブな関係を通して維持されていくだろう。

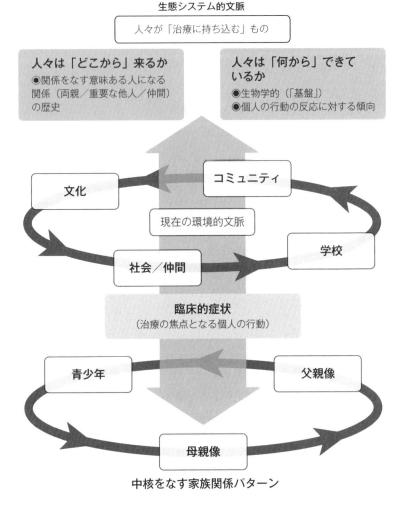

生態システム的文脈

人々が「治療に持ち込む」もの

人々は「どこから」来るか
●関係をなす意味ある人になる
関係（両親／重要な他人／仲間）
の歴史

**人々は「何から」できて
いるか**
●生物学的（「基盤」）
●個人の行動の反応に対する傾向

コミュニティ

文化

現在の環境的文脈

学校

社会／仲間

臨床的症状
（治療の焦点となる個人の行動）

青少年

父親像

母親像

中核をなす家族関係パターン

図 2.2—文脈内の諸問題の理解
Alexander & Sexton（2004）より翻案

　図 2.2 には，個人の症状，個人の寄与，リスク要因と保護要因，FFT の主要
標的となる中心的関係パターンが示されている。実例で説明すると，レジーナ
が抱える問題は，彼女の問題行動や薬物使用や抑うつが最後ではない。それぞ
れが，より幅広い文脈の他の要素との相互作用のなかで考慮されなければなら
ない。それぞれの要素については，第Ⅱ部以降で検討していく。

リスク要因と保護要因

若者たちと彼らの抱える問題の理解を目指す有意義な仕事から生まれたのは，リスク要因と保護要因に取り組むという視点である。そのアイデアは，診断や有病率やその他の定義づける特徴とは無関係に，すべての若者は自分自身や家族関係システムやコミュニティの内部に，彼らが深刻な問題に陥るリスクを負わせる要因を持っている（リスク要因）と見ることができるが，その一方で，別の要因が実はこれらリスク要因から彼らを守り，その影響を軽減することがある（保護要因），というものである。このように考えると，クライエントとその社会や周辺環境の文脈の持つ潜在的な強さと弱さの両方に関する包括的な見方ができるので，若者の問題の深刻さの程度を理解するのに役に立つ（Hawkins & Catalano, 1992; Kumpfer & Turner, 1990; Sale, Sambrano, Springer, & Turner, 2003）。この視点に立つと，リスク要因と保護要因は若者のマルチシステミック・システムの数えきれない段階（コミュニティ，学校，家族，個人，仲間）に存在することがわかる。家庭生活と家族関係のある具体的な側面が，青少年の問題行動の発現や悪化や再発と強くて一貫性のある結びつきをもっている。（第１章の表 1.1 を参照のこと）。第１章で言及したように，これらのリスク要因と保護要因は，それぞれ独自に異なったやり方で，クライエントの抱える問題の深刻度の理解に役立っている。すなわち，リスク要因は単純に保護要因の反対というわけではない。それぞれ潜在的には別個に結果に影響するものとして評価されなければならない。

このアプローチに関して特に強調したいのは，それが治療のメカニズムに直接転用できることである。リスク要因と保護要因という観点から臨床問題にアプローチすることは有益である。それは，若者と家族にずっと変わらないラベルを貼りつけるのではなく，彼らがコミュニティ・システムを経験するにつれて変化できる行動パターンを説明するからである。それに加え，原因となる関係を断定するより可能性について説明する点が有益である。青少年の暴力予防協会（Youth Violence Prevention Council）によれば，単一のリスク要因だけでは反社会的行動は引き起こされず，発達過程のなかで複数のリスク要因が組み合わさることで，行動を触発し形成するという研究結果がある，という。リスク要因と保護要因の合わさりが危なっかしい行動をとる可能性を決めるのである。最後だが大切なことは，家族の困難の源は一個人の問題行動ではなく，それが家族システムのなかでどのように扱われるかということであり，これがリスク要因と保護要因というアプローチによって示唆される有益な点である。

注意しなければならないのは，リスク要因と保護要因は診断的に用いてはな

らないということである。一つひとつの要因は，人や状況が違えばそれぞれ違って見える。さらに，ある状況下である人にとってリスク要因となるものが，別の状況下にある別の人にはリスク要因とはならないという場合もある。リスク要因と保護要因は若者の発達曲線に影響したり影響されたりする。行動は年齢とともに次第に固定化する。したがって，青年期になるころには，多くの態度や行動はしっかり確立して簡単には変化しない。また，これらの要因は追加的であると同時に，多くのリスク要因，あるいは多くの保護要因の存在が重要な役割を果たしうる。

　リスク要因は，一般に，個人，家族，仲間／学校，コミュニティという四つの領域に分けられる。FFT がこのアプローチをとることは，若者の活動する各システム（個人，家族，学校，コミュニティ）について機能的に考える方法を提供してくれるため，役に立つ。このアプローチは，若者という大集団の系統的な研究をベースにした法則定立的な視点を検討可能にする。よって，何らかの信頼性が要因には存在する。それと同時に，このようなコンセプトをとることによって，FFT の治療者は，当該の具体的な文脈における個別性のある家族において，これらの要因がどのように機能しているかという点に関連した個性記述的な視点を考慮することができる。さらに，これらの要因は治療計画の一部として使用でき，治療者は，家族が現在示している心配を超え，時間をかけてうまく機能していけるような，また将来の挑戦にうまく対応できるような能力に長期的影響を及ぼす要因に向けて家族を進ませることができる。第Ⅱ部の各章では，FFT のそれぞれの段階によって取り組むべき具体的なリスク要因について述べる。

関係問題としての臨床的問題

　個人のリスク要因と保護要因のプロフィールがどうであっても，その若者が問題行動を抱えると運命づけられているわけではない。安全措置（保護要因）とハザード（リスク要因）間の相互作用の家族のやりくりの仕方のほうがもっと大きな決定力がある。なぜなら，家族の関係パターンは両方の要因を自滅的なサイクルや害になる感情的反応を飲み込み，その結果，気分がすさみしばしば関係を台無しにすることがあるからである。家族以外の多くの人々（たとえば，治療者，少年審判や教育関係の職員，発達の研究者やその他の研究者）は，諸要因のバランスを改善し，問題行動を解決するために家族成員がどう変化すべきかを見るのが一般的である。しかし，そのような変化は，単純でわかり切った対応に見える

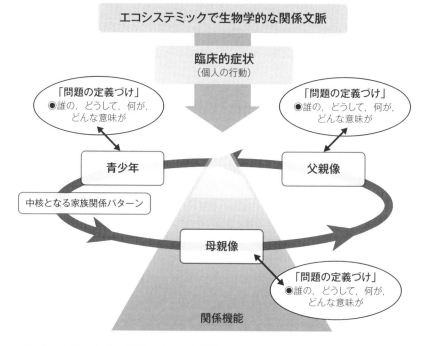

図 2.3―文脈，症状，関係パターンと機能
Alexander & Sexton（2004）より翻案

ことも含め，家族や若者や他の援助者にとってかなり困難なことが多い。FFT
の視点からすると，危険にある若者やその家族の問題そのものが本来関係性に
かかわっているからであると考える。委託してくる臨床家たちがたいていそう
であるように，関係性と切り離して行動を論じてもなかなか継続的な変化は望
めない。むしろ，治療者は，それぞれの家族関係システム内にある個々の若者
の行動や親の行動の意味を発見し，一つひとつの家族に独自にある性質に対し
臨床的介入のねらいを定めなければならない。

　臨床的問題にある関係性の性質には三つの構成要素がある。中核となる関係
パターン，問題定義，そして関係機能である。これらの特徴は治療プロセスが
生じる関係活動の場を明確にする。図 2.3 にはこれらのアイデアがどのように
調和するかが示されている。中核となる関係パターンが，FFT における臨床ア
セスメントと介入の主要なねらいである。

中心的な関係パターン

FFT は，家族の関係プロセスを分析の主要単位とする，原因と結果の循環モデルという伝統的なシステム・アプローチを採用している。分析の目標は，逐次的に起こる行動パターンとそこにある規則性を特定することによって意味を引き出すことである（Barton & Alexander, 1981; Sexton & Alexander, 2004, 2005）。その結果として得られるパターンの認識がどのように関係プロセスと分かちがたいつながりを持つのかを調べるための基礎になる。個人の行動（たとえば薬物乱用，非行，行動化など）は，その関係プロセスのなかに組み込まれ，その関係プロセスから行動の意味が引き出される。

FFT は個人の問題を中核となる家族関係パターンのなかに組み込まれたものだと考える。家族関係パターンは，問題行動の周辺で家族がどのように互いに影響し合っているかを表すものである。関係プロセスというシステミックな概念が示すように，これらのパターンは安定化傾向が強く，いったん確立すると問題行動は永続化する。したがって，治療者にとっての主要な関心は各個人の問題よりも中心的な関係パターンである。

FFT の治療者は個人の問題を永続的な家族行動パターンの現れだと考えている。個人の行動ほど簡単に見つけることはできないが，家族行動パターンは，その家族独自の特性と日常生活の基礎となる行動の関係的連続体である。パターンによっては，必要な仕事（たとえば親としての役目を果たすこと，意思を疎通し合うこと，支援すること）を遂行するのにきわめて効果的で，一定の問題行動が生起するのを妨げ，家庭や家族成員を守るものもある。また，行動障害の外在化，薬物の使用や乱用，関係葛藤，個人の精神疾患症状を悪化させるリスクを負わせることにより，個人もしくは全体としての家族を危険にさらすパターンもある。関係パターンは，重要なリスク要因や保護要因を特定するための情報源ともなりうるが，それはこれらの要因が，家族内および個人に対して機能している人間関係のとり方によって維持され支持されているときである。

Stanton と Welsh（近刊書）はこの問題で，関係システムの役割に関して次のように非常に明快に考察している。

おそらく最も重要な習慣は，CFP サービスに訪れる人（たち）に関係するシステムを描く能力であろう。システムを見ることは，そこにいる人（たち）や（諸）問題を取り巻く文脈のなかで活発に動く要因を概念化するために，実在の人や問題点を超えた先を見るという抽象的なプロセスである。システムを

見るとは，まずシステム全体について考え，次に構成部分に焦点を当てるという意味である。これが重要なのは，欧米諸国で教育を受けた多くの人々のもつ還元主義に対抗するものだからであり，還元主義は最初に部分を見るために，相互作用やシステムの部分間のつながりを含めた全体を見落とすことがある。多様な概念がこの習慣と関係しており，それにはサブシステムやシステムの周辺にある境界の機能やシステム内の自己組織化（システムが需要に応じて組織化および再組織化すること）といったアイデアが含まれる。

　すでに述べたように，家族内の関係パターンを見つけるのは必ずしも簡単ではない。関係パターンは通常，治療のときに家族が話す問題の説明の根底，もしくは「問題は何ですか？」と尋ねられて家族のだれかが治療者に話す事柄である。これら問題の定義づけは，何が家族のなかに苦悩や軋轢を引き起こしているのかを理解しようとする家族成員それぞれのごく当たり前の自然な気持ちを表している。家族一人ひとりが問題の原因の元になり，それらの出来事に対する感情的な反応を高じさせ，関連した行動反応を起こす。そのすべてが問題の定義づけに基づいている。問題に対して構築された理由づけも当面の出来事への感情的反応を正当化する。そして，これらの感情に付随して起こる行動や原因帰属は，問題の定義づけに対するきわめて当然の反応とみることができる。

　適応行動であっても不適応行動であっても，筋の通ったまっとうな文脈を持ち，風土として浸透している家族や文化システムに見合い，家族の各人にとって何らかの特別な意味があれば，どんな行動も理にかなっているし理解可能である。すなわち，行動は何もなくては起きないし，環境と無関係に生物学的素質の機能や意識的な合理的選択として出現するものではない。家族行動パターンの究極の機能性は，文脈，すなわちその家族の歴史，個人の気質，環境の状況といったそれぞれ独自の諸要素に左右される。FFTの治療者は，家族成員同士の関係パターンに注目し，そのパターンが家族という独自の文脈のなかでどのように機能しているのかを突きとめる。

関係機能——接着剤

　家族パターンが，それが苦痛を伴い，機能を果たしていないように見えるときに，どうしていつまでもなくならないのかという問いは大切である。家族システム内の問題の持続力をどう説明するかは，初期の家族システムの先駆者た

ちが苦労して取り組んだ問題だった。ホメオスタシスという考え，すなわちすべてのシステムに本来備わっている持続しようとする傾向が，この逆説的に見えるものを説明するモデルとして最初に提案された。関係機能という概念はこの考えに基づいているが，それと同時に，この考えからの脱却も示している。Barton と Alexander (1981) によって開発されたこの概念は，なぜ問題が持続するのかに対する仮説を提示している。関係機能は，特定の行動自体ではなく，パターン化した一続きの行動の**結果**を具体的に表現する。言い換えれば，関係機能は主として，家族内で個人が生み出した関係パターンである (Sexton & Alexander, 2004)。家族システム論や対人関係の理論に関する多くの専門家が，家族内の関係機能 (あるいは関係空間) の二つの主要な次元である関係的つながり (あるいは相互依存性) と関係の階層を特定している (Alexander & Parsons, 1982; Alexander et al., 2000; Watzlawick et al., 1974; Claiborn & Lichtenberg, 1989)。関係機能はそれ自体，長い間に機能不全で苦痛に満ちてきたように見える行動パターンをまとめる接着剤なのである。

　関係パターンが個々の人たちに意識されることはほとんどない。むしろ，表面に出ているのは，このような不変のパターンの個人的経験 (たとえば感じ方，意図，象徴的解釈) である。これを表現するのに Sexton と Alexander (2004) は次のようなうまいメタファーを使っている。「魚が泳いでいるのが水の中だと知らないのは，当の魚だけだ」。「魚」と同じように，われわれには自分と他人とをつないでいる関係パターンが見えていない。もっとも，われわれには自分たちが期待するようになり再生しがちなこれらのパターンの内的表象や経験がある。これらは，われわれが関係の持続性を判断する基準になる。

　関係パターンは相互依存性 (つながり) と独立性 (自律性) と関連して変化する (Sexton & Alexander, 2004)。しかし，相互依存性と独立性は連続体の両端に位置するのではない。どちらもあらゆる関係のなかにある程度まで存在するが，必ずしも愛情やその欠如感と結びついているわけではない (Sexton & Alexander, 2004)。高い相互依存性は心理的な緊張であり，つながっている感覚だけでなく網に捕らわれたような感覚になることもある。反対に，高い独立性は心理的緊張度がきわめて低く，自立感や距離感という感覚になることがある。相互依存性と独立性がちょうど半々に混ざった状態は，受け入れ可能な関係パターン (健全な発達を促すもの) としても不適応パターン (どっちつかずの状態や，曖昧な養育態度) としても現れる。

　図 2.4 には関係の範囲が示されている。1 は相互依存度 (つながり) が低く独

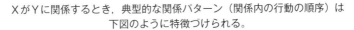

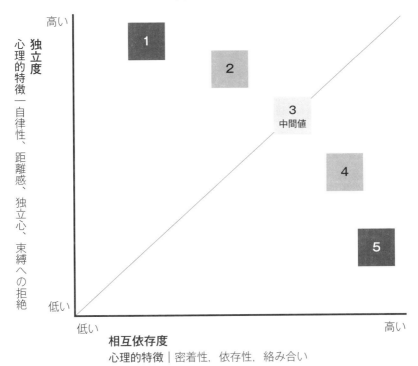

図 2.4―関係機能としての関係性

Alexander & Sexton（2004）より翻案

立度（自律性）が非常に高い関係機能である。5 は独立度が低く相互依存度が非
常に高い関係機能である。このような特徴づけは臨床的介入をクライエントの
関係システムに合うものにするのに役立つ。

　関係の階層は，関係機能の別の次元である。この次元は，構造と資源に基づ
く関係性への支配性と影響性を測度とする（Sexton & Alexander, 2004）。階層の影響
性は，関係の相称性が関係におけるバランスのとれた構造と共有された資質が
どれだけ経験されているかによって，高さに幅がある。「一段上（ワンアップ）」
と「一段下（ワンダウン）」の関係（Haley（1964）による「相補性」）は，関係のなかに
ある一人が他の者（たち）にはあまり備わっていない資源（経済力，体力，外部の
システムに支えられた地位あるいは役割の力）を通して影響力を持っている関係性であ

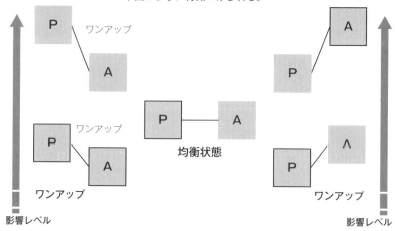

図 2.5─関係機能としての階層
Alexander & Sexton（2004）より翻案

る。関係の階層は，対人関係についての単純で功利主義的アプローチであり，多くの西洋文化に取り入れられてきた。それと対照的に，関係を持っていること（relatedness）とは，関係内での支配性を相互に高め合うというアプローチを意味している。つまり，人々は関係に階層による力ではなく愛情やかかわりを通してお互いに影響し合っているのである。

　臨床場面において関係機能を突きとめるのは容易ではない（Sexton & Alexander, 2004）。等結果性（初期のコミュニケーションおよびシステミック理論（Watzlawick et al., 1974）によって提言された）という概念や臨床経験によって知ることができるが，まったく異なる家族関係パターン（たとえば，絶えないいざこざと温かさや協力）が関係において同一の経験（お互いが強く結びついている）を招くという考えを，FFT も保持している。反対に，とてもよく似た一連の相互交流（たとえば，温かいコミュニケーションと親密な行動）が関係においてまったく異なった結果（ある関係では頻繁に接触し，別の関係では距離感を増す）を招くこともある。FFT の視点からすると，支配の感覚があるか否か，注目を浴びるか否か，所属の感覚があるか否かなど，どんな経験にも何も悪いものはない。どれにも強さと弱さがある。FFT 治療者は家族成員の中核となる関係機能を変えようとはしない。実際，文化の違いや家族構成や学習の歴史は広範な関係パターンを生み出し価値あるもので，これらのパ

ターンの一つひとつが肯定的にも否定的にも両方の行動の表現型を生み出しう
る，ということを FFT は主張している。

　では，なぜ関係機能に注目するのだろうか。FFT が問題とするのは，これ
らの機能がどのように表現され，その表現が他者に害を及ぼすかどうか，と
いうことである。たとえば，暴力で子どもを支配する親は，それに代わって
はぐくみ導くことによって支配することを学べる。子育ての「一段上（ワンアッ
プ）」パターンは，もし身体的情緒的虐待を伴うものなら変えることを目標と
されなければならないが，権威ある子育て，子どもに配慮した資源の配分や養
育等を伴う場合は，一般に称賛されるだろう。言い換えれば，親が虐待的な
とき，FFT は関係の階層を変えようとするのではなく，関係機能（ワンアップ）
に一役買っている虐待行動のパターンだけを変えようと試みる。同じように，
FFT は絡み合った関係にある親につながりという親子の関係機能を変えるよう
強要することはない。むしろ，青少年自身の適切な行動次第で，親が適切な愛
情表現や気配りを伴った行動をとることができるように手助けをする（Sexton &
Alexander, 2004）。

　後の第Ⅱ部では，関係機能を臨床治療とアセスメントに適合するものとして
示していく。しかし今のところは，レジーナの事例は関係機能を家族のマルチ
システミックな図式の一部として強調することの重要性を示すものであること
に注目してほしい。実のところ，関係機能を実施計画書に加えれば，アセスメ
ントがもっと個性を持ち，家族の機能する方向を特定する助けになる。レジー
ナと母親の間に起きているよくあるパターンは想像に難くない。母親がレジー
ナに何か仕向けると，レジーナはけんか腰になって応じる（「～しなさい……」と言
うと「いやよ，……」と応える）。話題は，門限でも学業でも，もっと深刻にいうと，
抑うつをどうにかしなければならない，というようなことでも，何でも関係ない。

　やがてレジーナと母親の二人は自分たち自身の問題の定義づけを構築した。
レジーナは，母親は一人残されるのが嫌で，自分の自立を邪魔するのだと感じ
ている。母親は，レジーナが重い精神衛生上の問題を抱え，自分ではどうにも
できず，世話してやらなければならないと信じている。定義づけが各人にとっ
ての解決を用意する。さらに，あったことの詳細よりはむしろ関係機能につい
て考えることで，各自の善意から発してはいるが見当違いの動機が浮かび上が
る。レジーナにとってのパターンは，広く言えば母親と相互依存にある関係と
いう感情によって特徴づけられる。これは，けんかはしていても，母親との関
係において結びつきがあり心理的に強烈な経験であることを意味している。母

親も同じようにそのパターンを経験している。レジーナと一緒に「それを再び経験する」のは嫌だが，結果的にその経験は二人を結びつける相互依存をもたらす。FFT 治療者はレジーナと母親にある関係タイプ（緊密さと心理的相互依存）の変化は求めないが，彼らの行き方の変化は援助する。この例が示すように，関係機能は，このようにしてクライエントに「マッチしている」治療を定めるのに役立ち，変化の妨げとなる道を避けて進むのを容易にする。

臨床的変化
●中心となる仮定と中核メカニズム

　私を家族療法に引き込んだのは魔法のような力強い瞬間で，それはある苦闘する家族と，どうすべきかを正確に知ろうとする熟練臨床家との間に起こった。面接室でエスカレートする怒りのサイクルに介入の必要がある臨床家や，陽性の薬物検査に応対の必要がある保護観察官にとって，特に原理が役に立つとは思えないかもしれない。しかし私は，何千人もの治療者を FFT で訓練した経験から，何をすべきであるかを正確に知ることはモデルの背後にある原理の理解いかんにかかっていることを目の当たりにしてきた。これは，FFT の場合，FFT の臨床的変化モデルを理解することにある。

　Sexton, Ridley, Kliner (2004) は，家族療法の現行モデルで定義されているとおり，治療的変化は三つの領域で生じていると提示している。

- ●治療者が治療に用いるモデルに固有の，治療のプロセス／進行と結果の変化メカニズム
- ●これらの治療が進行するにつれてクライエントに起きる変化の体験
- ●変化が生じることで生まれる，クライエントと治療者の間の直接的な関係の相互作用

　Kazdin (2008) は，治療の効果的な部分を形成する変化メカニズムについて系統的に理解し研究し考えることが，臨床結果を向上させるために必要だと力説している。FFT は，中核となるメカニズム，具体的な目標，関係性の成り行き，治療の結果から得られる長期的変化等を特色とするシステミックな変化モデルを取り入れている。次章では変化プロセスについて詳しく検証する。

　当面の例に戻ると，FFT の臨床介入の原則から，われわれは毎回のセッションでレジーナだけでなく彼女の家族全員と治療の作業を行う。レジーナと母親は自分たちの関心事をそこに持ち込み，治療者との信頼関係を発展させ，治療者を信頼できる人物，つまり二人の両方を理解できこれまでと違う変化をもたらす能力がある人物だとみてくれるだろう。治療は，積極的関与と動機づけ段階から行動変容および一般化段階までの FFT の臨床モデルの諸段階に従って実施することになろう。けれども，関係プロセスの内容や感触，つまり具体的な出来事や話し合いは，レジーナと母親が家族として行う仕方に合わせることになるだろう。

　マルチシステミックなアセスメントによって，治療者はレジーナと母親との関係の中核となるパターンと関係機能を定め，変化に最も到達しやすい中核となる関係要素にポイントを合わせることができる。追い求めた結果にはレジーナも母親も互いに納得のいくものになるだろうが，それは家族内のリスク要因を軽減し，将来家族成員をエンパワーできるような保護要因を増加させるという原則に基づいている。治療は一般的なリスク要因（仲間，学校，家族内の葛藤）に取り組むが，これらの要因はレジーナと母親に独自の関係パターンを通して概念化される。治療目標は，レジーナや母親にある特有の環境を考慮しながら，二人が将来遭遇しそうな試練にも直面できるようにすることである。

理論と実践を振り返る

　FFT は，本質的に，臨床的変化に向けた家族システム・アプローチである。モデルとしては，これが始まった当時に普及していた考え方に影響され方向づけられている。それは FFT を，クライエントや彼らの問題や臨床的変化を考慮したシステミックで関係的で統合された方法に向かわせるものだった。と同時に，FFT は単に伝統的な家族システム・アプローチではない。個人の役割，文化／民族／人種の位置づけ，関係的でシステミックな問題の本質に関して独自の見方をするとともに，クライエントについて強さに基づく単純なアプローチを超えた考え方をする。また，FFT は人や治療やモデル形成の原則の理解法のなかで「機能的」という原則を治療に導入している。最後に，FFT は，若者と家族に関する治療というよりもむしろ，若者と家族と一緒に治療しようと方向づけられた多くの仮定によって示される一種の変化モデルである。彼らの現在の問題解決を援助し，同時にその先にやって来る試練に自力で立ち向かうこ

とができるようエンパワーするのである。

　FFT は変化モデルとしては一見すると矛盾に見えるような事柄を抱えている。つまり，FFT の治療は，モデル指向的でクライエント焦点的でシステム化されているが融通性があり，関係指向的だが行動特定的であり，家族指向的だがマルチシステミックであるという点である。それらの一見矛盾するものが一緒になって，まとまりやシステム，そして包括的治療モデルとなっていく様は次章のテーマである。残る疑問は，家族が困難や傷つきや絶望から問題解決に向けてエンパワーされ，効果的となり自信を持つようになるとき，どんな変化プロセスが生じるか，ということである。

3

臨床的変化
時継列的に系統的であること，関係性への焦点化，そしてクライエント中心

　問題行動のある青少年に治療を行うのは，単に，手順通りに，クライエントの内面の変化を促すような条件を提供すること以上の複雑さがある。現に顕れている深刻な問題や，その青少年や家族独自のより広いリスク要因に対する，意図的な指導が必要とされる。クライエントにとっての永続的な変化につながることを意図した時間の連鎖（temporal sequence）を提供するという点では，治療過程の構造は，あらゆるクライエントの場合と同様であるが，青少年への治療は，家族間で，また治療者との間で，突然に起こり予測不能な，関係性における重要なできごとに対応することができなければならない。この，関係性におけるできごとは，適切に扱われさえすれば，治療をより迅速に進ませ，より意味のあるものとし，よりよい結果をもたらすものとする好機となる。難しいのは，治療過程における関係性のプロセスを，治療者が導くことができるような構造を維持しつつ，しかもクライエントに，クライエントの独自のニーズや希望や苦闘を表現させることができる十分なゆとりをも提供するということである。そこに，よい治療におけるパラドクスがある。FFT がユニークであるのは，臨床的変化のモデルという系統的道筋を提供し，治療者が，面接室のなかで起きる好機を利用して，思春期の子どもを支援するときの障壁を家族が乗り越えるのを援助することである。この変化のモデルが，この章の焦点である。

系統的な臨床的変化
◉中心となる仮定と核となる仕組み

　現在の心理学における根本的な問いは，性質と構造と治療的な変化の中核的

条件を中心に展開している。われわれは，ようやく，最も単純なシステムにおける，変化の複雑さや力動を理解し始めたところであり，ひとのなかで変化がどう機能するかについてよくわかっている状態には遠く及ばない (Mahoney, 1991)。現在のエビデンスによれば，ひとが変化しうるということは示唆されるが，それは，ほとんどの治療モデルが示してきたより難しいことも示唆されている。わかっているのは，変化というのは，小さな変化の単純で直線的な積み重ねがきちんと定義され，予測可能な結果につながっていくということではないということだ。Mahoney (1991) は，変化というものは，「力動的で，ときに中断されたりする，半衡感覚」であり，そのなかで，変化の段階や力が安定性の段階や力と，交互に登場し，相互に絡み合っていると述べている。つまり，変化はたいてい，2 歩前進しては 1 歩下がるような形をとるということである。多くの若者やその家族との治療における大いなる「なぞ」のひとつに，どんなに彼らが事態が変化することを願い，どんなに自分たちの問題に情緒的につらさを感じていても，変化の過程には，前進と，機能しないシステムの維持との間に常にせめぎあいがあるように見えることである。事態をより複雑にするのは，一般的な変化の経過や仕組みがある一方，個人にはその人特有のシステムがあり，その個人にあてはまる変化の過程が必要となることである。ここで示唆されているのは，広く人気のあるよい治療法であっても，それらは個人にあったやり方で実行されなければならないということである。

　これまで見てきたように，FFT は，面接室のなかで，治療の過程，クライエントの体験，刻一刻に生じる関係性という複合的な領域の上に建った系統的な変化のモデルである。FFT には，変化の過程を導く，理論的に統合された五つの原理がある。

- ◉同盟関係をベースとした動機づけがあると，変化が生じることが予測される。
- ◉行動の変化には，最初に，おもにリフレーミングなどの手法による意味の変化が必要である。
- ◉行動の変化の目標は達成されうるものでなければならず，また，家族の文化，能力，生活の文脈にとって適切なものでなければならない。
- ◉介入の方策は，その家族特有の性質に合ったものでなければならない。
- ◉治療は，クライエントの現在のニーズに向けた，意図的で，個人的で，影響力のある会話に基づいてなされる。

　これらの原理は，家族成員のなかでの困難な関係性のやりとりや，家族の行動パターンにおける逆流の中を，治療者が航行するのを助け，これらのやりとりを理解し，長く続く変化に拍車をかけるための共通の土俵を見つけるのに，役に立つ。

◉事例

　セスは，シングルマザーの息子で 16 歳である。母親のアンはウエイトレスとして夜，働いていた。セスは，薬物使用や家のルールに従えないという問題が高じてきていたが，よく弟の子守りを任されていた。セスは，門限を破って外出中に職務質問されたとき，マリファナ陽性反応があったことで保護観察になったばかりであった。裁判所での審問の日，母が買い物に行って短時間彼をひとりにし，帰って来ると，彼はマリファナを吸っているところであった。最初のセッションの冒頭，セスの母親のアンは言った。「もう，セスにはこりごりです。私は彼を養うために昼も夜も働いている。自分たち双方にとってのよりよい未来のために，朝学校にも行っている。それなのに，セスは，父親と同じくらい，感謝の気持ちを失っている」彼女は一息ついて，次のように続けた。「私たちの間には，とにかく，ごちゃごちゃありすぎました。もう私はここまでです。セスには，施設送りになってちょうだい，と言っているんです。私にはできなかったことが，強権力ならできるかもしれないでしょ」。セスは静かに座ったまま聞いていた。彼は最後に，ただ，左右に首を振り，足元を見たまま言った。「そうかもしれないね。なんにせよ，もううまくいきそうにない。どうしてマリファナ吸わないでいられる？　僕にはもう他に何もない」

　治療者は，薬物の使用は深刻な問題であり，親子間の暴力もやめさせなければならないとわかっている。そして同時に，これらの行動が，関係性のために，家族内にはまりこんだよくあるパターンであることもわかっている。治療者にとっては，少しの援助があれば，セスと母親とはもっとうまくコミュニケーションがとれるようになり，それぞれの傷つきの感情を乗り越え，現在の試練に向かうことができることがよくわかる。セスは母親の指導を利用することができ，母親も日々の生活でセスの助けを利用することができるはずである。

　しかし，面接室での情動は異なっていた。治療者は部屋に満ち満ちた諦めの雰囲気を感じていた。彼女は，この希望のなさややるせなさは，親子が

戦っている思いに見合う強さなのであることを感じる。治療者は，すぐに介入しなければ，セスと母親は治療から離脱してしまい，すぐさま収容処遇の方針になってしまうと感じた。

治療的変化は，同盟を基盤とした動機づけの産物である

どの順序で何を行うかを決めることが，治療者の最初の目標である。この点においてこそ，FFT の臨床的変化の核となる原則と，その到達段階での目標が重要になる。

治療関係が大切であるということは，もっともよく知られ，受け入れられている治療実践の原則の一つである。治療関係は，中心的な役割であるが，いろいろな意味を持っている。Rogers にとっては，治療関係はクライエントに対する支持と確認であった (1957)。Henry と Strup (1994) は，治療同盟を能動的な要因であるとして提唱し，クライエントの予測された関係性パターンに対抗して，感情体験の改善をもたらすものとした。しかし，治療関係は人間的な結びつきであり，クライエントが変化するための不可欠な条件を提供するのは共感であるとする者もあった。このように，治療関係は，臨床的に有効であるためには，より進んだ定義や特定化が必要な複雑な構造なのである (Sexton & Whiston, 1998)。

治療関係を考える最も有効な方法の一つは，同盟 (alliance) の構成概念によりとらえることである。治療同盟もまた，心理学の文献ではありふれた概念であり，通常，情動的な結びつきの文脈のなかで，治療の課題や目標について治療者とクライエントが結ぶ合意のことを言う (Horvath, 2001)。個人，カップル，家族のいずれの治療においても，同盟の重要性は不動のものである。治療同盟は，治療の継続，クライエントの満足度，そして結果を予測するものである (Pinsof & Catherall, 1984; Quinn, Dotson, & Jordon, 1997)。それでも，クライエントも複数で，したがって視点も複数になる家族療法において，どのように同盟が機能するのかを理解するのは難しい。たとえば，Heatherington と Friedlander (1990) は，治療者がより熱心になっているときには，治療者との治療同盟はより高いということを発見した。治療者からの指示は，強さや権威と考えられているのである。

FFT で使われる治療同盟というのは，Bordin (1979) の表現した概念と似ている。それによると，治療同盟は，理解され，相手を信頼するという感覚が特徴的な，他者との結びつきである。同盟が治療的であるためには，治療の課題と目標についての契約が含まれることが必要である (Bordin, 1967)。治療同盟は，

個人の信頼感以上のものである。クライエントと治療者とが，何らかの形で一緒に取り組む目標や作業について合意するという体験を含まなければならない。家族のメンバーにとって，それは，お互いの感覚や奮闘を信頼することができると感じ，それぞれの感覚や奮闘が平等に理解されるかのように感じることを意味する。さらに，自分たちは「同じページにいる」と感じたり，変化への道筋が，家族成員それぞれにとって意味を持つものであると感じたりするのである。治療的な文脈においては，同盟は共に働くための関係性の基地なのである（Sexton & Whiston, 1994）。

　現にそこに現れている問題が何であれ，家族内のもめごとが，目標や目標達成に必要な課題や家族成員の間の気分や絆に集中するのはまま見られる。家族同盟が機能しているとき，家族成員は，少なくとも暗黙のうちに，現にある問題と，そのことに取り組む最もよい方法について合意している。同盟は，お互いに尊重し合い，同じ側に立って努力している家族成員でみられる。思春期の青年やその家族を扱ってきたわれわれは，この同盟という条件は，情緒的に揺り動かされ，行動面でも複雑なやりとりが家族のなかで行われていることを考えると，大変難しいものであることを知っている。FFT としては，このタイプの同盟が，早期の段階における目標である。

　セラピーが機能するにはもうひとつ大事な同盟がなければならない。家族と治療者との同盟である。家族成員同士の間で起こるのと同じような形で，この同盟は，相互理解，セラピーの目的と課題についての合意，そして，信頼と理解に基づいた個人同士の結びつきによって示される。この形の同盟は，家族と治療者とが，問題についての共通の見方を形成したとき，そして，やはり，少なくとも暗黙理に，解決方法についての合意を形成したときに生じる。FFT の初期段階においては，家族成員それぞれが，治療者は彼らの立場や彼らにとって何が重要であるかを理解していて，家族全員を共通ゴールに向かって動かしていってくれる信頼性があると見るかどうかにかかっている。信頼性，つまり治療者が自分たちを援助する技術や能力や知識を持っていると家族成員が信じることは，治療者－家族間の同盟にとって決定的な要件である。

　家族のなかで，また，家族と治療者との間で，同盟ができ上がると，その結果のひとつが，いわく言い難いが，決定的な要素である動機づけということである。あらゆる治療者の目標のひとつは，クライエントが自分でやれるようになり，新しい行動をおこし，新しい解決法を試すことができるようになる方法を探すことである。ウェブスターの辞書は，動機づけを，「行動への発奮材料」

と定義している。私たちが行った青少年らとの治療では，しばしば，皆が，しかも，最初のセッションから，動機づけを持っていることがある。しかし，注意深く聞くと，それぞれの人が，それぞれ違う方向に動機づけられていることがよくある。そのような場合，各人は，それぞれ，自分の親や子どもと，自分ではできなかったことの達成を，治療者に手伝ってもらおうとしている。クライエントは，治療者が提唱する新しい方向や示唆を採用したり従ったりするとは限らない。ここに，難しさがある。発奮材料，つまり治療的動機づけは，変化には必要不可欠である。多くの治療的アプローチは，治療が開始されるための必要条件としてクライエントの動機づけをとらえている。しかし，クライエントは，まれにはあるにしても，滅多にそのようなタイプの発奮材料を抱いて治療にやってはこない。さらに，多くの立場が，動機づけはクライエントの性質の動かない構造として，つまりクライエントのなかに存在する条件であるとして見ている。たとえば Prochaska (1999) は，早期のアセスメントにおいては，クライエントの準備性あるいは変化の段階を査定することに焦点を当てるべきであると述べている。民間の開業者は，変化への準備性があると少なくとも感じられるクライエントを選び好んでしまう。動機づけに難色を示すクライエントが変化に抵抗していると見られることはよくあることである。

コミュニティ・ベースでセラピーをおこなうとき，FFT に紹介されてくる家族に変化への動機づけに欠けるメンバーが含まれていることはよくみられる。実際，多くの人が，電話への応対や予約を取ることさえ最初は嫌がる。FFT は，動機づけの役割について，他の治療法とは異なる考え方をとる。動機づけは，治療の前に存在する治療に必要な条件であるというより，初期の治療段階でのゴールであると考える。FFT における動機づけは，治療プロセスにおける一連のやりとりの結果であり，その流れのなかで，それぞれの家族成員が自己責任，問題についての見方の共有，そして彼らが経験する現在および将来の問題を解決しようとする方向性や同盟の感覚を育てていく。動機づけは FFT にとって非常に中心的な課題であるため，モデル開発者の知見や臨床実践は，変化への動機づけを促すためのたくさんの方策や技法を生んできた。そして「動機づけがない」とされる人たちにおいてさえ高い成功率を示した。それゆえ動機づけは，治療と家族との間での，そして家族成員同士の間での良好な同盟による結果なのである。

動機づけについてのこのような観点には，FFT の治療者はクライエントが変化に抵抗しているという見方をしないということが含まれる。むしろ，クライ

エントは，家族内での相互関係のなかで慎重になり，希望を失っており，非難がましく否定的になっていると考える。彼らがわれわれのところに来るまでの間，多くの痛みや傷つきや困難を伴うことが起き，変化の試みの多くが成功せず，問題がのさばっていて，日常生活にゆゆしき負の影響を与えているのである。うまくいけば，FFT は彼らの動機づけの欠如を受け入れ，同盟があれば事態はもっと違う状態になり得るということを示す確かな行動を提供する。(肯定的な行動への) 動機づけが成功するのは，家族の現在の心配事を，誰もがそれに関わってはいるが誰もそのことで非難されるべきでないと見なすことができるよう，家族に援助できたときである。

行動変化は意味の変化に基礎を置く

FFT にやってくる子どもには特定の行動につながるためのはっきりとしたニーズがある。一般的には，暴力をやめる，薬物の使用や乱用をやめる，警察沙汰に陥らないようにする，他者を傷つけない，などである。その結果，セラピーでの話題は，リファーされた理由に焦点をあてる必要があり，長期的に求められていることとしてこれらの特定の行動に焦点が当てられなければならない。といっても，そこに到達するにはまずは家族の関係システムに焦点が当てられなければならない。そして，家族関係の治療もまた焦点の中心なのだが，家庭こそ，青年の行動や日々の挑戦をコントロールするための家族の能力に影響を与える変化が起こりうる場なのである。

良好な行動変化が起こる仕組みを理解することは，何十年もの間あらゆる応用心理学にとって達成できない目標であった。行動変化の核となる仕組みを模索するなかで，偶発的強化，心理的気づき，合理的選択，などのさまざまな行動的アプローチが試されてきた。難しさは解決策を発見することにあるのではない。所詮，解決策はかなり明白である。つまり，親が何か新しいことを試すとき親らしい関わりが生まれ，よいコミュニケーション・スキルが葛藤の解決となる。困難は，家族成員間での関係性のもがさを乗り越えるところにあり，それがこれらの簡単な解決策を行うのを妨げているのである。非難や否定性や葛藤の歴史は家族と一緒に面接室にやってくる。FFT にとっての焦点は，今ある問題に関連する関係性に根付いた側面である。

なぜ変化が困難であるかというミステリーを解くひとつの鍵は，行動上の問題を取り囲んできた個人的な意味，強い情動，根強い行動パターンである。Mahoney (1991) は，心理的に重要な変化は，われわれの行動や認知や情動に表

れる個人的な意味における変化を含むという。つまり，どんな行動上の問題についても，心臓となる部分は，問題，関係者，起こったことの背景にある動機や意図についてのわれわれの個人的な理屈のなかにあるという (Mahoney, 1991)。個人的な理屈は，出来事に意味が付与されるたびに積み上げられてきた形になっている。(たとえば，あなたの息子が家出をしたことの意味は？ だれかが叫ぶときの意味は？ 怒りが意味することは？) この考え方が示唆している大切なことは，ある出来事の意味は行動や出来事 (つまり，刺激にも実際の行動にも) のなかにあるのではなく，毎日の現在進行形の経験において個々の出来事の意味を色づけ形づくっている文脈や個人の理論のなかにある，ということである。これらの意味には必ずしも常に簡単にアクセスできるわけではない。しばしば，それらは外に表れている行動の陰に隠れている。意味は出来事の背景を形作り，出来事そのものによって容易に背景化しうる。

　時間の経過につれ，一つの出来事の意味が連合して一般的なテーマになり，すぐさまそれがその後の新しい出来事にあてはめられていく。この現象により，人は現在の経験を過去の類似した出来事についての記憶や期待や信念に合致するように捻じ曲げてしまうのだが，これは**確証バイアス** (*confirmatory bias*) と呼ばれ，社会心理学の文献では頻繁に引用されるものの家族療法ではあまり適用されていない。Mahoney (1991) はこの現象を何世紀も前のフランシス・ベーコンによる説明によって紹介している。

　　ひとたび意見を形成すると，人の考えというのは，その他のすべてのことがらがその意見を支持し，同意するように引き寄せてしまう。そして，それに反する数多くの，また重要な事例が他方で見つかっているにもかかわらず，人智はそれを無視しあるいはだまし，さらには注意を向けずに，横に押しやり拒否して，先の結論の権威が侵害されないようにする。(p.97)

　したがって，ある程度の動機づけさえあれば，クライエントが個々の行動問題についての解決策を発見できると考えるのは幻想である。もっとたくさんの要素が関係しているのである。行動変化には出来事にまつわる意味の変化を伴わねばならず，セラピーではそれを扱わなければならない。家族のメンバーそれぞれ意味の構築における現役の参加者である。したがって，治療者は，出来事そのものではなく，個々人が出来事について表現した意味に焦点化する。FFT における意味に関する焦点化は，家族成員それぞれによって持ち込まれる

最初の問題定義に対して直接介入することで達成され，問題を取り巻く感情や行動を構成する個人的な理論があてはめられ再帰属される。

認知，情動，行動の役割

　行動そのものや，行動の背景にある個人の理論や意味を変化させることの難しさのひとつは，治療におけるクライエントの問題を特徴づける，異なる次元の機能の認知（例えば，行動，情動，認知など）が容赦なく絡まりあっていることである。つまりこれは，すべての意味システムは，ある程度の責任帰属（誰が，なぜ，それをしたか）や，情動的反応（どのように，また，なぜ，これはその人にとって大切か）や，責任帰属や情動の理論的な結果である一連の反応行動を巻き込んでいるということである。FFT では，認知の再構成，意味の変化を通しての情動調整，そして不協和の三つの基本的なしくみが，モデルの目標を治療の関係プロセスに翻訳し置き換える助けとなる。

　行動の中心的な構成要素である個人の現実にとって認知的基盤があるように，情動的基盤というものがある。情動は，教師や家族や治療者によって観察される行動を動かすエンジンとして役立っている。知ること，感じること，そして行動は，同じシステムにある切り離せない表現型である (Mahoney, 1991)。そして，家族療法のセッションを経験したことのある者なら，家族の解決課題について家族成員の話し合いのなかで高まる手ごわい情動を知っている。

　このように，変化プロセスでは情動が重要な役割を果たしている。家族療法における継時プロセス研究では，治療の成功にとって重要であり，肯定的な情動の展開によって促進される対人関係のプロセスには三つの要素があるといわれている。(1) 他の家族成員によって承認された感情，希望の持てる感覚，そして安心感といった情動体験，(2) 認知面での変化，洞察，そして気づき，(3) 思いやりがあり，力があり，積極的で，家族が現在気がかりに思っていることに寄り添う治療者との強い結びつきである (Heatherington, Friedlander, & Greenberg, 2005)。このリストから明らかなように，肯定的情動の治療的役割には，治療で誘発されるもとからあるいくつかの「よい」情動を産み出す以上のことが含まれる。実際のところ，肯定的な気持ちがあるだけでは必ずしも治療的とはいえないということである。

認知的再構成

　FFT が認知的再構成を発明したわけではない。これは，心理療法の共通要素

の一つである。FFT にあてはめてみると，認知的再構成の目標は，一人ひとり
の家族成員が持ち込んでくる個々人にとっての意味と説明を変化させることで
ある。個々人が，一人の個人の問題を非難し焦点とすることをやめ，皆が役割
を持っており，どんな解決にも家族全員が一緒に努力することが必要であるこ
とをわかり始めるまでは治療は足踏み状態である。立ち止まらせないための通
常の方法は，現在の問題についての各人の定義をやり直してもらい，広げてい
くことである。行動の動機が意図的で悪意に満ちているとする前提を，理解可
能な善意の動機に変化させると，問題の定義も変えられていく。この変化が将
来，親から建設的な責任帰属を引き出してゆく。結果として，問題の定義とそ
れを支えていた否定的な責任帰属に働きかけることで，家族の機能を改善する
こともでき，治療への関与を著しく促進することもできるようになるのである。

　Friedlander と Heatherington (1998) は，責任の再帰属／認知的再構成について
の幅広い研究を行い，多くの理論の視点からも，それが重要な仕組みであるこ
とを発見した。しかし，ここで最も的を射ているのは，責任帰属の変化につな
がる決定的段階があることの発見である (Coulehan, Friedlander, & Heatherington, 1998)。
この流れは，まず問題についての個々人の見方や解釈を引き出すこと，人間関
係のなかでの影響を見定めること，意見の違いを認めること，子どもに肯定的
な解釈をすること，問題行動と家族にとってのストレスの原因を結びつけるこ
と，そして，家族の強さを見定めること，という段階で構成されている。

　FFT でも，同様の段階をとり，困難な出来事に付与された責任帰属を系統的
にリフレームする。否定的な態度と非難を減らし，家族が治療に深くかかわる
ようにし，新しい行動を身につけ維持できるよう援助するのである。家族に焦
点を当てるようになった新しい枠組みは，責任性を共有するという感覚を基盤
として，家族が情動を調整するのを助け，行動様式の変化をおこさせる。リフ
レーミングは，否定的な相互関係や，痛みを伴う感情や，成功しない変化の方
策についての認知的また知覚的基盤を変化させるための，関係性に基礎をおい
た方法の代表的なものである。リフレーミングについては，次章でより深く検
討する。

行動変化の目標は到達可能でその家族に適したものにする

　治療者は，クライエントについ多くを求めてしまう。たとえば，強力な関係
性パターンのさなかに理性的な考えをもつこと，また，混乱のさなかに安定し
て穏やかな感情や，安定した行動パターンを持つことを要求するなどである。

治療者はだれかにとっての「健康」の枠にその家族を入れこもうとしたり，家族や個人の「性格」を自分たちのモデルに合うように再構成しようとしたりする。どんなに高貴で望ましいゴールであっても，それはしばしば，家族が現在のニーズやこれからの挑戦に向き合うことができるようになるために身につけるべき機能的で必要なものというより，むしろ，治療者が考える「良いもの」であることがある。反対に，FFT の中心となる概念は，到達可能な結果を追及するものであり，それはその家族の価値観や能力やスタイルに見合い，しかも，家族に永続的な影響を与えるような，重要でしかも到達可能な行動の変化を提供するのである。

　このように，特定の行動変化の内容が焦点化されていると，セラピーは最もよく機能する。このような方法でわれわれが成し遂げる具体的で到達可能な行動変化は，家族の機能に重大なインパクトを持つ。なぜなら，その変化が，他の問題行動を支え維持する背後にある危険や保護パターンを変えるための標的とされるからである。こうして，家族プロセスにおける小さな行動変化のように見えるもの（たとえば，感情的に虐待的な非難をするのではなく，肯定的に見守り，より向社会的な一歩を確実にしていくこと）が，治療に来ている家族にとって，関連する保護要因を広げ重大な危険要因を減らすことになるため，永続的なものとなっていく。つまり，このアプローチで生じる変化は，特定の問題行動を変化させるという直接の効果を与えるだけでなく，将来の環境においても変化を適用し続けるよう家族をエンパワーするような，さらなる影響力を持つものである。現在は小さな変化に見えるようなものが，ときを経て，家族機能における重要で永続的な変化になっていくのである。それらが，薬物使用や家族内暴力の消失のような大きな行動となって現れるのである。

介入戦略はその家族ごとの固有な性質に合わせそれを尊重する

　この原則はこれまで述べてきたことを補うものである。FFT の介入戦略は，治療段階に対するもの，クライエントに対するもの，そして個々の実例に対するものという三次元に沿ってマッチングが行われる。マッチングという考え方は，モデルの理論的臨床的目標と，個々のクライエントの個別性との間の論理体系のすり合わせ方を表している（Sexton & Alexander, 2004）。

　FFT の変化モデル（この章の後半で詳述するが）は段階的である。つまり，それは継続的な連鎖であり，段階ごとに特定の結果に焦点化した特定の変化の仕組がある。**段階に対するマッチング**という原則は，治療者が，現在関わっている

家族の介入の段階を考慮し，その段階のゴールに忠実に従い，それらのゴールと調整をとって，面接室でどのような対応をするか，また，介入やアセスメントをどこに焦点化させるかなどを判断していくということである。

　クライエントに対するマッチングというのは，クライエントの関係ニーズや彼らの問題定義や家族の力量に合った方法で，その段階のゴールを達成していくということである。それはまた，クライエントが大切にしている文化的，人種的，宗教的，また性別に基づいた価値を尊重し，それらを扱うということである。

　個々の実例に対するマッチングというのは，治療者が，この特定の状況にある特定のクライエントや家族にぴったり合った結果をターゲットにするという意味である。個々の実例に合わせるという原則によって，治療者は自分自身の価値観体系や社会的思い込みや対人関係のニーズを持ちこんではいないことを思い起こさせてくれる。

　治療段階，クライエント，個々の事例へのマッチングという原則により，クライエントの抵抗は，セラピーのなかで提供した活動や介入や新しい信念が一人もしくは複数の家族成員にとって最善のものと感じられなかったときに生じる状況であると，治療者は見ることができるようになる。

　FFT が治療や結果をクライエントに合うものにすることができるのは，基本的な尊重の姿勢があるからである。尊重はいろいろな面で治療の中心的な構成要素である。第一に，あらゆる治療法と同様に，FFT を行う治療者は，セラピールームに尊重の姿勢を持ち込む。よい FFT 治療者は，自分たちが理解しようとし，支持的であり，家族の一人ひとりに共感と敬意を払おうとしていることを，クライエントに示す。第二に，FFT は，表れている特定の臨床的な問題（臨床的症状）を，関係性の問題であるとみる。つまり，家族関係のなかにある，頑固で持続的な関係機能の基礎となっている執拗な行動パターン内に組み込まれた特定の行動としてみる（Alexander & Sexton, 2002; Sexton & Alexander, 2002）。したがって，問題への非難は存在せず，家族がどのように作用しているかについての機能に基盤をおいた仮説があるだけである。機能に焦点化することで，FFT は，敬意をもって支持的であるが，行動面では明確となる。機能への焦点化は，「問題のある子ども」に支持されているような感覚を与えることができる。それは他の人に対しても同様である。これはまた，たとえクライエントがこれまで問題解決のために模索してきたやり方が役に立たなかったとしても，自分たちはそれでもかまわないと感じられるプロセスを作り出す。クライエントはもっと

やらなければならないことがあると感じるが，それは一緒に取り組みさえすれば達成されるのだと感じる。だれもが問題の一部であり，解決の一部なのである。

治療は現在のニーズに語りかける目的的会話によって行われる

治療は，家族，青年そして治療者との間の会話のなかで生じる。その会話のどこかで，過去，現在，そして未来のことがらの意味づけを変えるような何かが起こる。将来問題が生じたとき，家族のメンバーそれぞれがこれまでとは違う行動をとる可能性を変える何かが生じる。要は，どのような会話が参加者の認知，行動，情動の変化を生じさせるかということである。

Martin (1997) によれば，「心理学的治療というのは，クライエントが，自分自身，他者，および自分自身の生活環境についての個人の理論を変えようとする，固有の形態をもった会話であり，その個人の理論は，彼らが他者との（過去および現在進行形の）親密で社会的で文化的な経験に参加することを通して身につけてきたものである」(p.3) という。治療過程における，青年，家族成員，そして治療者の間の社会的なやりとり──会話──が変化の過程の源である。将来の行動に究極的な影響を与えるには，この会話が，対人関係の影響をてことし，目的的であり，相互の協働と尊重に基づいたものでなければならない (Jackson & Messick, 1961; Kiesler, 1982; Strong & Claiborn, 1982)。FFT はこれらの基準すべてを満たしているのである。

この複合レベルの会話を通して，家族成員と治療者とは，出来事や記憶や他者の行動に付与された意味を変化させるよう力を尽くす。クライエントは，あらかじめアイデアや不安や考えや期待を持ってセッションにやってくるのであり，治療者はそれらすべてを知り，また応えていかなければならない。FFT の治療者もまた，プランを持ってセッションに入る。それは，生じさせなければならないことのためのプランではなく，どのプロセス目標が家族の変化を促す最大の助けとなるかについてのものである。その結果，ときが経過するにつれ，非難や否定的なやりとりであったものがより同盟に焦点化されたものになる。

ナラティブを基礎とする心理療法のモデルのなかには，プランに基づくこの信頼関係をクライエント中心の対極であるとみなすことがある。クライエントこそが最も自分自身を知っており，何が必要であるかも知っており，彼らが目標を到達するのに必要な資源は，彼ら自身が持っている……つまり，クライエントこそが専門家である，という批判である。FFT の尊重と協働の眼を通して

見ると，だれが専門家かという考えはもう少し複雑である。確かに，クライエントは，自分自身の人生，価値，希望，そして夢についての専門家である。先にも述べたとおり，FFT では，人がライフスタイルの選択において，文化的，歴史的「健康」の枠組みに強要されることなく，その望む方法で生きて欲しいと望んでいる。その一方で，クライエントは，自分たちがぶつかっている状況から抜け出すことが特別上手ではないことを，最大の尊重を持って，わかってもらいたいとも思っている。実際，クライエントは問題に対して独自の解決方法などまったく見つけられないこともある (Bateson, 1972)。むしろ，私たちは，治療者の役割を，家族のシステムを変化させうる専門家であると考えている。治療者は，困難な時代から抜け出そうとする家族を援助するために，理論的かつ科学的に信頼にたるプロセスと介入法を持ち合わせている。このように，治療者もまた専門家——変化の専門家なのである。FFT モデルのなかに受け継がれている尊重というのは，クライエントが奮闘し援助を求め，そして治療者が役割を果たすことを意味している。FFT においては，どの治療にも二人の専門家がいて，双方に合った一つの方法を作り上げるよう協働しなければならないが，治療はどれもよい結果につながる最も信頼された効果的な道筋に従って進んでいく。

◉事例

　セスと母親にとって助けとなるような，かなり前向きの変化がたくさん起きた。たとえば，コミュニケーションや問題解決の変化により，母親の監視や指導を強化することが可能となり，セスの独立の欲求とも両立するようになった。しかし，これらの技術を獲得することは，セスと母親が直面する最初で最も厳しい挑戦ではなかった。最初の関門は動機づけであった。もし，これらがうまくいき困難な時期を乗り切る助けとなると信じてセラピーに取り組み，自分自身の問題の一部に取り組もうとするのでなければ，彼らが新しい行動スキルを試してみようなどという期待は持てない。

　したがって，治療の初期段階では，同盟を基盤とした動機づけを発展させることが FFT の最初の目標であり，また，家族介入の基本方針を形づくることになる。家族と治療者との相互関係や会話や体験はすべて，同盟や動機を拡大させる道筋である。FFT 治療者は，セスも母親も，双方ともに，支えてほしいと思っていることをわかっていたが，あえて彼らに，自分たちの問題についてもう一度考えるよううながした。結果として，FFT 治療者は，

彼らの問題や家族関係の歴史の詳細も聞かなかったし，問題解決や，セスと母親との間のコミュニケーションの改善をすぐに進めもしなかった。むしろ治療者は，同盟構築を目指した議論の過程において，リスクと利用可能な保護要因，関係パターン，そして，関係機能を見極めていた。この会話のなかで，治療者は，セスと母親との間の特別な出来事について，母子の同盟を促進し，支持し，動機づけるような方法で話した。FFT 治療者は，他のサービス（例，薬物治療など）に患者さんをリファーすることはまずない。その代わり，FFT 治療者は，問題行動は，関係性のパターンと機能のなかにくみこまれているものであると考えるのである。

　意味づけの課題はセスにとっても母親にとっても等しく重要なものであった。詳しく見てみると，家族との初期の会話では，セスが母親の意図を聞いていないように見えるときがたくさんあることがわかる。セスの視点から見ると，母親は過度に管理的で，彼の社会生活に介入し，過度に罪悪感を持ち，その結果，変える必要のないことまで変えようとしすぎるという。セスからすれば，母親は自分自身の勉強を口実に，セスは「トラブルが大きすぎて扱いきれない」との理由で見捨てているのだという。セスは，母親の行動の背景にある意図を，このようにネガティブに定義していたので，彼女に対してすぐにそっぽを向き，防衛的になり，反論するのも当たり前であった。そうせざるを得なかったのである。彼にとって，それ以外の方法をとっても得るものはなかった。アンもまた，息子の行動の意図と意味について，同じように否定的な見方をしていた。彼女からすれば，息子はわがままで，とにかく「人生がいかに大変なものであるかを学んできていない」のであった。彼が薬物を使用するのは自分の行動の責任を取らないための言い訳であり，彼女と衝突するのは独立したいということからであると考えられた。もし，彼が大変な目に遭うことでもあえば，きっと母親の努力に感謝するだろうと，アンは考えていた。彼が間違いを起こせば，そのときこそ「彼に教えることがてきるいい機会」で，「息子は自分の行動に責任を取るでしょうよ」とアンは考えていた。

　この例では，セスとアンの双方が，相互の人間関係のなかで生じていることの意味に関する部分について争っていた。お互いに，それぞれの行動は，誰に責任があるか，相手の意図は何か，問題を収めるのにどんな行動が必要かに関する信念と一致していた。FFT は，セスやアンが経験している課題を説明するのにとりわけ適していた。意味的な変化は長期的な行動変容の仕

組みとなる。結果として，意味的変化は FFT の初期段階の目標でもある。

　どのような変化が得られ永続し関連があるかを決めるのは，容易ではない。治療者は，具体的に何を変えるか，どの部分にどの程度の変化が期待できるかを考えなければならない。セスの例では，友人，学校，社会，そして家族の領域での望ましい変化は，FFT 治療者によって，セスと母親との間の特定のやりとりに翻訳されなければならず，そのためには治療者が彼らに影響力を与えられるようでなければならない。薬物の使用は，彼らの争いのひとつだったが，早急で重要な変化が可能な領域であった。それはまた，行動スキルや関わり方を発展させ，彼らが将来どのように問題にあたるかの基礎ともなる分野でもあった。このように，目標とするのは，家族に強力かつ関連性のあるものでなければならない。治療者にとっての勘どころは，家族の相互関係の断面のごく小さな一部で，FFT の初期段階の直接目標としてふさわしいものを特定することである。ここでの変化が成功すれば，それが治療的変化を発生させやすくし，後の治療ポイント——動機づけと積極的関与を高めること——の般化に役立つ。

　治療を，家族成員のスタイルやパターンや個人の好みにマッチさせることは，さらなる取り組みへの意欲や動機づけとなる。セスや母親との会話のなかで，治療者は，治療の短期的・長期的要素をどのように彼らにマッチさせるのかの多くの手がかりを得た。治療者は，議論が重々しく二人が希望を失っていることを伝えるのに，深刻な口調で語った。初回面接の冒頭部分で，FFT 治療者は，細かい部分が語られると必ず会話が互いの怒りのレベルをエスカレートさせてしまうことに気づいた。治療者はこのことに気づくと，自らの問いや発言をより主題的レベルへと向けた。セラピーの結果がどうなるかを話すときも，治療者は母と息子の感じる希望のなさに調子を合わせた。治療者は，バラ色の話を描くより，セラピーは可能であっても困難で道は険しいと語った。このようにして，治療者は彼らのわずかの望みを理解していることを伝えたいと考えた。これら一つずつの小さな変化の積み重ねが当該クライエントにマッチした治療となる。

　最初の FFT セッションで，セスはとりわけ静かだった。彼はしょっちゅう下を見たり，よそ見をしたりして，心ここにあらずというふうであった。FFT 治療者は，後々セスと母親が難しいことがらを話し合うのに，セスの気持ちをどうやったらわかるようになるのかを見つけたいとする誘惑を抑えた。その代わり，治療者は，セスの注意を，同盟と意味の変化というプロセ

ス目標に向けるよう繰り返した。セッションの早い段階から，議論は個人的で，家族に焦点化され，率直で，しかも目的的であるというのが FFT の特徴である。実際，セッションの目標をはっきりさせていることによってこそ，治療者は，セラピーの初期に必要とされる変化を特に推進させることができる。セスが治療者を無視するたびに，治療者は，セスの静かさをリフレームし，彼を議論に巻き込んだ。アンがセスを非難するたびに，治療者は両者の間の理解が形成されるよう，その発言を使うことに焦点化した。しかし同時に，治療者は，問題に関する互いの体験を二人で話し合うよう促し励ました。話し合いのなかに現れた強い情動や対立は治療者が同盟の形成を強固にする機会となった。

機能的家族療法の臨床過程

面接室のなかで家族療法が機能するとき，家族療法はまるで魔法のように見えるし感じられる。クライエントまたは家族につきまとっていた呪文を打ち破る何かが生じるのである。しかし，すでに見てきたように，この変化を作り出すのは，核となる原理に基づいた，困難で系統的な作業である。治療者は，多くの難局を通りぬける道筋を見つけなければならない。どのような種類の治療計画を立てるか？　どんなタイプのセッション目標を立てるか？　どのような種類の進歩が生じているか？　これらの問いに対する答えは，治療者がたどる変化のモデルのなかに含まれている。Diamond, Reis, Diamond, Siqueland, Isaacs (2002) は，治療モデルは「複合的で，相互の違いがはっきりしており，しかも相互に関係する作業」によって成り立つと定義できると述べている (p.44)。彼らの定義によれば，治療というのは単一の出来事ではなく，各要素が相互に反応し，重なり合い，まじりあうような複合的な作業であり複合的な仕組みの過程である。

変化モデルは，治療者が「何を行うか」「それをどのように行うか」という実践上の二大質問に対する答えを与えてくれる。「何を」という点で表される段階は，それが実行されると，若者と家族が重要かつ永続的な変化を起こす可能性を高め，彼らに今後の挑戦への勇気となる。変化モデルは，効率的なように時間的に順序だった原則の組み合わせで成り立っており，うまく実行されると良好な結果を生む。この変化モデルは研究も評価もできる。しかし，どのようにそのモデルを実行するかは，また異なる課題である。ここで治療者は，モ

デルの原則や過程を若者や家族と展開する関係性に翻訳し，現在進行形のア
セスメント（問題・家族・文脈）の込み入った作業を行い，クライエントにマッチ
したやり方で介入を行う（段階目標を達成する）。治療者は関係性に向けた治療的
スタンスを取り，治療モデルの核となる原則（尊重，同盟，関心，そして活発な参加）
を具体化し，単なる約束ではなく実行を通して得られた信頼性から発展した関
係性への影響に意を配る。

FFT の変化モデル

これまでみてきたように，FFT には臨床的介入の三段階があり，各段階には
それぞれ具体的な目標があり，介入戦略はこれらの目標に向けてデザインされ
ている。治療者が利用するとき，それは家族が繰り広げる強烈で感情的で紛争
性の高いやりとりを家族療法家がくぐりぬけるのを助ける変化への地図（積極
的関与，動機づけ，行動変容，そして一般化）のようになる（Sexton & Alexander, 2004）。家
族がその流れをたどるとき，変化モデルは縫い目のない過程と感じられる。そ
れは，きわめて個別的かつ具体的で，最も関心のあることがらについての会話
であり，家族全員を結びつけているものでもある。FFT の三段階は，適切に利
用されれば各目標を成功に導く可能性を最大限にする段階特有の目標と治療者
の技術を設定している。図 3.1 は，FFT の変化モデルを示したものである。

積極的関与と動機づけの段階は三つの基本的な目標を持つ。

1. 同盟の構築
2. 否定性と非難の低下
3. 提示された問題について共有された家族への焦点を確立する

積極的関与と動機づけは，家族療法家と家族との最初の接触から始まる。治
療者は直接の動き（セッションまたは最初の電話）を通して家族を巻き込んでいき，
家族がセラピーへの参加に興味を持ち，セラピーを受け入れるようにする。
FFT 治療者は即座に，この段階の目標である，家族間の否定性や非難の低下に
焦点を合わせる一方，積極的なリフレーミングとバランスのとれた同盟感覚の
構築によって，提示された問題への家族の焦点を確立するよう展開する。こう
した初期のやりとりの結果生まれる望ましい結果は，家族がサポートされてい
るという感覚や，状況が変わるかもしれないという希望や，家族療法家やセラ
ピーがこれらの変化を促してくれるという確信を経験することによって，治療

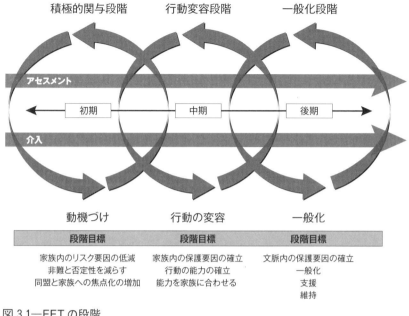

図 3.1―FFT の段階
Alexander & Sexton (2002), Sexton & Alexander (2002) より

への動機づけを高めていくことである。否定性や非難がなくなると，家族成員
間のより肯定的な相互関係が希望を育てる。このことが，家族療法家の有能性
や家族を変化に導く力を示すことになる。家族成員それぞれが，家族療法家が
彼らの立場や信念や価値を尊重し理解してくれるとわかると同盟が発展する。
　行動変容段階の基本目標は，個人や家族の特定の危険行動に焦点化し変化さ
せることである。危険な行動を変化させるには，家族機能の円滑化に役立つ多
くの課題に家族の一人ひとりが適切に対応できる能力を高めることを必要とす
る。たとえば，コミュニケーション，子育て，しつけ，問題解決，紛争の管理
など，どの家族でも起こる一般的な課題について，家族成員がより多くの保護
的行動をとるようになるとリスク要因が減少する。この段階は，他の多くのア
プローチで見られるような課題達成主義ではない。むしろ，家族にとって特筆
すべきことがらに，新しい技術を適用するのである。行動変容段階では，セラ
ピーの内外での活動を通して，個人や家族の危険パターンを変化させる。それ
らの行動は，当該の家族特有の人間関係の機能に合うよう注意深く選ばれなけ
ればならないし，その家族が獲得できることと文脈上一貫していなければなら

ない。

　一般化段階では，第二段階においてターゲットとした特定の分野について達成できた変化を拡大することから，家族関係におけるそれ以外の分野へと，注目の焦点を移す。この段階では，家族と外部世界との接合が基本的な関心事となる。再度，治療者は，あらかじめ決められた課題に関することではなく，家族にとって重要なことがらについての話し合いに専念することによって，この段階での目標を達成する。すでに達成された変化を定着させるために焦点化され特定された再犯防止の戦略が実行され，関連のあるコミュニティの資源を治療に取り込むことでこれらの変化が支えられ広がっていく。

アセスメント，介入，そして家族

　FFT において治療者が行うことの多くは，アセスメントと介入という二重の課題であると表現できる。すなわち，個人と家族と文脈を理解するというアセスメントと，家族の関係面，情動面，認知面，そして行動面での活動を変化するための目的的な活動を行うという介入である。これまで見てきたように，この両方の活動が会話のなかで生じ，それこそがセラピーである。その過程のなかで一貫しているのは，変化とアセスメントの双方の焦点が Mahoney（1991）の言うところの「三つの P」（問題（problem），パターン（pattern），そして過程（process））を中心とするということである。問題というのは，ものごとの現状と人が希望する状態との開き（discrepancies）として感じられるものである。パターンは，問題における規則性と繰り返し起こるテーマである。そして，臨床的過程はその双方を扱う。

　アセスメントと介入とは容赦なく絡み合っている。いずれの段階においても治療者が取るすべての働きかけは，治療的な潜在性を持っていなければならない。同様に，アセスメントは，このモデルのどの段階においても行われる。単に，アセスメントの焦点が段階によって異なるだけである。FFT の変化モデルは，アセスメントを行うことと，敬意を持ってそこにいて系統的に方向づける同時進行的な課題を，可能な限り単純化する。FFT では，これらの機能が，治療的な相互作用のダイナミックな過程にある家族に特有の性質と絡み合っているのである。

　他の家族療法（たとえば，構造派家族療法）の形式とは異なり，FFT の臨床モデルは，それぞれ別々の働きかけとアセスメントの段階を持たない。その代わり，アセスメントは臨床的な観察に基づいた，常に進行形の過程である。治療者は，

家族の行動パターンがどのように機能しているのか，また，何がそれを結びつけているのかについて仮説を形成する。そして，家族の関係システムのモデルを頭のなかに形成する。情報を得るにつれ，治療者はモデルを修正したり書き加えたりする。治療者は，この現在進行形の過程に，リフレーミングなどの技法を用いて系統的に介入する。そして，家族のリスク要因や保護因子を傾聴したり観察したりを同時並行的に行う。

　臨床的な観察は，包括的な概念モデルによって導かれるとき，セラピーのなかで起きらなければならないことがらについての信頼できる有効なアセスメントを可能にする。冒頭で，今の問題が家族それぞれにどのような影響を与えているかを各人が説明した時点から，治療者は，責任の帰属のさせ方や情動や非難のやりとりを明らかにすることができる。このことから治療者は介入の狙いを定めることができる。家族が問題の周辺でどのように機能しているかを治療者が理解できるのは，リファーされた理由や，家族が経験している問題や，彼らが互いに抱える困難を家族成員が語るときに，家族成員同士のやりとりを治療者が観察できるからである。治療者は，これまでのかかわりの歴史や，取り巻く文脈や，生物学的な基層（2章参照）について，各家族成員が何をテーブルに持ってくるのかによって仮説を立て，いっしょくたになっている家族史のなかの出来事の順序と関わりの連鎖を思い描き始める。

　このタイプの臨床的アセスメントが簡単にできるとは思っていない。2章でみてきたように，確実なアセスメントをするには，行動科学や発達心理学やリスク要因・保護要因を完全に理解することが必要である。しかし，FFTの変化モデルは，臨床的観察に方向性を与え，治療者が有効なアセスメントを行えるようなプロセスを形作る。FFTモデルを遵守することで，治療者は，その家族特有の行動の意味を発展させることができる。これは，典型的な行動様式を基礎に置いたものでも法則定立的なものでもなく，むしろ個別具体的である。こうして治療者は，一方で個人と家族の機能についての包括的な理解を打ちたてながら，セラピーの初期の段階から積極的関与と動機つけというきわめて重要な目標を達成する。

　●**事例**

　セスと母親の場合，FFTの初期段階は最も難しかった。過去18か月間にわたって増幅されてきた傷つき・痛み・蓄積された拒否・非難によって，二人は，互いの意図や動機についての強固な定義からまったく自由になれな

かった。彼らが怒りのパターンに支配されないでいることは不可能にみえた。積極的関与と動機づけの段階が終わりに近づくころ，セスと母親の二人は，過去を水に流し，それぞれの問題をあるがままに捉えることがたいへん難しいと認識した。アンは，自分とセスの二人がともに問題の一部であり，解決策の一部でもあると信じられるようになる必要があった。セスは，これまで母親が自分には「期待していない」と感じていたことは，人生の準備をすることで将来遭遇する問題からセスを守ろうとする母親なりの方法であり，「何かしていること」で母親が自らを護っているのだ，と考えるようになった。

　行動変容と一般化段階もモデルに従って進行した。治療者は，セスとアンとともに，行動を特定しながら問題解決を行い，計画の実行にともなって生じる問題を予測した。学校での問題行動と今後の薬物使用について話し合うことで，治療者はモデルに沿った変化の機会を見つけた。治療者は，面接室でのやり取りの一つひとつを，家族なりのやり方，彼らを互いに結びつけているもの，そして資源や価値とつながっているものに結びつけていった。その結果，アンは一貫性をもって問題解決に集中できるようになり，セスは従順である方法を見つけ，双方とも否定や非難をしなくなっていった。彼らは，多くのことがら（学校や薬物使用）に対して問題の解決ができるようになり，日常生活でもそれを保つ能力があることを示した。セスは，治療期間中に 2 回ほど少年司法関係とのコンタクトがあった。どちらも門限違反だったが，セスは，これまで受けていた刑罰に付加する形で追加の刑罰に従うなど保護観察官による処遇を受けた。アンはセスに出て行けとは決して言わなかった。実のところ，セスがアンの職場で働けるよう尽力した。セスは毎月，それ相応の金額の家賃を母親に渡すようになった。この貢献で家計は楽になり，アンは毎週の労働時間を短縮できた。セスとアンの FFT 治療者とのセッションは，5 か月間で 14 回の合同面接だった。

科学的な基礎——FFT の方法論を示すもの

FFT は，さまざまな場面で，また何千人もの多様なクライエントについて良好な結果を示してきた。これらの結果の中心をなすのは，特に，青年と家族の治療における三つの重大なことがらである。

1. 顕在化している問題行動（たとえば，暴力，薬物の使用と乱用，素行障害）と関連

する行動の範囲
2. 困難な問題をかかえた青年を治療に結びつけ，中断率を減らした効果
3. 費用対効果

　調査には，伝統的な臨床試行と統制群との比較を行う研究デザインの双方が含まれたほか，コミュニティ・ベースの効果研究もあり，さまざまな人種的社会経済的な背景を持った複合的な問題を抱えた若者とのセラピーの方法を探索することで，伝統的な臨床研究への多くの批判に応えた。この研究では，多様な訓練経験を持ったプロの治療者によって，自宅やコミュニティ場面で実施されたセラピーの実際が調べられている。これらの研究成果によって，薬物乱用防止センター (the Center for Substance Abuse Prevention) や少年司法と非行防止協会 (the Office of Juvenile Justice and Delinquency Prevention) は，FFT を薬物乱用および非行防止のためのモデルプログラムとした (Alvarado, Kendall, Beesley, & Lee-Cavaness, 2000)。同様に，暴力の研究・防止センター (the Center for the Study and Prevention of Violence) も，FFT を 11 個の基本プログラムのひとつとした (Elliott, 1998)。そして，米国公衆衛生局 (U. S. Surgeon General's Office) も FFT を暴力や行動化のある青年を効果的に扱う四つの介入プログラムのうちの一つとして認定した。以下，中断率，行動面での結果，家族機能の変化という三つの分野での FFT の科学的根拠を簡単に振り返る。

　FFT の中断率を他の治療法と比較した研究では，FFT がコミュニティ内の治療者により社会内処遇として行われた場合，78％から 89％の割合で継続的関わりが成功している (Sexton, Ostrom, Bonomo, & Alexander, 2000)。対照的に，Kazdin (1997) によると，他の臨床的介入を受けた若者は，25％から 50％が治療を完結させたのみである。このプロジェクトでは，FFT の最初のアポイントに来た若者の 91.7％が FFT での治療を終結した。問題行動のある若者が治療を継続することが歴史的にも困難だったことを思うと，これらは確かに印象的な結果である。セラピーに取り組みそれを維持することは，治療の成功にとって必要条件ではあるとしても十分条件とはいえないとわれわれは考えており，このことは臨床現場の世界ではほぼ共有されている。さらなる関与がより大きな行動変容となる。

　FFT を経由したときの若者の特定の行動変化もまた十分に確認されている。裁判所からリファーされた 13 歳から 16 歳の非行少年を追跡調査した FFT の初期の研究がある (Alexander & Parsons, 1973; Parsons & Alexander, 1973)。若者とその家族

は，FFT，治療なし，あるいはそれ以外の二つの治療条件（来談者中心集団家族療法または折衷的精神力動的家族療法）のうちの一つ，の3群にランダムに割り振られた。6 ～ 18 か月後の追跡調査では，FFT 治療群の若者 99 人の再犯率は 26 ％であり，治療なし群は 50 ％，来談者中心集団家族療法群は 47 ％，折衷的精神力動的家族療法群は 73 ％であった。この研究ではまた，FFT がコミュニケーションパターンや相互交流の頻度に影響を与えることが確認された。特に注目されるのは，明確化やフィードバックといったコミュニケーションが増加し，否定性と非難が減少したことである。このときの研究で劇的だったのは，家族療法が，再犯率の低下というこの種の若者群にとって達成されるべき意味ある結果に肯定的影響を与えていることが示されたことである。

その後の研究（Klein, Alexander, & Parsons, 1997）では，FFT のような家族療法モデルの系統的影響を調べる目的で，これらの若者のきょうだいの再逮捕率を調べた。2 ～ 3 年後の追跡研究では，FFT 治療群の家族のきょうだいは，FFT 後の裁判所への事件送致率が 20 ％程度だったのに対して，他の治療群の若者のきょうだいの再犯率は有意に高かった。治療なし群は 40 ％，来談者中心集団家族療法群は 59 ％，折衷的精神力動的家族療法群は 63 ％であった。これらの劇的な発見はまた，FFT によって，治療における主たる関心事ではなかったにもかかわらず，その他の妥当な治療法と比較して相当程度，そして治療なし群とは圧倒的に，きょうだいに影響を及ぼすことが示された。そしてまた，FFT を受けた家族は，他の治療を受けた家族と比較し，家族の相互関係が好転したこともわかった。結論として，研究者たちは，臨床的により重要な発見もしたのである。家族プロセスの改善は，ともかくきょうだいを含めた治療経験をした家族と，そうでない家族とをくっきりと峻別したのである。このことは，治療者は，家族の相互関係パターンの改善という根本的な臨床の目標に焦点化することが可能であり，家族パターンの改善がより長期の行動に効果があることに確信をもってよいということを意味する。

Barton, Alexander, Waldron, Turner, Warburton（1985）は，それぞれ非行の程度に差がある若者について三つの小さな研究を行った。最初の研究では，学部生の準専門家たちが，「ぐ犯（status-offender）」の若者たちに FFT を行った。これは，例えば，家出，アルコール所持，異性交遊，監督に従わないなどの，一般的に浅いレベルと考えられている違法行為をした若者である。若者たちはランダムに割り振られたわけではないが，保護観察官によって直接リファーされた。FFT の訓練を受けた学部生たちは，1 年後の結果で素晴らしい再犯率低下

を成し遂げた（少年非行全体の再犯率が51％であるのに対し，FFT を受けたグループは26％の再犯率だった）。これらは，以前の研究において大学院／学部卒レベルの治療者たちによって得られた結果と同様であり，FFT を成功裏に実行するのに必要とされる訓練の水準に一定の示唆を与えるものである。繰り返すと，家族プロセスの変化は，家族が防衛的なときに著しく減少してしまうのだが，まさに経験豊かな治療者が行うときのような変化がこの例においても観察された。

　二番目の研究は，ネグレクトや破壊行動や家族葛藤など，児童福祉制度に対して深刻な問題となっている自宅外での委託措置の減少を調査したものである。FFT の技術の訓練を受けたワーカーの自宅外での委託措置の率は48％から11％へと有意に減少した。もうひとつの比較対照として，FFT の訓練を受けていないワーカーのケースは，49％といった高い委託措置率を推移した。小規模で予備的な研究ではあるものの，この研究は，自宅外での委託措置のような費用面でも情緒面でも外傷的な出来事を防ぐのに，ケースマネジャー管理者にとって FFT の技術がこのような問題をかかえた少年に対して活用可能であることを示唆するものである。本来的にも，このような措置を減らすことが，若者の発達ラインによい影響となる。

　最後の研究は，深刻な犯罪をおかした者への FFT の効果について調べたものである。研究者は，複数回の重罪，薬物の使用，家族内での大きな暴力などの，深刻な犯罪によって州立の矯正施設に収容された若者群に対してセラピーを行った。この若者のなかには，20回以上の前歴があるものもあった。代替の社会復帰プログラム（主にグループホーム）に措置された統制群の若者の再犯率が93％，施設処遇だった者の年間平均再犯率が89％であるところ，平均30時間のセラピーを受けた FFT 群の16か月後の追跡調査での再犯率は60％であった。FFT 群の若者が再犯した場合は，他の群の再犯者の場合より，際立って軽い犯罪となっていた。

　オハイオ州の Don Gordon と学生らは，初めての独立した研究所として FFT の効果を調べた。二つの研究において（Gordon, Arbuthnot, Gustatson, & McGreen, 1988, Gordon, 1995），FFT はユタ州以外でも実施できることが立証された。若者たちは，自宅外委託のおそれがあるため，裁判所から FFT にリファーされた。この二つの研究で扱った家族は，郊外の地域で行われたこれまでの研究での家族と比べて，社会経済的地位が低めであった。問題解決と特定の行動変化の技術に力点をおいた FFT モデルを使ったところ，治療後２年および５年の双方で，FFT は低い再逮捕率に寄与していることが認められた。２年後の追跡研究で，通常

の保護観察を受けた若者 (27 人，再犯率 67%) に比べ，FFT を受けた群 (27 人，再犯率 11%) は有意に再犯率が低かった。12 か月間の平均では，FFT 群は，1.29 件／年の犯罪をしているのに対し，通常処遇群は 10.29 件／年の犯罪をしていた。5 年後の追跡で，同様の群で成人の検挙率を比較した。統制群の検挙率が41%であったのに対し，FFT 群は，成人としての検挙率が 9%であった。これらの研究は FFT の確固とした結果を再確認しただけでなく，相応の追跡期間を経ても効果が持続していることを立証した。つまり，十代後半から若年成人という難しい時期において，若者が成功裏に変化するのを援助できるということである。それはまた，治療者も社会内処遇も，FFT が持続的効果を与えると確信してよいことを意味している。

　1990 年代の中頃に，Hansson (1998) はスウェーデンにおいて FFT についてのいくつかの研究を開始した。重大な犯罪で逮捕された若者を，FFT もしくは，ケースマネジャーと個人カウンセリングを組み合わせた複合的な治療のどちらかにランダムに振り分けた。スウェーデンでは，若者が逮捕され刑事司法のシステムに送致されるのは，すでに複数回の介入を経た後でなければならず，したがって逮捕率の変化は大きな関心となる。2 年後の追跡調査では，FFT 群は有意に低い再犯率だった (82%に対して 48%)。FFT の治療を受けた若者の母親たちも，抑うつ，不安，身体化などさまざまな症状について改善が見られたという。これは，最初のモデルを開発した者以外の人によって FFT が追試された初めての研究であり，また，異国の，異なる制度のもとで行われたのである。結果が示しているのは，FFT が地域社会面での応用性があるということであり，異なる文化の文脈においても肯定的な結果が生じるということである。

　FFT に関する最近の研究は薬物使用の若者について行われた (Waldron, Slesnick, Turner, Brody, & Peterson, 2001)。研究では，若者の薬物使用に対して，全体的で累積的な効果を，他の競合する治療法 (認知行動療法，心理教育的グループ療法，家族療法) について調べた。FFT や複合する治療法を受けた若者たちは，治療を始めたあと 4 か月間のマリファナ使用日数の割合が有意に少なかった。これらの結果は，家族療法が薬物乱用の若者に対して即効的利点があることを支持し，若者の薬物乱用についての家族療法の効果についての文献とも一貫している。心理教育的集団療法を受けた若者のマリファナ使用は，4 か月後のアセスメントではベースラインより有意に低くはなかったが，7 か月後では有意に低くなった。認知行動療法群では，その後の追跡のどの時点においても，ベースラインと有意な (t<1.0) 変化はなかった。これらの発見から，家族療法はグループ療法より，

より短期の（たとえば 4 か月など）効果が得られるかもしれないが，グループ療法は，より長い期間の薬物乱用を抑える利点があるとの仮説が立つ。

ワシントン州での FFT 研究では，実際の臨床場面での複雑さのなかで行われた FFT が検討された。研究へと導いたのは三つの問いである。①FFT は，実際の臨床場面で機能するか？　②治療者のモデルへの遵守は FFT の臨床結果にどのような役割を果たすか？　③どのような家族のリスク要因が FFT の臨床的結果を下げるか？　この研究は，FFT の有効性について，三つの重要な点（再犯率，治療の継続と中断率，社会的コストの節約性）を明らかにし，訓練プロトコルも吟味した点で特に情報に満ちている。プロジェクトの結果は，Barnoski（2002b），Sexton と Alexander（2004），Sexton と Turner（in press）らにより，さまざまな形式で，またさまざまな参加者の組み合わせで報告されている。

このプロジェクトは，14 カ国の 38 人の治療者が 917 家族を扱ったという規模の大きさがまず印象的である。また，治療者を訓練し，共通の臨床プロトコルマニュアルによって，FFT の理念や介入を使用できるようにして，治療者の臨床の質を揃えるという組織的なアプローチをしたという点も印象的である。治療者や家族は多様で，臨床設定もさまざまであった。

研究対象の少年は，FFT に入る前にたいてい深刻な問題を持っていた。被験者の 85.4％が薬物に関係しており，多く（80.47％）が飲酒やアルコールの乱用の経験があった。そして，27％が，その他の精神的また行動面での問題が報告された。参加者の多く（56.2％）に重罪経験があり，41.5％が軽罪を犯していた。このうち，10.4％は武器の使用歴があり，16.1％がギャングに関係し，10.5％が施設送致の経験があり，14.1％は家出の経験があり，46.3％は学校を中退していた。これらの青年のうち 13.1％は，12 歳に至る前に犯罪歴が始まっており，63％は 12 歳から 14 歳までの間，23％は 14 歳から 17 歳までの間に犯罪歴が始まっていた。治療効果のアセスメントには，FFT に忠実な治療者，または，FFT に非常に忠実な治療者らによって治療を受けた家族の再犯率，重罪の再犯率，暴力犯再犯率を調べ，統制群の再犯率と比較された。

図 3.2 は，この大規模な社会内研究の FFT の結果を示している。犯罪前歴，年齢，家族の危機変数などを共変量として固定すると，深刻な犯罪行為（重罪など）がありながらも FFT の治療を受けた若者は，31％の犯罪行動の減少がみられた（統制群 19.2％に対して FFT 群は 13.2％の再犯率）。さらに，これらの FFT 群は，暴力事件の再犯率についても 43％の減少がみられた（統制群 4.4％に対し 2.5％）。これらの差は，統計的に有意だった（b = -.51, p.033）。

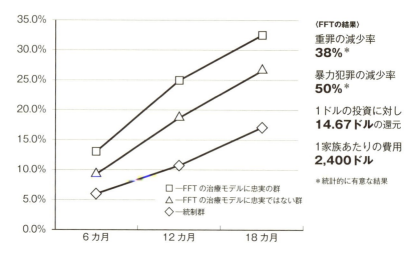

〈FFTの結果〉

重罪の減少率
38%*

暴力犯罪の減少率
50%*

1ドルの投資に対し
14.67ドルの還元

1家族あたりの費用
2,400ドル

＊統計的に有意な結果

凡例：
□—FFT の治療モデルに忠実の群
△—FFT の治療モデルに忠実ではない群
◇—統制群

横軸：6 カ月　12 カ月　18 カ月

図 3.2—FFT の結果と治療モデルへの忠実さの役割

　しかし，これらの研究はまた，FFT の肯定的効果が普遍的ではないことも示している。もともとのデザインに対し，非常に忠実に FFT を行った治療者は上記のような結果であった。忠実にモデルに従わなかった治療者は，セラピーを何も受けず，単に保護観察官の指導を受けただけの者の結果よりも悪い結果であった。この結果には大きな示唆がある。つまり，介入モデルは成功しうるものであっても，成功の度合いはどのように実施されたかに強く影響されるということである。このことから，社会内処遇での成功には，質保証と実施計画が成否を分ける主要点であることが示唆される。

　最後に，これらの結果はまた重要な経費節減をも意味している。表 3.1 は，FFT の経費節減の程度を示している。これらのデータはワシントン研究の経費についての発見とも合致している。Sexton と Alexander (2004) が報告した通り，一家族につき FFT の総経費は 2,500 ドルであり，驚くほど低い数字である。Aos と Barnoski (1997) が作った計算式を使うと，FFT の利用によりワシントン州は，一人の若者について裁判費用と犯罪被害者の損失について 1 万 6,250 ドルもの経費が節約できることになる。数字として数えられない家族の心情的な苦しみの負担に加えてということである。研究対象全体の合計では，研究の最初の 1 年で，112 万 1,250 ドルが節約されたことになる。したがって FFT を行うために 1 ドル投資されるたびに 14.67 ドル以上が節約されることになる。

表3.1―FFTと他の青年に対する治療プログラムとの費用と効果の比較

介入プログラム	重罪の変化率 （プログラムが実施された場合）	プログラムの費用	節約された刑事裁判費用	節約された犯罪被害者の費用	納税者および犯罪被害者の節約合計	費用回復までの年限
機能的家族療法 (Functional Family Therapy)	−27%	$1,900	$7,168	$8,640	$13,908	1
マルチシステミック・セラピー (Multisystemic Therapy)	−44%	$4,500	$12,381	$13,982	$21,863	2
軍隊教練型合宿 (Juvenile Boot Camp)	+16%	N/A	$4,426	$4,998	(−$7,910)	回復不可
集中型保護観察 （アイオワ州） (Intensive Supervision)	−13%	$5,959	$1,955	$4,159	$2,204	回復不可
集中型保護観察 （オレンジ郡・カリフォルニア州） (Intensive Supervision)	−22%	$4,446	$6,164	$6,961	$8,569	4
少年用ダイバージョン・プロジェクト （ミシガン州） (Adolescent Diversion Project)	−34%	$1,028	$6,055	$7,299	$12,326	1
治療的里親委託 （オレゴン州） (Treatment Foster Care)	−37%	$3,941	$9,757	$11,760	$17,575	2

結論
●系統的で，モデルを基礎とした実践の挑戦と可能性

　実証に基づいたモデルは，若者と家族のためによりよい結果をもたらす働き方を治療者に提供する多大な潜在可能性を持っている。このモデルは，治療者が重要なリスク要因に働きかけ，最も有効な保護機能を推し進め，それと同時に，個人や家族が日常の世界のなかでその家族に合った機能的な方法を知る変化の道のりを作っていけるような実践に導く構造を提示している。これは，家族の変化を理解し助けるための，焦点化され，個別的で，敬意に満ちた創造性のための余地が生じるような，実際に治療者がそうせざるを得なくなるようなレベルの構造である。

　もちろん難しい点もある。どんなモデルでも，その臨床的な核を失い，不本意ながら課題到達的でチェックスタイルのアプローチに陥りがちである。しかしFFTには，その家族の力動的な人間関係のシステムに，治療者がその基本的な治療構造を創造的に適用できる臨床的，理論的な特殊さがある。このことにより，有効かつクライエント中心的な方法で，援助的な臨床的選択を可能にする。あらゆるモデルが直面する過度の単純化の危機にFFTが絶対に陥らないというのではない。数字で序列をつけるような方法で，盲目的に段階を踏むような適用がなされないとも限らない。

　FFTは，ときを経て変化し順応してきたゆえに，今なお有益である。新しい結合は以前のものにフィードバックされ，モデルに新たな理論的概念的な進歩の層を加えていく。多くのモデルの開発者が，独立もし協力もして，この進化の過程を続けることでわくわくするのである。

　次章では，臨床応用場面でのFFTの利用や臨床的な特殊性を細かく見ていく。FFTが意図していたようなタイプのクライエントとの実践場面で，FFTがどのように展開するのかを臨床的に説明する。臨床場面でこそ，このモデルの理論的アイデアが家族に翻訳され，家族にぴったりするような，その家族独特の形になる。続く三つの章では，FFTの段階を一つずつ検討する。各章では，その段階や目標と結果，そしてそれらの目標に到達するために必要な治療者のスキルを説明する。また事例を通してFFTの各段階の特徴を説明する。

II
機能的家族療法の実践

日々の実践において，臨床家が理論モデルから直に働きかけを行うことはない。むしろ彼らは，臨床的な意思決定やケースプランニングの基礎として自分の信念や知識や治療的技能を用いる。臨床家は，日々の実践において，怒りを携え，感情的で見たところやる気なく，互いに否定的なクライエントの現実に直面する。そして，そのようなクライエントは現状を打開し，前進するのに必要な資源に欠けていることが多い。しばしば，家族療法で言われたり行われたりすることは，内容ははっきりとしているが，実際には共通の地盤を見つけて一緒に作業を行い，問題解決を図るのが難しく，副読本並みの多くの関係メッセージが含まれている。私は治療者としてこういった挑戦にどう答えたらよいか知りたいのである。私は，セッションの具体的な目標に関する臨床的に有益なガイダンスや，その目標を達成するための会話の扱い方の方略や，家族にマッチしたやり方でそれをどのように行うかの実例がほしいのである。理論的に幅広いアプローチでは，短期間の経過目標（たとえば，同盟，情緒的調整や動機づけ）と長期にわたる行動的成果（たとえば，学校問題の改善，法的機関への事件係属の減少，行動問題の低減）とを統合する臨床手順が得られない。私にとって助けとなるのは，治療経過を計画する系統的な方法であり，面接室において直接的な機会の利用の仕方を知ることである。そして，それがす

べて継続的な影響を促すようなものである。

　多くの臨床家は道具箱アプローチ，つまりクライエントの問題を治療する
ために選択可能な多種類の介入のアイデアを持っている。このアプローチは，
ちょうど大工が頼りになる道具を集めるように，できるだけ多くの潜在的に有
益な戦略を治療者に集めさせることになる。このような介入には，指示の提示
に特殊な方法を取ること（たとえばパラドックス），「宿題の指示」，クライエント
がいろいろなタイプの不合理な信念に直面できるよう援助する認知技法，ある
いは EMDR（トラウマを克服するよう脳の再プログラムを行う）のような特殊な介入や
親教育／訓練（カリキュラムに基づいてアプローチする教授技能）などが含まれる。直
観的に判断して，道具箱アプローチ・モデルは家族，特に最も危機に瀕してい
る家族に変化プロセスを促すのに必要な治療的能力のある治療者には，実のと
ころ何の備えにもならないと思う。道具箱アプローチは道具を用いるためのガ
イドになる包括的な理論がないために限界がある。それは臨床家を，こうした
道具をどのように，いつ，何のために用いるのかについてのガイダンスのない
状態にしてしまう。道具は建てるためにあるが，道具箱アプローチは道具を持
つことの必要性も，技能訓練も，衝撃が最大になるように道具を扱い仕事の効
率化を図る建築プランも度外視している。

　FFT の臨床的変化モデルはこのギャップを埋めてくれる。FFT は家族の援助
に包括的でシステミックなアプローチを臨床家に提供する。つまり，時間を
重んじ（段階に基づくこと），関係的で（セッション内の関係プロセスにおいて生じること），
目標指向的で（段階ごとに具体的な治療目標を持っていること），クライエント焦点的（ク
ライエントの関係システムにマッチすること）である。変化モデルは理論と研究（1 章，2
章でレビュー）と実践（第 2 部の各章で論じられる）を統合している。モデル実施の原
則は関係的，家族焦点的，同盟基盤的である。

　FFT は，それぞれが関連性のない技法や介入という道具箱ではなく，人間と
いう複雑な構造体において変化を目指す建築プランである。FFT は人間の行動
や家族関係システムの研究について，確固とした原則に則った高水準の組織
性を反映している。それと同時に，FFT の中核原則は，臨床家の範囲を超え，
FFT のサービスを指示する臨床スーパーヴァイザー，FFT の操作義務があり
サービスの提供システムを創る管理者，質保障をチェックする評価者にまで広
がっている。臨床に関する手引きによって，このような臨床家以外の関係者も
同じように系統的だが力動的な方法で FFT にアプローチしている。FFT に密
着したプランに沿うことは，どんな課題も静的でなく，それぞれに新しいとい

うことを理解しつつ，クライエントにある特有の状況を尊重するという原則に基づいた反応を求めることになる。

　臨床的な面でいうと FFT は臨床アセスメントと介入の同時並行的課題を変化段階に統合する。臨床アセスメントと介入や家族と時間の関係は，それらがすべて組みひものより糸のようになっているのである。個人的には，一つのより糸が強さも弱さも兼ね備えた単一の縫い糸を代表していると考えている。組みひもを一緒にすると，1 本ずつの糸は強さを増す。FFT では，アセスメントと介入という組みひもは，時間をかけて家族であるがゆえのニーズとパターンを示す糸を加えることでより強固にできあがっている。家族というより糸と系統的に混ぜ合わされたアセスメントと介入は，FFT の臨床の作業に強固な中核を形成している。

　ここからの四つの章では，もっぱら実践における臨床モデルの適用について述べている。4，5，6 章では，さまざまな臨床事例から例を引き，FFT の三つの段階の一つずつを臨床面に焦点を当て具体的に検討する。例は検討中の段階に特有の構成要素や治療者の技能が示しやすいものにしている。7 章は治療計画やセッションプランについて，治療者が FFT モデルを行動に翻訳するというように，FFT のプロセス全体を眺める。

　この第 2 部での中心事項は，「面接室内」であるという臨床的現実，FFT が作業を行う多くの異なった家族成員を理解し，同時に治療に専念してもらい動機づけるという臨床的現実に関することである。私は「面接室内」という言葉を，FFT 治療者と家族が会うたびに彼らの間に生じる臨床的「ダンス」の意味で使っている。治療者と家族の瞬間，瞬間のやりとりが FFT の生じる「段階」である。これらの章に含まれている主要な話の流れは「理論的」であり，ついていけるはっきりとした小道が提供できるように，その理論的なものに臨床的な現実を統合している。それによって，追求すべき目標は何か，探求すべき成果は何か，また，家族がこれらの目標に到達できるような援助の可能性を増すために，関係に基づく介入とは何かがわかる。第 2 部では FFT のもつ臨床的な力を説明しようと考えている。その力とは，クライエントと状況とのアセスメントにあたって，絡み合った糸の只中にある家族が自ら直接的に専念することや，家族のニーズに関連する援助となるような方法で段階的な目標を達成する，まさにその好機に最も合った系統的な介入のことを指す。

　先ずは明らかにしておく点がある。この第 2 部から関係プロセスと臨床プロセスについて述べようと思う。目標への到達は，ほぼ直線的である。可能なら

どんな場合でも，治療者が家族の治療を行うそのときに治療者が経験するように，段階について触れたつもりである。それは，まさに臨床家にとって家族パターンが巡り巡ってくるように，概念はしばしば繰り返されるということを意味している。Sexton と Alexander (2004) が記述しているように，これは家族と面接室にいるときの治療のあり方である。FFT では，物事は一度限りということはないとよく言われる。もちろん，プロセスは焦点化され進化するはずであり，単に反復するということはない。事例はいつも助けになるが，決して十分には詳細化できない。このように，第Ⅱ部の意図は「目的をもって記述的」なのである。

4

個人を積極的に関与させ，
家族を動機づけする

　行動問題のある青少年およびその家族に働きかけるとき，すべての治療で
明らかにわかりやすい目標をもって始めること（同盟を創設すること，共有された目
標を定めること，問題を理解しアセスメントすること）は，想像以上に難しい。彼らが室
内に持ち込む家族とその相互作用は，混乱し，情緒的に強力であり，人間関係
の複雑さをもっているように感じる。あたかも治療者が，それらを除去する必
要があるとして，家族の足を引っ張っているように感じることがしばしばあ
る。これは，もし青少年とその家族が日々の生活のなかで困難な問題との格闘
を経ていると考えるならば，驚くことではない。これまでの章で記したように，
彼らは苦闘してきた複雑な歴史，解決に向けた試み，ときには家族システム，
家族成員そして自分自身にさえ向けた絶望の感覚を持ち込むのである。家族に
よっては，裁判官，保護観察官，他のメンタルヘルス関係者もしくは福祉関係
機関からの命令によって，面接室へ行くことを強いられる。これらのケースに
おいて，家族は紹介されたこと自体への怒りや不安をしばしば抱いている。し
かしながら，特定の問題もしくは紹介といったこと以外の面を見ると，すべて
の家族は，同じような方法で治療に臨んでくる。つまり，力強く情緒的な体験
の正当性を面接室に持ち込むのである。FFT の観点から，これら力強い体験は
家族を理解するための手掛かりを提供するとともに家族の変化を手助けするた
めの道筋を築いてくれる。
　FFT を他と区別することのひとつは，その即時性である。方向づけ，アセス
メント，もしくは開始段階というものはない。その代わりに，治療者は，でき
る限り役に立つ方法を用いて，面接室での出来事に応答して，これら出来事の
体験の中心に飛び込んでいくのである。治療者は，何が問題なのか，どのよう
にクライエントは取り組むのか，どのシステムが関わっているのかというアセ

スメントと，家族が自分たちの物語を語りながら，家族そのものをじかに示してきた機会に対して行動を起こす介入の二つを同時進行的に行う必要性に直面する。これら重要な初期の出来事を利用し，治療者は，積極的関与と動機づけ段階の目標過程に焦点化しながら，積極的に関わらなければならない。

- ◉家族成員間における否定性と非難を減少させること
- ◉家族によって示された問題を家族に焦点を当て，進展させること
- ◉家族が支持されているとの感覚を体験し，問題は変化しうるという希望が持てるよう援助すること
- ◉治療者および治療がそれら変化の促進を援助できることを確立すること

　私が常々発見する最も興味深いことは，初期段階の観察者は，苦闘している青少年，家族，そして彼らにとっての見知らぬ人との間の会話を見ていたにすぎないということである。その会話は，家族に起こってきたこと，してほしいことをあたかも報告しているように見えるだろう。しかしながら，実際に行われているのは，これら見知らぬ人たち，つまり，面接室のなかで展開される複雑で，多層にわたる会話と相互作用を理解するための方法を見出そうとする治療者と，理解され，援助を得て，そして苦痛や困難からの救済を見出そうとする家族との間で行われる堂々巡りのやりとりなのである。

　FFT の観点からは，早い時点での会話は，家族がどのように機能しているのか，そして，変化の初期段階における関係性に焦点化された目標へとどのように到達するのかについて，それらを理解するための一連の機会を提供している。アセスメントの観点でいうと，治療者は，家族成員が問題へ影響を与えた範囲および性質と同様に，関係システムのなかで提示された問題がどのように機能しているのかという視点で，この家族の特有な構造をマルチシステミックな全体像として組み立てなければならない。と同時に，治療者は，治療者は信頼できる，支持的である，家族に焦点を当てている，さらには，各家族成員特有の視点に対して同時に応答できる，といったことを家族に言葉で伝えるよりも，示す方法で介入しなければならない。

　これらの課題は単純ではない。臨床的現実は，治療者が各家族成員，治療者固有の価値観，そして，紹介機関や他の外部システムの，「治療効果があり」「青少年の行動を変化させられる」という期待によって影響を受けるのである。さらに治療者は，家族にこれらの変化を作り上げることができれば，まさに問題

を解決すること，話し合うこと，調整を行うこと以上のものを得ると知っている。治療者は，現実に焦点を当て，その段階に応じた焦点化された目標に到達するために，提供された機会を利用することが必要とわかっている。

初期の変化目標
●積極的関与と動機づけの構築

　FFT において，目標と望まれる結果は，明確でわかりやすい。治療的創造性には，家族内の働きによって，どのようにこれら目標へ到達するかという手掛かりがある。これは，特定の手順やチェック・リストがないため難しい。あるのは，治療者が進行を判断するために用いる臨床的決断と，セッションの目標および結果を導く臨床的地図のなかで治療者とともに起こることをどのように理解すればよいのか，その基礎を提供する一連の中核的な原理のみである。多様な目標はすべて同時に達成される必要があるが，その進行は強いられるものでないという課題がある。むしろ，それは，直に現われた文脈，クライエントが面接室に問題として持ち込むものおよび問題の性質といった，面接室のなかで進行しているものから生じなければならない。治療者は，これら目前の出来事を見て，理解し，同時にこれらを初期段階の目標に到達するために利用しなければならない。しかしながら，面接室において，それぞれの家族成員は，それぞれのニーズを押し進め，治療者に各人および彼らの隠された意図を支持する対応を望むのである。面接室のなかで起こる出来事は，即座に解決と介入を訴えられているように見える問題と危機であることがしばしばある。直接的なニーズは重要ではないということではない。重要ではあるが，治療者は，解決すべき問題としてではなく，最終的にクライエントが長期的目標に到達できるよう，変容過程の第一歩である関係に基づいた一連の目標を追い求める機会として，彼らに応答しなければならない。

　図 4.1 は，FFT の積極的関与と動機づけ段階における治療者の行為を導くアセスメントと介入目標を描いたものである。示された目標と結果は，初期段階での地図である。引き続く考察では，これら目標のために臨床的，理論的，そして研究に基づく実践の支えを提供する。

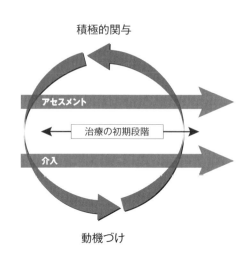

積極的関与

段階に基づいた治療目標

1. 家族内のリスク要因の低減
2. 家族内の非難と否定性の低減
3. 家族内の同盟と家族への焦点
   化の増大

アセスメント

治療の初期段階

治療者の技能

1. 段階に基づいたアセスメント
   ・問題の連鎖，問題の定義，
   　関係の機能
2. 段階に基づいた介入
   ・リフレーミング
   ・秩序化したテーマの構築
   ・再方向づけ，構造，サポート，
   　割り込み

介入

動機づけ

図 4.1―積極的関与／動機づけ段階における治療目標と治療者の技能

◉事例

　ピーターは 13 歳。ピーターの母はインドネシア人で，父はオランダ人である。彼は母と継父とともに住んでいる。彼には 5 歳下の双子の兄弟がいる。最初の FFT セッションは，彼の家で行われた。紹介状によると，彼は前年に三人の異なる治療者を「クビ」にした。毎度彼は，セッションを退屈なものと見て，ほとんどの時間を母と話すことで費やした。紹介状は母のアンジャについて，「助けになるなら何でもする人」とその特徴を記していた。義父については何も書かれておらず，以前のミーティングには出席していなかった。治療者は，最初の一歩として，彼らが新たな一歩を進む気になるように，ピーター，母，そして義父を関与させることに焦点を当てる必要があることを知っている。最終的に治療者は，ピーターにはメンタルヘルス上の懸念があり，規則を守ったり，学校でじっとしていたりすることができないために紹介されたことを知った。紹介状の最終行には，「この紹介がピーターにとっては治療を受けられる最後のチャンスである。もしこの措置がうまくいかなければ，実行可能な選択肢として施設処遇が再検討されるべきだ」というメッセージが書かれていた。

　初回セッションの早い時期に，その家族がこれまでと同じパターンを表していることは明らかであった。セッションが始まると，ピーターは退屈，無関心であり，母は手助けをしようとしているように見えた。義父は仕事をしなければならなかったため，不在であった。ピーターと母がいつものパターンに入り込むのに時間はかからなかった。母はすぐピーターに「ねえ，私ができることを言ってちょうだい」と言った。ピーターは，うんざりとした感じで「ほっといてくれ！」「地球の裏側まで行ってしまえ！」と即座に応じた。その後，彼はひきこもり，セーターのフードで頭を覆い，うつむいた。母は泣き始めた。

　ピーターと彼の家族が治療に持ち込んだものすべてを与えられたとして，何が最も手助けになるのか？　即座の変化を生じさせ，と同時に，次に生じる事態に備えていくために，彼らの相互作用と関係システムに入っていく最もよい方法は何か？　膠着状態という現在の感覚が続いているピーター，ピーターの両親，そして関係システムにとって，短期的および長期的変化の双方を生みだす可能性が高い治療方法は何から始めたらよいのか？　同時に，治療者は，家族が彼らの一人ひとりの生活のなかで専門家の役割を引き継いでいく一方，どのように変化が起こるのかという観点で，専門家が果たすべき最もよい方法を考える必要があった。

　四つのことが，ピーターとその家族の苦闘を克服する手助けとなるだろう。つまり，「治療プロセスへ関与するようになること」，「異なる行動を起こすための動機づけ高めること」，「家族に焦点を当てた問題を定義すること」，「信頼できる援助者として治療者を受け入れること」である。

治療プロセスにおける関与

　積極的関与は，個々の家族成員がセッションの直接的な活動に参加するようになったときに生じる。積極的関与は，早期のセッションにおける活動の適切さの反映であり，それは，家族成員にとって，治療が役に立つ有効な方法であると認識され，また，問題解決の方法が，過去よりも異なる方法でより前進するだろうと認識されることである。積極的関与は与えられるものではなく，もし彼らが現実に変化を望んでいても，クライアントもしくはクライアントがすべき何かという条件があらかじめ存在しているのではない。むしろ，治療者が最初のセッションにおける家族との対話でなされたことの結果なのである。積極的関与は，ユーモアの利用，関心を惹く質問をすること，家族成員を理解し，

尊重するための絶え間ない働きかけ，そして面接室における治療者の存在，から生じてくる。そして，家族との同盟を基盤として，問題を家族の体験として，非難せず，強さに基づいた方法で話をすることから生じるのである。積極的関与は目標（治療者が成し遂げようと試みたもの）と結果（家族が示してくるもの）の両方であり，それは，セッションにおける家族特有のかかわりの水準によって，測定できる。

何か新しいことに取り組もうとする誘因

一見して，ピーターと母にはやる気があると考える人がいるかもしれない。ピーターには，母に学校での彼自身の問題行動をなんとかさせたい強い誘因があった。一方，母のアンジャには，家にいるときのピーターをより礼儀正しく行動させて，彼の薬物使用をやめさせることへの誘因があった。二人には，治療者の援助で他者に対して遂行できなかったことを行おうとする動機がそれぞれあった。また，問題の原因と他者の動機に関して，各自固有の信念に基づいた解決を見出そうとしていた。このタイプの動機づけは確かに行動を起こす誘因になるが，何か新しいことをしたり，相手と一緒にこれまでと異なる方法で取り組んだりすることには役立たない。代わりに，ピーターと両親にはいつもと同じやり方を——おそらくほんの少し声高で，より頻繁に，そしてより強く行うことを動機づけるにすぎなかった。臨床的に役立つためには，動機づけは治療的であることが必要である。それは過去になされてきたのとは別の解決を求める意欲があるという意味である。治療的動機づけは成功した FFT セッションの結果である。それは，家族成員が，問題は変化すると希望を持ち，治療者および治療がこれらの変化を促進できると信じられ，違いがあらわれ，そして他の家族成員とともにすすんでその変化を引き受ける，といった状況をいう。

家族に焦点を当てた問題の定義

ピーターの家族は，人生で向き合うそれぞれの出来事に至ったのと同じように FFT にやってきた。つまり，彼らが出くわしたトラブルは，他のだれかに責任があるとの見解をもっていた。ピーターにとっては両親に責任があり，両親にとって問題は明らかにピーターであった。そのような信念や他者の意図と動機に関して意味するところを考えると，なぜ双方が，新しい，別の問題に対して，これまでと同じ戦略で互いに似たように反応し続けるのか容易に理解できる。また，成功するためには彼らが一丸となって取り組むことを求めるとい

う，とても単純な解決策の採用がなぜ難しいのかということも容易にわかる。

　ピーターと両親は，互いに強い感情を抱いていた。そして，これらの感情を支え，たえず強化された (責任の) 帰属と情緒に基づいて行動するパターンを身につけてきた。もし各々が，ピーターと両親全員が問題に加担し (それは，ある程度の個人的な責任をとることである)，すべての人が変化し，どんな成功もすべての人が一緒に取り組むことを要求すると考えたならば，ピーターと両親によって生じる関係性と行動がどのように違ってくるのか想像してほしい。その家族はまったく違ったふうに見え，違ったふうに機能していることだろう。

信頼できる援助者になること

　治療の初期段階において，治療者は信頼できる援助者として自分自身を確立しなければならない。Frank (1969) やその他の人たちは，「援助者」の役割は，「治療者」「心理学者」，もしくは専門家と目されるような知識体系や専門知識を有していると社会的に定義された役割を伴うと提唱している。しかしながら，青少年と一緒に取り組もうとすると，この信頼性の基準は特別な意味をもたない。同様に，もし両親や他の家族成員がしばらくの期間，治療システムにかかわっていれば，たくさんの「援助者」と出会い協働作業をするであろう。そのような家族にとって信頼性は，治療者が「この治療で今後私たちは～」などと何かを約束することではない。FFT における治療者の信頼性は，初期段階の面接室で起こった出来事に対してどのように反応したかで生じる。まさに最初のセッションから，治療者は，これまでと違った，人を引きつけ，やる気にさせることを示さなければならないのである。

　積極的関与，同盟を基盤とした動機づけ，家族に焦点化した問題，および信頼できる援助者として治療者を受け入れることは，すべて治療の初期段階における目標である。それぞれの目標は，面接室で起こる出来事に対して治療者がどのように反応するのかで生じる。これらの目標が面接室での相互作用を通じて達せられたとき，青少年や両親は変化し，そして家族全体が変化するのである。出来事や行為には，何らかの異なる意味が生じるのであり，彼らに付随した強い情緒と行動のエスカレートする連鎖的状況 (spiral) が阻止され，変化するのである。変化は，新しい解決の形ではなく，共に作業する意欲，時折起こるいらいら感や他者の怒りを生み出す行動の背景にあるものへの異なる理解，家族成員間の情緒の緩和，という形で生じる。このように，成功する場合は，FFT の積極的関与と動機づけの段階は，まさに次の段階における技能の基盤で

はなく，それ自体が重要で強力な変化を生む段階になっているのである。

◉事例

　治療者を導く最初の目標は，FFT 事例の開始ではどれも同じである。治療者は最初のセッションのために，家庭に到着する前にも準備を始めた。治療者は，ピーターとその家族をより理解すること，そして，相手への非難と否定のレベルをアセスメントすること，といった二つの競合する関心を抱いていた。セッションの目標は，家族間の非難と否定を減らすこと，彼らが直面する問題について家族に焦点を当てること，そして，個人の苦闘や貢献を認めることだった。しかし，治療者はもう一つの現実に直面した。このセッションが，ピーターとその家族に永続する印象をつくりあげるひとつの機会であり，彼らが直面する問題についての適切でありながらサポーティブな会話にピーターと家族を引き込むことである。実際の質問は，家族成員間で生じる機会や体験を利用して，いかに目標に集中し続けるかであった。

　臨床的アセスメントと介入の差し迫った焦点となるのは，家族成員間の相互作用である。治療者は，ピーターの学校における困難さ，家族のなかで進行しているもの，彼の強い情緒の背後にあるものをより理解する必要があった。治療者は，アンジャがさまざまな経験をし，現夫が何の手助けをしないことへの憤りを抱いてきたと実感した。彼女は，ピーターは精神保健上のケアが必要であり，強い責務を伴う服薬で正しい道に戻せると信じて疑わなかった。また，彼女は争いごとを恐れ，ピーターを失いたくなかった。治療者は，彼女が積極的関与，動機づけ，そして共通の問題定義の発見という直近の課題に取りかからなければ，学校の差し迫った問題と葛藤の解決について，決して役に立つことはできないことをわかっていた。治療者は，家族がどのように機能しているのかについて全体的な理解がなくても，目前の行動についてバランスのとれた理解をしなければならないと感じていた。

機能的家族療法の初期段階における治療的対話へのアセスメントと介入の統合

　家族が面接室に入るとき，彼らは問題が埋め込まれた複雑で多層にわたる関係システムを持ち込んでくる。そこにはすべての人がテーブルに持ち込んだ個

人的な要因がある。つまり，行動面で強い影響を与えた友人，学校およびコミュニティという文脈があり，問題を巡る力強い中核的な関係パターンがある。重大なリスク要因に対処し成功するために，そして，迅速に影響を与えるために，治療者は，クライエントの最新状況をアセスメントし，セッションの間に現われた出来事に介入しなければならない。これらの出来事は，既に記したように，家族がどのように取り組むのか学ぶための，そして，その時点で取り組み方を変えるための機会である。なぜならば，それは家族の苦闘についての力強い表出を象徴したものであり，それゆえに理解と影響力の適切なポイントを提供してくれるために有用なのである。FFT の臨床モデルにおける独特な視点のひとつは，アセスメントと介入が各段階を通してより合わされていることである。これは，治療者が家族の特徴的なニーズ，スタイル，価値観，そして資源に治療を適合させるために，治療的機会と家族がどのように機能するか理解したことから得られたデータの双方を一つひとつ照らし合わせて見なければならないことを意味している。

　ワンウェイミラーから FFT を観察している人は，Hoffman (1981) が記述したような「藪のなかに隠れている何か」に気づくであろう。クライエント中心，モデル志向型，そしてクライエント－応答過程で，アセスメントと介入のダイナミックな混じり合いがどのように生じるのか，文章で伝えるのは難しい。観察者が見るものは，治療者のお決まりの発言や意見表明の体系ではなく，この独特の家族システムを理解し，介入するための方法を治療者が見つけるという仮説検証の循環過程なのである。治療者は，家族によって修正され，つけ加えられると推測している。FFT の治療者が，必要とするすべての情報を手に入れる前に上手にふるまえるのは驚きである。その代わりに治療者は何らかの試みをしようと判断している。つまり，その効果に基づいて，次の問いかけ，発言，介入を微調整しようとする。時間とともに，あなたたちは，幾つもの層となっている家族像に関して，治療者の推量，傾聴，追加した結果，そして，治療者がどのように働きかけるのかがわかるであろう。第 3 章で記述したように，FFT は，治療者がこの迷路を通り抜けられるよう，探し求める領域や専門化した目標を特定するのである。

何を探すのか──臨床的アセスメント

　アセスメントは，まさに現実な理解のプロセスである。積極的関与と動機づけの段階における理解には，家族関係システムのなかで問題がどのように機能

しているのかを理解すること，家族が面接室に持ち込んだ非難のレベル，否定のレベルおよび問題定義を評価することといった二つの基本的な領域がある。しかしながら，FFTのアセスメントは，逆の方法でなされる。治療者は，家族によって示された直近の問題や家族成員にとって問題が維持されている意味から始めるのである。FFTでは，他の治療者と異なり，治療者は心理社会的な歴史を取り扱うとか，問題についての形式的なアセスメントをするのではない。その代わり，治療者が行為の性質と範囲を理解し始める問題について家族がどのように理解し，経験するのか，これら特定の行為が家族のなかの支配的な関係パターンの中へどのように組み込まれているのか，そして，そこに含まれるリスク要因と保護要因について，家族成員が述べる物語を通じて行うのである。個人，家族および関係の文脈についてのマルチシステミックな理解を進展させるために，治療者は，家族の関係システムの底に潜んでいる問題の連鎖を探すのである。底に潜んでいる問題のアセスメントは，家族が問題へ十分対抗するためにどう取り組むのか，そして，行動変容段階に向けてどのように計画を始めるのかについて，治療者が理解するのに役立つ。FFTセッションを見た人は誰しも，治療者が理解したことを言葉とすることを除けば，アセスメントの展開はわからないだろう。このアセスメント方法は，家族が何を述べ，どのように反応するかに基づいて治療者の内部で起こっているのである。

提示された問題のアセスメント

特定の問題に関する理解が重要なのは，多くの要因がある。最初に，紹介状の性質とそれに含まれる特定の行動は家族が直面している有益な情報を提供してくれる。薬物使用，暴力と破壊的行動，夜間外出禁止違反，学校での問題，もしくは家族成員間の葛藤であれ，そこに描かれた問題は，重要である。紹介状は問題定義を唯一表しているため，記憶にとどめることはとても重要である。問題の定義は，だれが，なぜ，そして何が問題のある体験を引き起こしたのかということを説明する各人による原因帰属なのである。つまり，彼らは，問題の文脈状況を述べて，そこに意味を付与するのである。第3章で述べたように，問題の定義は，一人の人間の視点からの認知的，情緒的，そして行動の表現なのである。

FFTにおけるアセスメントは，情緒表現，個々の行為，そして家族成員間の苦闘の背後にあるものに関して創られた仮説を含んでいる。アセスメントの課題は，個人，文脈，そして家族に関係した要因を，家族内で機能する特別な方法のなかに秩序化しているものを理解することである。結果として，アセスメ

ントは，行動の原因を発見するよりも，家族のモデルを構築するのに近い感覚
である。さまざまな家族成員の観点からの定義は，「現実」であるとか，事例
の事実に基づくという必要性はないことを心に留めておくのは重要である。そ
の代わり，家族成員によって知覚された問題は，家族によって出来事に付与さ
れた意味を表し，個人が関わる行動や反応を促進させる関係性のメカニズムを
特定するのに役立つ。問題定義は，観察され，理解されそして介入されるので
あり，治療者が「理由」を求めて調べていくのではない。

個人的な問題定義を理解することと家族に焦点化したテーマを創ること

心に留めておくことが大切だが，時折見えにくくなるのは，ピーターと彼の
家族が現在の問題と相当期間格闘してきた上で面接室にやってきたということ
である。私たちがこれまで起こったことおよび私たちに起こっていることにつ
いて，すべて筋が通るようにしようとするのは，ごく自然なことで，おそら
く人間特有のことなのである (Mahoney, 1991)。治療的文脈において，知覚され，
経験された問題と解決可能性は，初期の MRI (Mental Research Institute) で行われた
システミック・セラピーモデル (Watzlawick, Weakland, & Fisch, 1974) によって最初に
明らかにされた。彼らの研究は，問題に対する私たちの経験が，解決のあり方
を形作り限定することを示唆している。家族成員の問題定義は，情緒的な言葉
(「それは傷つくし，腹が立つよ」)，行動 (「近づくな」「息抜きしてるんじゃない」)，もしく
は認知 (「あなたは私を傷つけたいだけだ」「どうしてわざとするの？」) という言葉で表わ
されるだろう。これら個人的な問題定義は，家族成員の間で頻繁に見られる情
緒的に意図された否定的なやりとりに起因する認知的なまとまりである。対照
的に，家族に焦点を当てた問題定義は，すべての家族成員が問題の何らかの部
分に関わっているし，何らかの責任があるとする。しかしながら，家族の状況
に対して家族成員の誰も非難しない。治療者は，クライエントが自らの行為に
対する個人的な責任を持ち，それを維持することを援助しながら，非難を減ら
す困難な課題を抱えているのである。

問題定義の考えは，別の意味でも重要である。私たちは皆，解決が問題と考
えられるものに向かって方向づけられる，という経験がある。ある晩，一人で
家にいることを想像してほしい。あなたが寝入るときに雑音が聞こえる。もし，
あなたの最初の考えが，「だれかが外にいる」だとするならば，あなたの情緒
的な闘争・逃走反応は，あなたに身を守るための準備をさせる。これはごく自
然で，適切で自動化された反応である。一方，隣人がうるさい猫を飼っていて，
その猫がいつも外で騒がしい音を出していることを覚えているならば，あなた

が寝返りをうって眠りに就くことはとても適切な反応であろう。

　家族療法における最も大きな難問のひとつは，家族成員の数だけ問題の定義と意味があるということである。実際，家族成員間の病んだ相互作用が充満した多くの否定性と非難は，葛藤のある問題定義と解決策の衝突について，各構成員が感じたものから生じる。なぜならば，家族全体が面接室におり，そこではパワフルな関係上の格闘が続いており，心理療法で一般に使われるわかりやすい認知再構成アプローチは役に立たないからである。その代わり，問題として各家族成員が体験しているもの，問題について行動しようとしているものをうまく再方向づけするために，より直接的で関係性に焦点を当てたアプローチをとるのである。家族の苦闘の多くは，行動上の問題に付随する力強い情緒から生じる。

　家族に焦点を当てた問題定義を創り上げるために，各家族成員は，理解した動機，意図，そして行動を再帰属させなければならない。これは，第3章で検討した意味の変化の結果生じる行動変容の原則なのである。再帰属は，治療者が動機，情緒および行動のより秩序立った帰属を聞き出すことで，提示された問題に関する家族成員の定義に対し，(視点の) 移動，再定義，拡大といった認知的再構成を求める。この再構成は，各人の行動やこれらの行動の背後にある意図と動機に関する信念の意味に焦点化できるのである。例えば，ピーターの失礼な行動は，彼が実りの多い方法に道を開くことができないときに感じる怒りから距離を置こうとする現実的な対処方法である。両親の規則に対する強い関心は，別の意味でピーターを守ろうとする試みである。

問題の連鎖を特定すること

　FFT の基本的な原理の一つは，問題が中核的な関係のパターンのなかに埋め込まれているということである (第3章参照)。中核的なパターンは，問題としてみなされた特異的行動が「それ以前に現われるもの」と「それ以後に現われるもの」の文脈にある。否定性と非難を減少させ，家族への焦点化を確立するために介入する一方で，治療者はまた，この中核的なパターンがどのように作用しているのかという仮説を家族と一緒に観察し，継ぎ合わせるのである。これら中核的パターンは，「問題の連鎖」もしくは問題行動のパターンに関連し，それを維持し，促進さえする行動パターンとして，FFT に持ち込まれる。これらパターンには，連鎖的な行動パターンとパターンの規則性がある (Barton & Alexander, 1981;Sexton & Alexander 2004, 2005)。個人の行動 (例：薬物乱用，非行，行動化された行動など) の意味を特定するために，治療者は，時間とともに，問題のある行

動が埋め込まれた関係性のプロセスに容赦なく縛りつけられているその状況を
観察する。関係性プロセス全体の概念が示唆しているように，これら中核的パ
ターンは，問題行動を強く固定化し，維持しうるのである。個人の行動パター
ンや家族の行動パターンが日々の生活に基づいて形成された家族の中核的特徴
に対する行動の関係連鎖であると理解するのは容易ではない。これらパターン
のいくつかは，必要な課題（例：育児すること，会話をすること，支持すること）を効果
的に成し遂げ，また，明白な行動問題を防止することで，家族とその構成員を
守るかもしれない。

リスク要因と保護要因を特定すること

　現時点で提示されている問題のほかに，家族が苦闘する可能性を増大させる
個人，家族，地域，文脈に関する多くの間接的特徴が存在している。これらリ
スク要因は，家族成員の報告から直接的に目に見えるものではなく，治療者の
臨床的アセスメントのなかで明らかにするのである。アセスメントは，直接的
介入の戦略と一緒になされるのである。第２章および第３章で論じたように，
リスク要因と保護要因は，家族が苦闘する困難を抱く可能性をより高める個
人，家族，文脈（リスク要因）と，それぞれについて来歴，現在の文脈および個
人の圧力や影響力から家族を守り，緩和する特質（保護要因）とがある。確かな
リスク要因と保護要因は，治療の初期段階ではっきりと言及される。例えば，
表1.1では，高い情緒的な苦痛と，葛藤と危険に身をさらすことは個人的要因
であり，家族にとって別の取り組み方を見出すのはより困難であるということ
がわかる。しばしば面接室にクライエントが持ち込む混沌とした，威圧的で，
対処の難しい非難の関係性は家族リスクである。強い絆，親の関与，そして支
えを発達させることは，どれも緩和し保護する特徴として役に立つ。リスク要
因と保護要因双方への働きかけは，治療の初期段階で重要である。それは，両
親と子どもが問題に対してより取り組めるようワーキング「チーム」の創設を
手助けする。また，家族の絆を高める治療プログラムは離脱率を減らすことに
決定的に重要であるが，最終的には青少年に役立つことになる。個人，家族そ
して治療プログラムの特徴は，FFTの積極的関与と動機づけ段階における系統
的なアセスメントと介入を通じて，すべて取り扱われるのである。

治療の進行をモニタリングすること

　アセスメントは通常，問題を発見し，クライエントを査定する過程と思われ
がちである。FFTにおけるアセスメントは，治療の各段階での進捗状況を継続
的に見て査定するということも意味する。これは，これまでと異なったタイプ

のアセスメントである。診断に焦点を当てるのではなく，引き起こされた現在の文脈や進捗において，重要な特徴はどのようなものであるかモニターしていくのである。これは，治療者が治療を前進させるのか，継続していくのか，それとも治療の段階を変えることまでするのか，といった決断の基礎となるゆえ重要である。このタイプのアセスメントは，一般的に各段階における特定の目標が中心となる。例えば，積極的関与と動機づけの初期段階において，アセスメントは，否定と非難のレベル，家族が個人的な責任を認める，表明する程度，問題について家族に注目する程度に焦点を当てるのである。治療の進捗のモニタリングでは，治療者が，「その後どうなりましたか？」「どのようにすれば私はより身近に，もしくは，より大きな影響力を持てるようになれるでしょうか？」「否定と非難のレベルは高くなっていますか，低くなっていますか？」といった問いかけをクライエントにし続けるのである。このタイプのアセスメントは，臨床的意志決定という点で重要な特徴がある。

◉事例

　ピーターと彼の家族と作業する FFT 治療者との間で上記がどのように起こったのか考えてみよう。治療者は，すべての FFT 事例で一般的とされるセッションの目標を抱いてセッションを始めた。FFT 治療者は，ピーターの家に到着する前に，利用できる少ない情報のなかで，家族はどのように機能していたのだろうかと予想することで準備を始めた。前述したように，最初のセッションは，ピーターとアンジャの間の高いレベルの否定性と非難によって特徴づけられた。治療者が差し迫った要求を知ることは，否定と非難を減少させ，彼らの間の一般的な共通点を見出すために，彼らの会話に飛び込んでいくことである。治療者は，観察と直接的質問を通した推論により，どのようにしてピーターとアンジャの双方は，個人的に重要な何らかの方法でその問題のせいと考えたのか，問題を知覚したときに解決するための論理的な試みはどうだったのかを学ぶのである。私たちが見てきたように，ピーターにとって，問題の責任は母にあった。彼はいくつかの苦闘を抱える一方で，学校をうまくあしらう方法，そして義父の流儀とのつきあい方について大変な誇りを持っていた。ピーターからすると，アンジャはただそれを「乗り越えて」，ピーターを一人にすることが必要だった。もし，彼女がそのような口やかましい女性でなかったならば，彼は OK だったのであろう。そして，アンジャは，ピーターにとって役立つとわかることを除けば，どうする

こともできない深刻な情緒的問題をピーターが抱えていると思っていた。治療者にとって，問題の定義は介入の目標になるのである。

　問題の連鎖は，現れた物語のいくつかの断片として明確になる。図 4.2 は，治療者が初期の会話からこつこつと収集した中核的パターンもしくは問題の連鎖を描いたものである。治療開始の的確なポイントは，中核的パターンがどのように機能しているのか，だれが関わっているのかについての見当を得ることに比べれば重要ではない。ピーターの事例では，実際に二つの重なり合う連鎖がある。一つは，ピーターとアンジャの間で進行している。ピーターに対する要求，心配，もしくは詮索する質問がなされることで度々始まる。彼女の応答に彼は腹を立てていく。ピーターはその場を去り，アンジャは残される。ある時点で，彼女は夫のもとへ行き，不平を述べ，最終的には彼に助けを求める。彼の気の進まなさは，彼女の応答が引き金になっている。彼は，事態の状況に不満を抱いている。その後ピーターが家に戻ると，アンジャと，場合によっては義父との，暴力のエスカレーションを含む連鎖が続くのである。ピーターは，自分は大丈夫だと母を安心させることで安堵感を母と共に感じる。彼女はけっして行動を変えないが，実際の進展が十分でないことに腹を立てる一方で，事態が正常化することを嬉しく思っている。

　このケースの早い段階で，いくつかのリスク要因は明らかであった。治療者は，すぐに，ピーターの学業困難の原因には注意の問題があると疑った。加えてピーターは，長期欠席，身につけてきた裏事情に通じた処世術のため，普通学校に適応していくことは困難だろうと思われた。仲間や他の文脈上の要因はリスクと見なされなかった。しかしながら，家庭内のピーターと義父の争いは心配であった。治療者はまた，母がピーターの行為を監視したり指導したりすることについて自分の限界を知らないために，彼女が冷静さを失っていると感じているのではと思い始めた。ときどき，彼女は母というよりも友人のように見えるのであった。

行うべきこと——積極的関与と動機づけを構築するための介入

　行うべきことの認識は，特定の段階での目標 (治療者が達しようと試みるもの) と FFT 治療の段階で望まれる結果の自覚を中心に構築される (図 4.2 参照)。ある意味で，これらは同じである。目標は向上心や方向性を表し，一方で，もし，(目標に) 到達できたならば，治療者と家族が次の段階へ向かって動いていけるこ

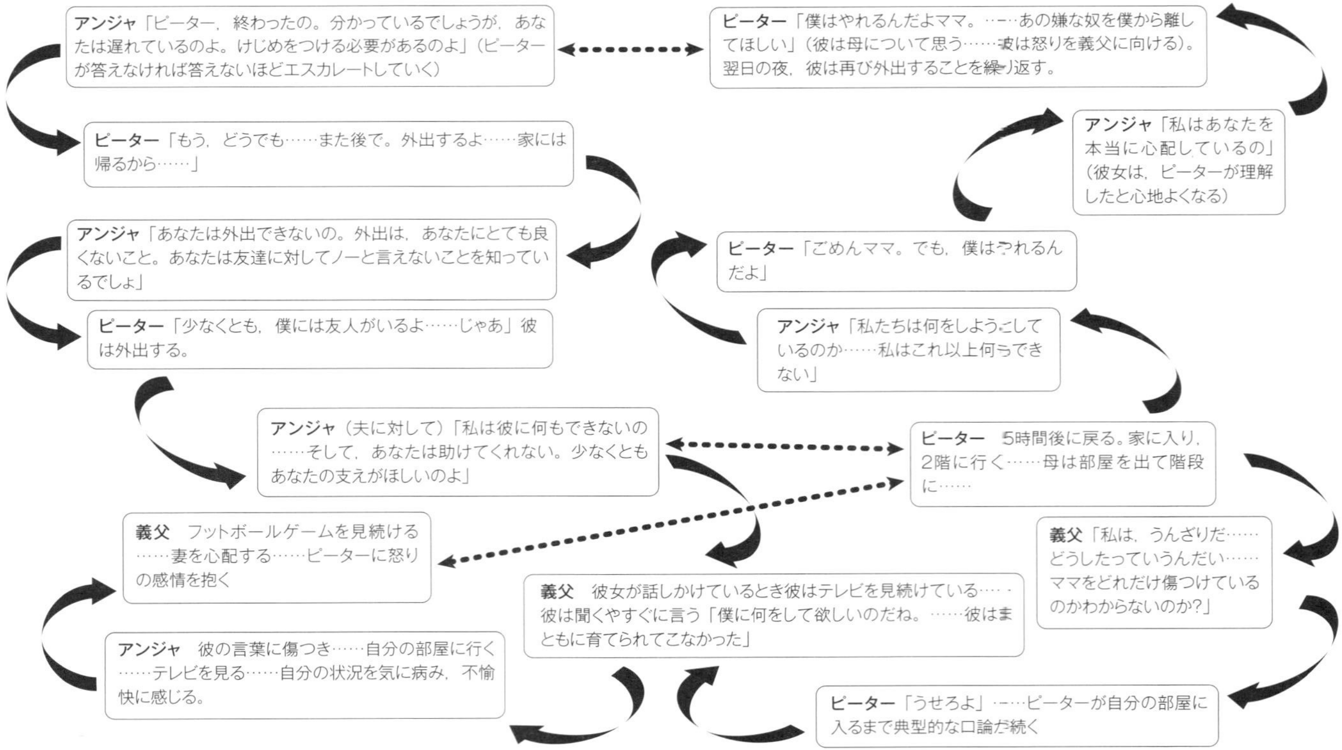

ピーター「僕はやれるんだよママ。……あの嫌な奴を家から離してほしい」(彼は母について思う)彼は怒りを義父に向ける。翌日の夜、彼は再び外出することを繰り返す。

アンジャ「私はあなたを本当に心配しているの」(彼女は、ピーターが理解したことに地よくなる)

ピーター「ごめんママ。でも、僕はつかれるんだよ」

アンジャ「私たちは何をしようとしているのか……私はこれ以上やってできない」

ピーター 5時間後に戻る。家に入り、2階に行く……母は部屋を出て階段に……

義父「私は、うんざりだ……どうしたっていいんだい……ママをどれだけ傷つけているのかわからないのか?」

義父 彼女が話しかけているとき彼はテレビを見続けている。……彼は聞く気すらない……彼女は母……彼は聞きやすく言う「僕に何をして欲しいのだ」

ピーター「うせろよ」……ピーターが自分の部屋に入るまで典型的な口論が続く

アンジャ「ピーター、終わったの。分かっているでしょうが。あなたは遅れているのよ。けじめをつける必要があるの」(ピーターが答えなければ状況はどエスカレートしていく)

ピーター「もう、どうでも……また夜後で。外出するよ……帰るから……」

アンジャ「あなたは外出できないの。外出は、あなたにとても良くないこと、あなたは友達によくないことを知っているでしょう」

ピーター「少なくとも、僕には友人がいるよ……じゃあ」彼は外出する。

アンジャ (夫に対して)「私は彼に何もできないの。そして、あなたは助けてくれない。少なくともあなたの支えがほしいのよ」

義父 フットボールゲームを見続ける……妻を心配する……ピーターに怒りの感情を抱く

アンジャ 彼の言葉に傷つき……自分の部屋に行く……テレビを見る……自分の状況を気に病み、不愉快に感じる。

図 4.2—関係性シークエンス/ピーターとアンジャ

とを意味する。目標と望まれる結果は，自然に生じる機会もしくは家族の相互
作用として生じる出来事に対する反応を通じて成し遂げられる。これら相互作
用のなかにいる治療者は，例えば，問題を個人の原因にすること，他の人の動
機を悪意のある意図と見ていくという方法で行われる情報の報告，否定的なや
りとり，話される物語のようなことを探し求めるのである。初期段階の望まれ
る結果は，家族成員間の同盟の増大，否定と非難の相互作用の減少，提示され
ている問題に対する共有された家族への焦点化を含むのである。

　目標を学び，覚えておくことは容易だが，面接室でこれらを適用することは，
まったく別の課題である。家族が非難や否定性を減らそうと援助を求めたり，
問題を家族に焦点を当てたものとして創り上げることを求めたり，ということ
はめったにない。問題は，彼らにもたらす意味合い，つまり，彼らは怒ってい
る，責めている，無口でいる，表面上は無関係でいる，ということを反映して
いるのである。両親は，青少年の薬物使用，暴力的行動，もしくは他の症状に
焦点を当て，一方で青少年は，過度に巻き込まれること，過度にコントロール
されること，もしくは親の理解不足と思われることに焦点を当てるだろう。治
療者が取り組むのは，示された特定の問題に関する内容もしくは診断的な分類
や，これら特定の行動に隠された家族の過程に焦点を当てるよりは，問題行動
の性質に関係なく，同一の関係の過程（例：非難，否定性，家族への焦点化不足など）
を発見することに集中することである。個々の事例において治療者は，これら
の過程を表出した家族特有の方法に関心を向ける。これは，すべての FFT 治
療のセッションにおける積極的関与と動機づけ段階に対する目標の共通性，特
徴的な行動と個々人と家族の関係性の双方を強調するものである。同一の目標
と望まれた結果があり，さらにはそれぞれの家族に個別性と独自性がある。

信頼される援助者になること

　治療に持ち込む専門知識だけでなく，専門知識の持ちこみかたによっても治
療者は家族にとって役に立つことができる。治療者は，家族が信頼できると
思ったときにのみ，役に立つ存在になれるというのは驚くことではない。信頼
性は，治療者の示唆，指示，助言，そして指導が信頼でき，役立つ可能性があ
ると思われることをまさに意味するのである。第３章での考察は，社会的影響
過程の結果として，治療的信頼性の確立に向けて，十分に確立されているモデ
ルに焦点を当てた (Strong, 1988; Strong & Claiborn, 1989)。この考えによれば，治療者
は，活動的で，セッションを方向づけ，陰に陽に現れる重要問題に関心を向け
ることにより，自分自身を信頼できる人として提示するのである。治療者は，

傾聴と指示の双方ができることを示すことで，専門技能を明らかにする。感情の高ぶり，怒り，そして個々の家族成員が持ち込む歴史によって創られた見せかけの障壁を克服することで，治療者は家族に役立つ能力を持っていることを証明する。治療者は，関わり，引きつけ，そして，誠実に対話を担うことで，魅力的になるのである。これら三つの特徴（専門技能，信頼性，魅力）は，家族が感じているニーズ，治療者の影響のもとに何らかの変化がおこらなければならない，というニーズと結合する。それは，治療者が家族になすべきことを述べた結果として生じる影響ではなく，治療者が影響力を持ち，傾聴し，家族を変化させることを許容するような影響のありかたである。FFT の観点から，このタイプの信頼性はセッションのコントロールのためのものではないと自覚しておくことは重要である。そうではなく，治療者はありのままの家族と出会い，彼らが感じる苦闘や表出する感情を受けとめ，同時に家族を新しいところに導くことにおいて信頼に足ることを示すためにあるのである。

敬意と協働の態度を持ちこむ

この段階における最も重要な介入のひとつは，技法ではなく態度である。FFT の態度は，関係性のパターンにおける信念，人々の気高い意図に基づく信念，彼らがどう取り組むのかという好奇心，そして彼らがどのように取り組み，家族がどう構築されるのかを体験することへの寛容さによって表わされる。FFT で成功するために必要な態度は，第 1 章，第 2 章で記述した FFT の中核的原理に基礎を置いている。個々の家族成員のレジリエンスと強さについて，敬意を払う，理解する，信じるといった態度なのである。

この態度は，実際に教えられるものではない。それは，初期の心理療法モデルの多くが「相手の身になりなさい」と呼んだアプローチの裏返しとして，記述されたことに由来する。Greenberg と Safrin (1990) によると，このタイプの共感は，家族に同意するのではなく，あたかも治療者が同じ関係性システムや文脈に組み込まれたかのようにして家族機能を理解することに基づくのである。多くの治療者にとって，家族システムの中へ深く入っていくことは，治療者固有の価値観や信念を伴う苦闘を引き起こすのである。

家族を関与させること

積極的関与は FFT にとって新しい考え方ではない。クライエントの積極的関与は，間接的ではあるが精神保健上のケアに対する多くの伝統的理論のアプローチの一部である。事実，行動の問題がある青少年への伝統的な治療の離脱率は 75 ％ (Kazdin, 2003) であるというエビデンスがそろいつつあり，最近では

多くのアプローチが治療への補助として，極的関与の「装置」もしくは「介入」
を発展させてきた。多くのアプローチは，積極的関与を中核的変化のメカニズ
ムが起こる基盤として考えている。伝統的には，クライエントが話す，身を乗
り出す，興味深そうに見える，問題と感情を共有するのであれば，積極的関与
と見なされる。積極的関与は，クライエントが話をすることと同義であると何
度も気づかされる。これらのアプローチは，クライエントに由来するあらかじ
め定められた一連の行動を治療者に探させたり，求めさせたりするのである。

　FFT の観点から，積極的関与に伴って生じる関係は，その家族や状況次第で
多くの形をとることができる。FFT において，希望とは，家族が彼らの苦闘を
隠さずに共有できることであるが，これが言語化されるか否か，声の大小など
すべては個人および家族の独自のスタイルによって決まる。例えば，青少年と
の作業で，私を見ない，失礼とわかる行動（馬鹿げているという表情をする，小声でつ
ぶやくなど）を見せ，セーターのフードを上げて顔を隠すことは，稀ではない。
それでも，ほめられたやりかたでないにしても，彼らの反応から，彼らなりの
方法で傾聴し，治療者に関わっていることを示しているのである。

　治療者の仕事は，家族成員のそれぞれの苦闘についての話し合いで，支持的
でさらには率直という人間関係の環境を提供することによって，彼らを引き込
むことである。ある両親は，力強く，非難的で，そして即座の変化を要求して
くる方法を示す。治療者は，行動が前進することへの貢献として，形作られ，
理解され得るのだという関係の文脈を提供しなければならないのである。FFT
において，私たちは「互いに知り合えるようにしましょう」とか「私にあなた
自身のことをお話しください」という伝統的な方法で積極的関与を構築するこ
とはめったにない。その代わり，私たちは，目前で報告された行動，これら行
動の背後にある情緒，そして，その両方の基礎を形作る原因帰属と意味につい
て率直に話をするのである。私たちの観点からすると，これら問題について話
をするかどうかではなく，人を引きつける関係上の環境を生み出す問題につい
てどのように話をするかである。このように，積極的関与は，治療者の目的的
な応答の結果として，家族が直面している重要な問題の話し合いから現われて
くる。次の項目で，積極的関与を作り上げる臨床的な「工夫 *how*」に焦点を当
てていく。

否定性と非難の減少，個人の責任の構築

　主な家族内のリスク要因のひとつは，家族が日常生活で直面し，また問題と
して発生する威圧的で，情緒的に否定性を帯びた葛藤である。家族がこの否定

性や非難を FFT の話し合いに持ち込むことは，まったく稀ということはない。各家族成員が，それぞれの問題定義を述べているように感じるのは，よくあることである。否定性には，これら説明を巡る情緒的表出と，家族全体の傾向という両側面がある。非難は，問題を特定の原因に帰属させることである。この本の最初に書いたように，原因の帰属は，世の中を考え，理解し，行動する一般的な方法なのである。非難を減らし，非難をリフレーミングすることによって，家族内のリスクレベルを下げ，同盟を可能にし，より効果的な問題解決が現われることを示す多くの研究がある。

　家族の否定性に関する研究で Nitza (2002) は，他のことは一定に保ちながらも，最も FFT が継続して終局までいきそうな家族は，否定性が最初に明白であり，セッションの中間では高いレベルに上がり，セッションの最後では，最初のポイントを下回ったことを発見した。(治療から) 離脱した家族は，否定性がセッションのスタートで現われ，中間では高いポイントになっていき，しかし，セッションの最後でも下がらず，なおいっそう高くなっていくのである。否定性は，セッションの最初に緊急性があり妥当な議論を持ちこむため重要である。セッションの間，家族は自分たちの否定的感情を表出するが，セッションが終わる前に，否定性が背景に退いてしまうことが重要である。もし，治療者がセッションを通じて，リフレーミング，再方向づけ，割り込みおよび治療過程の指摘，を用いるならば，セッションが終わる前に非難と否定性の減少を見ることが期待できる。

　非難することと個人の責任の間には，重要で逆の関係性もまた存在する。多くの家族成員は，非難し，体験した問題について個人的な責任を取ることは少ない。非難は他者に原因の帰趨を定めるものと考えると，辻褄が合う。もし，あなたがその状況の原因や変化が一部でも自分とかかわりあることを見出せないならば，新しい行動を始めたり維持したりしようとする動機づけがなされる可能性は少ないであろう。この関係性の裏返しとして，個人的責任が上がっていくと，非難は下がっていくということである。FFT における治療者は，非難することなく各個人が問題の一部であることを認める方法で，家族成員に対し，たいていリフレーミングを用いて応答するのである。

バランスのとれた同盟を通じて治療的動機を構築する

　同盟は，すべての治療における重要なメカニズムである。第 3 章で示唆したように，同盟は，目標の同意，これら目標に達するための必要とされる課題，これら課題を成し遂げる方法を巡って構築される。FFT において，治療的動機

づけは，①同盟，②家族に焦点化された問題の定義の共有，③家族が治療者は
何か違うことを提供できる能力がある，手助けとなる，状況を改善してくれる
と認識すること，という三つの異なった変化のメカニズムの結果である。この
同盟を基盤とした動機づけは，改善もしくは継続するために，治療者と各家族
成員との間，そして家族成員同士の間での関係を求めることから生じる関係上
の誘因に基づいている (Sexton & Alexander, 2004)。

FFT では，家族成員が変化に向けたこれまでと異なる行動をとるために力強
い関係上の誘因を提供するため，共に取り組み，理解され，援助されることが
最初期の出会いにおける経験となる。同盟を基盤とした動機づけには，不安に
基づいたアプローチ (fear based approach) がもつ即時的な力はなく，すぐに恩恵を
得られることもないだろう。しかし，家族成員によっていったん確立され，経
験されると，彼らの問題に関する骨の折れる話し合いを通して家族に力を与え
続けるのである。さらに，処罰，約束，報酬といった状況に由来する影響と違っ
て，関係上の，同盟を基盤とした動機づけは，他の行動変容および問題解決の
基礎として役立つのである。忘れてはならない重要なことは，同盟を基盤とし
た動機づけは，単にクライエントが変化を望んでいるからというわけではない
ということ——FFT の早期のセッションにおいて起こったことの結果なのであ
る。このように，同盟とその動機づけの結果は，示されたそれぞれの機会を通
じて早期に取り組まれるのである。次の項では，動機づけを創り上げるための
特定の面接戦略について概要を述べる。

バランスのとれた同盟は，この段階で特に重要な結果である。一見すると，
高い同盟は早期に望まれた介入の目標であるが，すべての人と高い同盟を創設
することは，必ずしも容易ではない。FFT においては，高い同盟が最も効果的
なタイプではないことも興味深い。Robbins ら (2002) は，治療からの早期離脱
における同盟の役割を研究した。その研究者たちは，FFT 事例において，高い
同盟が FFT の成功に関係すると期待したが，それは離脱を予想された家族よ
りも，むしろ同盟の不一致がある家族の方であることを発見した。それは，両
親と青少年が治療者との同盟を同じ程度とおおよそ感じたとき，全体の同盟と
して低い程度であっても離脱の可能性は低かったことを意味する。

事例

最初のセッションの早い段階で，治療者はとても積極的な役割をとった。
彼女は，速やかにピーターと母の間の感情的激化に対し，何を共有するの

か，それぞれが激化したときにどのような役割を担ったのか，将来における変化のためにどのような機会があったのか，といったことに再度焦点化する介入を行った。最初の 20 分は治療者が 70％以上話した。いつもアンジャは，直接的，間接的いずれかの原因帰属を通してピーターを非難したため，治療者はその会話をアンジャの役割に再方向づけした。ピーターが母を非難しているとき，治療者はその進行を食いとめた。毎回治療者は応答し，クライエントの心配を理解することによって同盟を築き，積極的関心を通じてクライエントとの関係を築いた。徐々に否定性と非難は減っていき，それぞれの個人的な責任の話し合いが増えていったのである。彼らは，双方が今までとは違った変化を望んでいる点で，積極的に取り組むべき共有できる面を見出したようだった。

どのようにするか
●積極的関与と動機づけにおける介入

関係のリフレーミング

　リフレーミングは，否定的な要素を帯びた相互作用，痛みを伴う情緒，そして失敗に終わった変化の戦略に対して，認知と知覚の基盤を変化させることにより，家族の積極的関与と動機づけを関係的に高める方法である。初期のコミュニケーション理論 (Watzlawick, Weakland, & Fische, 1974) や戦略派 (Selvini-Palazoli, 1979) によって普及したリフレーミングは，流派を超えて家族療法で用いられている。長年にわたって，リフレーミングは，肯定的含意 (positive connotation)，肯定的意図の発見 (finding positive intent)，解釈 (interpretation) など，さまざまな名前で呼ばれてきた。いずれにしても，リフレーミングは，クライエントが新しい解釈を受け入れるとの見こみの上で，代替可能な参照の枠組みを治療者がクライエントに与える技法にしばしば分類され，否定と非難の感情を減少させるために使われるのである。私たちは，従来のリフレーミングの定義は，問題を抱えた青少年とその家族と取り組むときに生じる力強い関係上のやり取りに対して，問題解決の手助けには十分と思っていない。なぜなら，リフレーミングの伝統的な定義はあまりにも一般的で，個人に対して不十分であり，これまでとは別のものを創っていく治療的パワーに欠けているからである。

FFT におけるリフレーミングは，関係上の，そして治療的な過程である。それは，治療を通じて，治療者とクライエントとの間で進んでいる一連のやりとりを含み，成功すればクライエントに対して，彼らが出来事の原因としてきた意味の再定義を手助けする新たな展望が形成され，否定性は減り，出来事を巡る情緒を再方向づけする。リフレーミングは，将来への新しい可能性を見出すためにクライエント（最初は寡黙，後に饒舌）に挑むのであり，それは個々人が家族の苦闘の責任を共有する形で家族成員と一緒につなぐのである。このリフレーミングの理解は，認知心理学の帰属と情報処理過程の構成（Jones & Nisbett, 1972; Kelley, 1973; Taylor & Fiske, 1978），社会心理学の社会的影響過程（Heppner & Claiborn, 1989），そして，最新のシステミック論（Claiborn & Lichtenberg, 1989）と問題定義の基盤に関する社会的構成主義者の考え（Gargen, 1995; Friedlander & Heatherington, 1998; Sexton & Griffin, 1997）に起源がある。

最初の質問には，リフレームすることが含まれている。FFT における目標は，第２章，３章で記したように，所定の関係もしくは関係一般について，個人が創り上げている仮説，関係がどう機能すべきか個人が抱いている基準，そして，生じた出来事を説明するための原因帰属を変化させることによって，最終的に行動を変化させることである。治療者にとって，これはリフレーミングが特定の出来事（報告された出来事，面接室内での苦闘）と一般的な関係性（他者の動機についての仮説）の両方を標的にしていることを意味している。治療者は，リフレーミング過程に焦点を当てなければならず，それを通して，新しい出来事を個々に取り扱い，循環しているリフレーミング過程のなかにリフレーミングを加えるのである。

関係のリフレーミングの FFT 版（Alexander, Pugh, Parsons, & Seton, 2006; Alexander & Sexton, 2002; Sexton & Alexander, 2004; Sexton, 2009）には，三つの構成要素と段階がある。

◉承認すること
◉再帰属させること
◉リフレーミングを構築するためにリフレーミングの影響を評価し，秩序化のテーマを創設すること

承認

リフレーミングは，治療者が話し手の立場，主張，情緒もしくは第一義的意味を承認することで始まる。承認は，「あなたが怒ったとき」「あなたが大声を

あげたとき」「これが起こったとき」といった出来事を説明する形で生じる。
出来事やクライエントにとっての個人的な重要性，さらに，表出された情緒を
承認することによって，治療者はクライエントを支え，引き込んでいくのであ
る。承認は，治療者が言われたことの理解を示しているのであって，陳述の内
容ではなくその重要性を支えること，クライエントの立場と感情に対する敬意
を示すことである。達成できた承認は，「親はみなこのように思う」といった
広汎な一般化を避ける。その代わり，それは，個人的で，個別的で，そして洞
察力に満ちており，そのためクライエントは治療者がクライエントの観点を理
解しようと一生懸命働いていると信じられるのである。したがって，うまくい
く承認は，治療者に対して，率直に話すことや，家族成員間での困難かつ重要
な問題について快く話すことを求める。もし，率直でも明確でもないならば，
再帰属する余地はないのである。

再帰属

　承認の次に，治療者は，クライエントが提示するものに埋め込まれた原
因帰属の枠組みに狙いを定めた代替テーマを提示するという再帰属の声明
(reattribution statement) を出す（図4.2 を参照）。再帰属の声明は，多様な形式をとる
ことができるが，三つの一般的な可能性が際立っている。つまり，問題行動の
原因について他の説明を申し出る，問題の代替案となる構成を暗示するメタ
ファーを提供する，もしくは，すべてが見かけどおりではないことを示唆する
ためにユーモアを使用する，ということである。クライエントは，代替となる
意味もしくは妥当なテーマを発見しなければならず，それらは自分たちに適合
していると感じるにちがいない。

　意味の変化は，情緒，行動，もしくは他者の意図を無害で有益な原因に向け
て再帰属させるのに役立つ。例えば，治療者は，ある人の怒りを家族の苦闘に
対して個人が感じる苦痛としてリフレームするかもしれない。この再帰属にお
いて，その怒っている人は，苦痛を感じ，家族全体の情緒的なバロメーターの
ように見えるのである。再帰属は，怒りを他者に直接的に向けている何かより
も，怒りを個人の内的な状態として再定義するため役立つのである。このよう
に，怒りに備わっている非難は，傷つき，さらには犠牲として今や再定義され
るのであり，それは怒っている人の行動上の責任を維持する一方で，否定的な
情緒を減少させる。リフレーミングは，また，家族成員を結びつけ，苦闘に対
する共通の家族定義を発達させる（図4.3 参照）。提示された問題に対する共通の

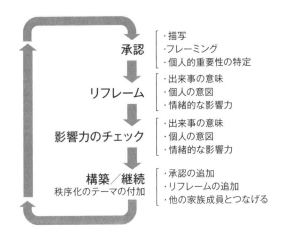

図 4.3—関係のリフレーミング
Sexton & Alexander（2003）から引用

もしくは家族に焦点を当てた定義に到達することは，FFT の初期段階における主眼点である。前述したように，家族は，自分たちが経験する問題に対してより明確な定義を持ってやってくるし，情緒，行動，もしくは認知上のテーマを持ってやってくるのである。しかしながら，はっきりしている事実は，それぞれの説明が個人特有なものということだ。

　リフレーミングが効果的であるとき，リフレーミング過程の最初の一歩で承認された意味を変容させるのである。これは，二つの重要なことを暗示している。まずは，意味づけをうまく変化させるために，承認は，特定のそして明確に識別された行動，出来事，情緒もしくは，家族成員によって表明された意図に対してされなければならない。曖昧もしくは漠然とした承認は，共感のようなもので，再帰属を通じて意味を変化させる機会を提供しない。次に，意味を再帰属させるために治療者は，何らかの対話をつけ加えなければならない。治療者は，言われたことについて思案するのみならず，対話のなかに新しい何かを入れていかなければならない。加えて，何らかの対話は，私たちが主題と呼ぶものに頼ってなされるのである（後節で検討する）。

　リフレーミングがうまくいかないときがある。一般的にこれは，内容の問題もしくはタイミング，リフレーミングの文脈に関係してくる。治療者は，リフレームされた行動の問題を含んだ視点を適切に承認することにしばしば失敗する。それゆえに，軽視したり，見逃したりしているように見えるのである。治

　療者が，行動もしくは出来事に問題があること（他者に対して苦痛である，危険である，など）を最初に承認しないで，リフレーミングで行う再帰属の部分へ直接進むことによって，否定的な面を回避するのは珍しいことではない。もし，家族が治療者は単に好印象を与えるだけで，問題行動が他の家族成員にどのような失望もしくは苦痛を生じさせているのか理解していないと感じるならば，この回避は治療者の信頼を低下させることになる。

　立派だが見当違いの意図を示唆した治療者（「彼は学校に行くつもりはあるのだが，寝過したのだ。疲れたときは，無理のないことだ」）は，まさに問題行動を一般化する，もしくは見逃しているように家族からは見えるだろう。リフレーミングは，問題行動を見逃すとか，それを「普通」とか「偶発的出来事」と説明するものではない。リフレーミングは，責任の概念を含むものである。行動は意図されたものだが，隠された動機は，悪意がある必要はない。治療者が家族のだれかに対して，うかつにも面目をつぶしたり，非難をほのめかしたりすることも起こりうる（「彼は，あなたが仕事に行かないことを望んでいることをわかってもらいたいだけだ」は，暗に両親が仕事に行っていることが問題の「原因」であるとほのめかしている）。リフレーミングをする前に，治療者は治療をすすめるために両親がどのように感じているのかを（罪悪感，防衛などの観点から）アセスメントするべきである。

　リフレーミングは，性急だったり，複雑な行動を簡略化したりすると，うまくいかない。リフレーミングのタイミングに伴う問題は，二つの様式で起こりうる。治療者は，表出されたときには苦痛を伴う情緒を待ったり，受け入れたりするよりも，軽減や援助を提供するために話し手をさえぎることまでして会話に割り込み，リフレーミングを急いでしまうかもしれない。良かれと思ってなされたとしても，そのような性急な介入は，変化を生み出すのに必要な情緒的な力を供給する当の体験を阻害してしまうのである。それは，個人を軽視することであり，積極的に取り組むとか，彼らの体験において，また体験から忘れられている顕著で重要な問題を話し合う機会を家族から奪うことになる。それは，治療の過程を軽視することにもなる。一方，治療者が，すべての人が彼らの情緒を表出するまで待っていると，リフレーミングが遅くなることもある。上述したように，実直で開かれたコミュニケーションは，それが否定性と非難とで構成されているときには必ずしも手助けになるとはかぎらない。治療者がすべての人を傾聴により手助けしようと長時間待ってしまうと，家族成員間で確立された否定的な関係性のパターンが過剰に面接室のなかに供給され，治療者が減じようとした否定性がそれこそ促進されてしまうかもしれない。こ

れも尊重のしそこないの例である。この場合は，家族が変化するための能力を軽視しているのである。このように，タイミングはリフレーミングの重要な構成要素である。中核的な問題連鎖を永続させるのではなく，変化のためのエネルギーを提供するために，体験への十分な関与がなければならないのである。リフレーミングは進行中の文脈上の，そして関係上の過程であり，特定の行動への孤立した言葉ではない。

影響のアセスメントと秩序化のテーマの構築

　リフレーミングは介入して終了ではない。そうではなく，治療者は，(リフレーミングの)「適合状態」をアセスメントしつつ，承認とリフレーミングを続けていくのである。つまり，治療者は，クライエントの応答を傾聴し，変化もしくは別の可能性の考えを次の検証およびリフレーミングする言葉に組み入れていくのである。この方法により，リフレーミングは，治療目標に向けて構築される治療者とクライエントの相互作用の連続的なループになる。それは，出来事の情緒的なまとまり，もしくは一連の行動に対して，相互に合意し，共同して受け入れる，代わりの説明を構成していく過程なのである。これは，治療者とクライエント双方に現実的かつ適正な説明をするのである。時間とともに，リフレーミングの小さな個別的事実は，多くの家族成員，一連の出来事，そして問題についての複雑な代替説明を巻き込んでいくことで連結し，一つのテーマになる。構築された家族に焦点を当てた問題定義は，治療を形作るのに役立つ。家族の問題とこのような秩序化された行動変容の効果を説明する主要なテーマになるからである。すべての家族成員を巻き込むこの再定義の反復する過程を経ることなしに，家族のすべてを行動変容段階にかかわらせることはまず不可能である。

リフレーミング……再び──最終的なリフレーミングの構築

　リフレーミングは，単一の出来事というよりも循環のプロセスであるため，治療者が聞いたリフレーミングに対するクライエントの反応は，次のリフレーミングをより個別に，そして包括的なものにするために，クライエントに何をつけ加え，何をとり除くのかを導いてくれる。寒い地方に住んでいる人々は，雪だるま作りの経験があるだろう。私が思うに，雪だるまは多くの点で同じように見えるが，それぞれ異なり，独自の特徴や容貌を備えている。リフレーミングの成果は，それぞれの家族は似ているが，独自の特徴もまた持っていると

いうようなものである。雪だるまを完成させる過程は，手で雪の球を作ることから始まる。いったん雪をまとめると，球を地面において転がす。転がすごとに球には新しい雪が集まっていく。その過程で，転がす方向性は結果を左右する。太った雪だるまにしたいのであれば，球面を作るために頻繁に方向を変え，雪の球が大きくなるよう転がすことになる。別の形状を作るためには，新しい雪を層にする別の方法で転がすことになる。他の人々は，あなたと交代したり手伝って雪玉を転がすことができる。いずれにしても，毎回雪の球は転がされ，球は新しい雪の層を手に入れるのである。これは，関係のリフレーミング過程のようである。つまり，治療者は，望まれた形状を手に入れるまで，クライエントが述べることを組み込むことによって，絶えず最後の言葉を加えるのである。雪だるまの容貌は，何を作成者が求めるのか，一緒に取り組むのに何が利用できるのかということにある程度依拠している。リフレーミングで構成された過程は，このようなものだ。より少ない非難や否定，そして，すべての人が関わる構成された物語を念頭に置いた一般的な成果が常に存在している。しかしながら，それは，その瞬間に利用できるもの，つまり，家族が面接室に持ち込むものから，特定の特徴や構成要素を取り扱うことでもある。そこでは，個々の要素，重要な特徴，強調された部分が一体となるのである。

割り込み／セッションを構造化するための迂回

何度もリフレーミングすることが不可能な場合は，家族成員間で確立された激化し自滅的になるパターンに割り込んだり，別の方向へ彼らの注意やエネルギーをそらすこと（diverting／迂回）が有効になるだろう。割り込みと迂回では，「あなたが本当に怒っているのがわかります。あなたの怒りの原因と，あなたが何に苦しんでいるのか教えていただけますか？」といった質問か，「何が進んでいるのか知ることは重要ですので，学校での様子を教えてもらえますか？」と単に対話の方向性に再焦点化する方法をとることができる。リフレーミングは必ずしも治療的介入として的確で完璧なものではないが，家族成員間の激化する連鎖に対する割り込みや迂回は室内の緊張を即座に下げる。割り込みと迂回の最も直接的で治療的な構成要素は，否定性と非難のレベルを即座に転換することであり，それはその段階での目標である。

プロセス・コメント

特記すべき迂回と割り込みに関する形式は，プロセス・コメントの作成，室

内での出来事や相互作用についての指摘という形をとっている。この介入は，家族成員間における一般的な関係パターンの特定の部分に少しスポットライトを当てるようなものだ。例えば，治療者は「あなたが学校について話をしようとすると，いつもこんなふうになるのですか？」とか，「何が起こっているかに注目してください。ママがあなたに礼儀正しくしなさいと言うと，あなたはすぐに反応し，会話をママへのものに戻して，それが話し合いをエスカレートさせているのです」と言うだろう。プロセス・コメントが特別に価値を持つのは，そのパターンの腰を折る効果があり，同時に家族に対し，家族間で物事がどのように動いているかの実例を提供することである。これを知っておくことは，FFT のその後の段階で治療者が関係パターンに具体的に社会的技能を付加しようと試みるときに役立つ可能性がある。さらに，プロセス・コメントは，家族成員でのパターンを理解し，それを確かめることに役立つ。

　関係のリフレーミングは押しつけるものではなく，細部と特徴および構成要素について，治療者と家族が示唆する，応答する，つけ加えるといった関係のプロセスを通じて構造化されることを覚えておくのも大切である。これは，治療者がそこにあるものについて，家族へ直に反映するのではなく，話し合いのために何か新しいものを実際につけ加えることを意味する。何かというのは，家族が前もって知っているとか，考えていたことではないことをいう。雪だるまがまさに層を重ねて作られたように，治療においては，直接的，個人的そして特定の家族に焦点を当てることに役立つ，幾層ものリフレーミングがある。

秩序化のテーマ (Organizing Themes) の構築

　積極的関与と動機づけにおけるリフレーミング過程の主な結果のひとつに，私たちが「秩序化のテーマ」と呼ぶものがある。秩序化のテーマは，肯定的な意図によって（まったくの見当違いは除く），彼らが動機づけされることを示唆する方法であり，問題行動のパターンと（もしくは）関係性を描写するのである。テーマは，リフレーミング過程のなかで形成された再帰属を知らせるのに役立つ。テーマに関して明確なリストやテーマを作成するための決まり文句はないが，積極的関与と動機づけ段階の目標を促進し好結果を生むテーマの基準はある。

　FFT の臨床的取り組みにおけるテーマは，家族や家族が抱える問題，また，悪い行動についての非難を伴わない別の説明という彼らの経験の描写になる。示唆された代わりの考え方は，問題になっている人に関して，理解でき，悪意のない側面に向けて話し合われることで，個人もしくは出来事から責任への再

焦点化を行い，その結果，否定的な行動上のやりとりは減少する。テーマは，(同盟に基づく) 治療者と家族によって相互に確立されたとき，そして，テーマが個々人にとって重要であること，否定性を伴わない家族に基づいて描写されたものについての明確な理解が含まれるときにのみ役に立つということを覚えておくのは重要である。

これら基準を満たすテーマは，Alexander, Pugh, Parson, Sexton (2000) によって考案された。

◉傷つきを含意する怒り
◉喪失を含意する怒り
◉情緒的な結びつきを含意する防衛的行動
◉重要性に見合う口やかましさ
◉傾聴を妨げる痛み
◉違いへの恐怖
◉問題の文脈において自己を大丈夫と感じる必要性
◉保護
◉他者への多くの影響力の断念

秩序化のテーマは，個人 (両親と青少年) と家族全体の双方の関心事にあてはまる。この方法において，テーマはより合わされたひものようなものである。つまり，困難な問題の起源にはすべての人が関わっているという説明のなかに，個人の視点を一緒に編みこむのであり，しかもだれも非難しない。秩序化のテーマは，行動変容および将来の一般化段階の基礎として提供される。確認されるべき現実的な課題は，秩序化のテーマが相互に発展すること，そして家族を引き込み，適切で，潜在的に役立つものであること，そして十分支持的であると感じられるほどに個人的であることである。

治療者が秩序化のテーマを考えるために役に立つ方法のひとつは，クライエントが細部に迷いこむよりも，大きな状況を見られるよう手助けすることである。これら細部は，家族を身動きできない状態にし，「そうだ，君だ」「いいえ，私じゃないわよ」という言葉によって表わされる多くの激化するパターンを創ってしまうという特徴がある。テーマという方法で家族を考えることは，広がりをもたせ，家族のマルチ・システミックな全体像を提示する。テーマに関する思考は，すべての人を解決不能な細部から脱却させ，相手を非難しない方

法で個人と家族成員をつなげていくことに役立つのである。

◉事例

　ピーターと母親の間の当初あった高いレベルの否定性と非難には，リフレーミングが特に有効な手段であった。家族と同席しながら，治療者は最初にそれぞれの発言の背後にある特性に焦点を当てた。ピーターが怒ってアンジャを拒絶したとき，治療者は，「これはまさにポイントだね［承認］……これは重要な問題だね［フレーミング］……ここは，あなたがたの間で迷子になっている部分ですね［リフレーミング］」と応答した。アンジャからより強い情緒的な反応を感じた治療者は，これまでと異なる応答をした。つまり，アンジャが家族全体の課題をピーターの問題に帰属させてしまうたびに，治療者はアンジャを見て，「ところで，私は理解できると考えます。これはあなたやあなたのやり方についてではなく，彼の手助けがなかなかうまくいかないことについてです［承認］。……それは，彼を保護することについてです［リフレーミング］」と応じたのである。

　これらのテーマは，ピーターとアンジャの発言に基づいた治療者の推測にすぎないのだが，喪失と保護のテーマがアンジャとピーターを結びつけ，そして，ほぼすべての相互作用で各自が感じていた情緒的な苦闘を克服するのに役立ったように思われた。セッションを通じて，そのテーマは念入りに創り上げられ，より多くの出来事がテーマの下に納まったのである。

　セッションの終わりに近づくと，治療者はアンジャに言った。「要約すると，あなたが言ったことは，けっして彼をコントロールしようというのではなく，もっぱら手助けすることでしたね。ご存じのように，これは重要です。なぜならば，それはあなたが最も大切にしている価値に関することだからです。それでも，明らかにあなたは，自分自身がいら立ってピーターがどこかへ行ってくれるのを待っていることに，すぐに気づくのです。と同時に，どこかでピーターがそれはどかさ乱されているわけでなく，実際には見かけよりも差し迫っていることを，どこかであなたは知っています。彼の怒りにはしばしば傷つきがあり，大きな喪失感，母の喪失感があります。……ご承知のように，今や最も大きな問題はピーターではなく，より神経が図太くなる方法を見出すこと，脱線せずに，緊張が生じた時点でその先を見通すことです」

　そして，ピーターの母に対する強い拒否的反応への応答について，治療者

はピーターに言った。「私は，理解していると思います……たぶん，今私にはよりよい考えが浮かんでいます。私は，あなたがときどきアンジャにするこのタイプの反応に，どう応答するか理解しようとこの時間座っていると言いたいのです。はじめのうちは，私は彼女が正しいだろう，あなたは無礼そのものだと思っていましたが，私はより注意深く耳を傾けてみました。私が実際に聞いたことは，現実的なメッセージとしては聞くにたえない口調でしたが，あなたはアンジャを守ろうとし，同時にあなた自身の生活をコントロールする感覚を維持しようとしているのではと思っています。残念なことに，あなたがとても素早く怒るため，あなたを助けようとする彼女から教えを受ける機会を容易に逃してしまっているのです。……彼女の善意を見出すのはたぶん難しいでしょうけれど……それは，怒りで動いているように見えるのでしょう。あなたは私が意味することを理解できますか？」

　アンジャとピーターが安心を感じられるよう，否定性と非難の相互作用から手を引くことを手助けするために，治療者は集中した傾聴と積極的な関連づけをセッション全体で行ったのである。

積極的関与と動機づけ段階の結果

　家族全員が「問題」に対してこれまでと異なる独自な提案をしており，また進行している情緒的な苦闘を共有していると信じ始めれば，積極的関与と動機づけ段階は成功である。家族は治療者を信じ，治療者が家族独自の立場を理解すると信じ（たとえ家族成員が他の成員の立場を認めないにしても），治療者には手助けする能力があると信じるようになる。各人は何をするにしても，治療者は等しく保護の手を差し伸べ，すべてに役立ってくれることを知るようになる。つまり，治療者は，どちらか一方につくこともなく，個人を変化させることもしないのである。家族成員は，その過程において積極的に取り組むようになり，個人と家族全体それぞれに恩恵をもたらすと信じ，解決は各家族成員に変化を求めると理解するのである。彼らは，解決が可能であり，この解決を探索するなかで新しい行動と手法を試みようと前向きになる。当初のテーマとリフレーミングは秩序化のテーマとなり，新しい結果は，否定性と非難を減少させ，（個人よりも）家族への焦点化に重点を置いた問題定義を共に構築するのである。

　積極的関与と動機づけ段階における FFT の主要な介入は，おそらく読者にとって新しくはない。これらの技法は，家族療法のさまざまなアプローチの一

部である。しかしながら，それらがFFTの要素であると，いくつかの重要な
違いを見せる。例えば，FFTのリフレーミング過程における承認のパートは，
ある出来事に光を当て，それを家族に対する何らか適切なものへ直接的に結び
つけるのであり，それが独自の意義を持っているのである。単にリラベリング
する〔訳注：構造派の用語で，ある症状に対する病理学的なラベル名に対して，ポジティブな意味合いをもつラベル名に張り替えることで症状の改善を図る技法を指す。〕とか，強さに焦点を当てる
ことではない。リフレーミングは問題行動を消失させるのではなく，むしろ，
問題に取り組み，承認し，悪いものとして特定するのである。この特異性が，
FFTにおける関係のリフレーミングに効果をもたらす力を与える。

　同様に，テーマの使用は特別なことではない。FFTにおけるテーマは，最終
的に家族物語のなかに家族成員それぞれからの特異的，重層的，システミック
な物語が一緒により合わせられるのである。これら物語の目標は，解釈するの
ではなく，対話の過程を通じて，異なった見方を相互的に構築することである。

　迂回と割り込みはFFT独自のものではないが，これらの技法はセッション
をコントロールするために用いるものではない。そうではなく現在その場で起
こっている行動の連鎖に再度焦点を当てるために用いるのである。FFTでは，
ある迂回もしくは割り込みには，家族を何か新しいものに向け直すリフレーミ
ングが続く。これら活動のすべてにおいて，目標は直接的，個別的，即時的で
ある。

変化した家族の関係性

　「積極的関与と動機づけ」と名づけられたFFTの初期段階での難問は，その
段階の結果が，実際の変化ではないがまさに始まりであり，今後の土台である
と人々に信じさせることである。事実，積極的関与と動機づけ段階が成功すれ
ば，家族は変化する——とても変化するのである。起こってくる属性面および
情緒面での変化と進展する同盟は，動機づけの感情と同様に行動上の変化を引
き起こす。否定性が減じ，非難がより低くなるとき，家族成員は他の成員に対
して異なった行動を起こす。これら行動上の変化は，治療者によって明確に指
示されたり，示唆されたわけではなく，対話の主要なテーマにさえなっていな
い。たとえそうであっても，家族は，この治療の初期段階の結果として，事態
がよくなっていると報告するのである。積極的関与と動機づけ段階の結果とし
て，家族の変化は力強く有意義であり，家族の文化や家族成員間の相互作用に
大きな影響を与えるのである。このようにして，積極的関与と動機づけは，直
面した問題に家族がどのように，どう向き合い，変化させるのかという点で，

生産的な変化を阻害する家族内リスク要因の多くを減らすのである。

クライエントのさらなる準備

　最終的な結果は，家族にさらなる準備ができることである。経験は，良書を読むがごとしである。良書は前半の章でお膳立てをして，読者を物語に誘いこむが，読者もまた，より強い欲望を引き起こすのである。よい積極的関与と動機づけの後で，家族は生じてくることへの準備ができる。実際，最も成功したFFT の積極的関与と動機づけ段階では，家族は起こったことが彼らの世界観に組み込まれるところまで行きつくのであり，彼らは「OK，もちろん，――それでどうなるの？」という反応をしはじめる。それは，あたかも，家族成員が椅子に座り直し，身を前に乗り出し，次のステップを待ち構えているかのようである。

同盟を基盤とした治療的な関係性

　同盟は，しばしば治療者にとって，はかなく瞬間的なものとして見え，常に配慮が求められる。同盟は絶え間なくモニターする必要があるというのは事実である。同盟が次第に見えなくなったら，セッションにおいて蘇生させることが重要になる。一方，FFT で中心的なものとみなされる同盟を基盤とした関係性が進展すると，それは相当な安定性と恒久性をもってくる。つまりこの段階の真に価値ある結果は，治療者と家族成員双方が，より開かれ，より自由に，そしてより率直であることを許容する強力な土台の形成であることを意味している。治療者はほんの少し大胆になれ，クライエントは自分自身の良き意図を理解する。逆に言えば，家族は治療者が理解してくれないという心配をせずに，思い切って取り組むことができるのである。この恒久的なタイプの同盟は，家族が今後の段階に移行するにつれて決定的に重要になる。なぜなら，この同盟を基盤に，治療者とクライエントの双方が他の問題にも焦点を当てることができるようになるからである。あたかも，同盟はそのまま背後にさらに入り込み，やがてくる作業の土台や背景となるようなものである。この同盟のタイプは他の治療モデルにおいては一般的ではない。しかしFFT においては，アセスメントや介入行動の結果は，目標に到達するとか目標そのものよりも，同盟の設立にあるのである。

◉事例

　FFT の積極的関与と動機づけ段階における 4 セッションの後，アンジャとピーターの苦闘はまだまだ続いたが，彼らは治療者に委ねるだけではなく，彼ら自身で何か新しいことを試みようとした。彼らは，物事がまだうまくいかないときでも，よりよくなる可能性があるという感情を抱いていた。ピーターは，母が母なりの方法で自分を守ろうとしていることを知った。アンジャは，ピーターが自立しようとしていると知った。これらの現実は，以前起こったような，多くを傷つけるとかすべての動きを脱線させるものではない。母と息子は，さらに準備ができ，治療者を仕事ができる人と信頼した。

積極的関与と動機づけ段階の課題

　FFT におけるこの段階を実行するにあたって，治療者には多くの重要な課題があり，とりわけ勇気が必要とされる。積極的関与と動機づけにおける仕事は，治療者に直接的，行動的であることを要求する。ときに治療者は，全体の物語を把握する前に行動する必要がある。この段階で苦しむ治療者は，しばしばおどおどしたり，恐れたりしてしまい，難しい（しばしば扱いにくく態度が悪い）青少年や家族成員に対する，治療者固有の反応に向き合おうとしない。好結果を生む FFT 治療者は，抵抗の別の表現＝症状に直面しても当惑せず，治療の前に家族に症状がなくなること（薬物を乱用しない，互いに憎みあわない，自殺企図をしない，など）を求めたりはしない。その代わり治療者は，家族成員の言葉を，それが伝統的に治療的抵抗と言われる行動パターンであることも含めて受けとめるのである。積極的関与と動機づけ段階におけるモデル，目標そして特定の介入は，治療者が恐れを抱く必要がないよう支えを与えるために意図されている。しかし，成功のために治療者は（家族のなかで繰り広げられる）激しさに加わっていかねばならならず，薬物治療やルールと構造によって，また家族成員が治療者のルールを受け入れないことへの恐れから，その激しさを遮断しないのである。FFT の治療者は，家族成員がしばしば持ち込む激しさや苦痛の表明のすべてから逃げ出さない。その代わり，彼らはこれら困難な課題に向き合うために家族を受け入れ，家族とつながるのである。

　この段階で，最も困難な課題のひとつは，室内で起こっていることを前進に利用することである。伝統的な心理力動的モデルは，解釈のような介入技法を利用できる治療同盟の確立にはかなりの時間を必要としている。このようなア

プローチが示すデータの結果は，FFT が対応するような人々に対しては単純に効果があるとはいえない。さらに，これらの青少年は行動化という高いリスクを伴うので，私たちはこういったタイプの技法を用いるために必要な時間をどうしても持てないのである。伝統的な認知的再帰属の介入（例／不合理な信念への挑戦と論駁）はより迅速なものの，治療への抵抗が発生するリスクがあり，結果として収容が必要になったり，高い離脱率を引き起こしたりする。ある意味では，認知的再帰属の介入は空手のようである。一連の戦略的な動きは相手を圧倒するために設計されており，その成功は，空手の達人が標的である熊にどのような力加減を加えるかによって決まる。より適切なメタファーは柔道であろう。柔道の達人の力は相手から生まれる。接近したとき，柔道の達人は，相手とともに本能的に動き，相手から生じてくる力の勢いや強さを自分に集め，そして力のコースを変える動きで相手を回転させるのである。関係のリフレーミングに関する FFT の方法はこのようであり，クライエントの経験の力を利用することで，臨床的な変化を起こすために必要とされるエネルギーを発生させるのである。成功する FFT の治療者は，悪い行動によって否定的に影響された家族成員の特有な体験を承認し，次には，そのエネルギーを利用して，家族成員が家族の対人相互的関係性のなかで，その行動を，その出来事を，そしてお互いをどのように体験したのかという点で力強い変化を作りだすために，体験の表層下にある隠れた動機に即座に再帰属させるのである。

　ピーターとその家族との対話は，一直線とはいかなかった。ピーターが自分の物語を示し，アンジャはアンジャの物語を示したというわけでもなかった。その代わり，彼らの毎回のディスカッションはほとんど怒りに満ちていた。彼らが話すたびに，その場の空気は情報ではなく怒りに満ちていた。治療者は，これらの表出に承認で応じ，その上でリフレームした——つまり，怒りは家族内の問題への反応として個人が感じる痛みとなった。青少年の反抗は，自立の試みへと，さらに依存的な子を持つ親の重荷を減らし，両親を守ろうとする試みでさえあるとリフレームされたのである。治療者は，今後の行動変容段階では，家族にとって無理のない次の第一歩と思える代替の解決策を作っていくように家族に立ち向かい，彼らの絶望の感情に寄り添うのである。

結論
●初期段階

　今日では，多くの治療モデルがクライエントの積極的な取り組みや動機づけの必要性を認めている。FFT において，私たちは，積極的関与と動機づけはクライエントの特徴ではなく，治療初期段階の目標であると常に信じてきた。また私たちは，これが治療者に多くを求めていることも知っている。しかし，この章で検討したように，治療者が積極的関与と動機づけにアプローチするとき，治療者は治療の初期段階が，決定的で，力強く，重要な治療的変化をそれ自体として発生させることを発見するのである。

　特定の段階の目標をもつことの利益は，セッションの進捗状況の判断も同時にできることであり，それは否定性と非難の減少，家族への焦点化の進展，同盟の確立をアセスメントするために直接観察と家族からの報告の両方を用いることである。これらの変化が生じると，FFT の次の段階への移行を考え，別の目標設定（それは行動変容である）について再び焦点化する方法を家族に対して再設定する時期となる。

5

行動変容段階
社会的，行動的な能力開発を通して
少年と家族の関係性を高める

　FFT の優れた点は，伝統的な家族療法の「関係性に焦点を当てること」と，他の療法の「行動に焦点を当てること」を統合したことである。家族が，家族内外の人たちとの関係を作る能力につながるように，行動を基盤とするスキルを開発することがこれまで FFT の重要な特徴であった。実際，『家族療法ハンドブック』(Gurman & Kniskern, 1981) の第 1 版では，FFT は，家族に対する行動療法アプローチに分類されている。これは，多くの研究によって，スキル開発が治療の成功に結びつき，社会性の高い行動スキルが家族機能にとって重要であることが明らかになったためである。しかし，FFT は，少年やその家族に必要なスキルが何かだけでなく，関係性に焦点を当てながら，実際に変化を起こすためにどうすべきかにまで，考えを進めている点でユニークなものであった。

　FFT モデルの他の部分と同様，行動スキルの開発が果たす役割が進化した。初期の FFT モデルでは，治療には本質的に二つの段階（治療段階と教育段階）があった。治療段階は，現在，「積極的関与・動機づけ段階」と呼ばれているものである。教育段階は，その名のとおり，非行や問題行動の減少につながる代替的な行動スキルをどのように用いるかを家族に教えるというものである。実際，初期の FFT においては，関係形成に優れた治療者が治療段階（積極的関与・動機づけ段階）を担当し，行動のモデルやスキルを教えることに優れた治療者が教育段階を担当するというものもあった。スキルを教えることによって，行動の変容が生じると考えることは，その時代の趨勢であった。Gerald Patterson (1982) の著作や他の研究においては，親教育を治療の中心に置き，少年の行動や精神衛生上の問題を対処するに当たり，養育能力の改善が果たす効果が大きいことが強調されていた。親教育は，家族への働きかけの中心的な手法として重視されるようになり，FFT の初期の発展にも大きな影響を与えた。最初は，

親による子の監視監督といった養育の方法に目が向けられていた。現在に至る多くのモデルと同様，「監督をすること」が重要とされ，「どのように監督するか」は重視されていなかった。しかし，次第に，何をするかではなく，どのようにするかが重要であることが明らかになり，現在では，これこそが，多くの家族がFFTを受けてよかったと感じる点となっている。同様に，FFTでは，面接室において関係機能と相互作用に焦点を当てること（発展しつつあった家族療法の考え）と，具体的な行動スキルを用いることが，少年の問題に対する介入にとって重要であることが明らかになっていた。

　筆者にとってFFTが魅力的だったのは，家族の参加意欲や動機づけに焦点を当てていることであった。私は，リフレーミング，意味づけの変更，同盟の形成といった最初の段階に関心が向いており，家族に対して，コミュニケーション，問題解決，その他社会に役立つスキルを教えることは，単に技術的なことだと考えていた。しかし，実際に家族に対する治療を重ねるにつれ，確かに参加意欲や動機づけを高めることが重要ではあるものの，行動スキルを家族に導入し，実行させ，維持させるということも，単なるスキルではなく，関係性を踏まえた，治療的で，ダイナミックで，面白い分野であることに気づいた。こうしてFFTの行動変容段階の特質は，初期から大きく進化した。単にスキルを教えるということから，臨床的な基礎を持つ家族に対する介入へと変化し，治療のプロセスに統合されていった。

　行動変容段階の主たる目的は，家族の具体的な行動スキルを標的として変化させることである。それによって，コミュニケーション，養育スキル，監督，問題解決などの能力が増大し，家族機能が適切に働くようになる。特定の問題行動につながるリスク要因を見極め，家族に合った方法でその要因を変化させることで，行動も変化する。この段階は，家族や少年を危機に陥れる要因をやわらげるような予防的なスキルを開発することを強調している。この段階が終了するときには，家族の関係を形成する能力，文化，発達に適合した方法で，リスク要因と結びつく活動（例えば，養育，報奨と罰の使用，親子のコミュニケーション，制限と規則についての話し合い，問題解決，葛藤処理）が適切にできるようになっていることが望ましい。例えば，コミュニケーション能力の向上を目的とする場合であっても，その親子の関係機能に適合した方法で取り組まなければならない。

　この章の目的は，家族が機能し，家族関係システムに永続的な変化をもたらすよう，家族の独自性に配慮しながら，どのようなスキルが必要であるかだけでなく，どのようにスキルを実行するかについても示すことにある。実際的な

課題としては，保護要因となるスキルを見出し，家族が直面している問題とこうしたスキルとを結びつけ，家族の現在および過去の経験，構造，文化，人種，宗教に合った形でそれらのスキルを実行する方法を見つけることである。

中間段階における変化の目的
◉家族内の保護要因を作りだすこと

　行動の変容とは，家族が最も差し迫った問題を解決し，現在および将来のリスク要因をやわらげ，家族の保護機能が働くよう，中心となる関係性のスキルを獲得するプロセスである。治療者にとって，FFT の中間段階で問題となるのは次の二つである。それぞれの家族が機能するために必要なスキルはどれかということ，そしてどのようにそのスキルを実行するかということ。治療者の臨床的な課題は，家族が面接室に持ち込んだ行動，感情，問題の内容に応じて，どのように行動するかを決め，同時に，問題となっていることを解決する新たな行動スキル（行動の認知的および情緒的なレベルを含む）を開発することである。この困難な課題を達成するために，治療者は，家族それぞれの関係機能に適合するようにしながら，当面の問題行動に対処し，家族が達成できる目的を設定することが必要となる。

　行動変容段階のプロセスの目的と治療者の技能は，図 5.1 のとおりである。

◉事例

　シモーヌは，14 歳の女子で，父親のバーナードと兄の三人で暮らしている。両親は 7 年以上前に離婚し，その後，父親がシモーヌを育ててきた。父親は，建設作業員であり，仕事が忙しい時期は長時間働くが，仕事がない時期にはまったく収入がなかった。シモーヌは，優秀な生徒で，きちんと登校し，家では家事もこなしていた。シモーヌは，別の女子グループとけんかしたことで，自宅勾留となった。シモーヌの行動が警察沙汰になったのは，これが最初ではない。新学期早々，シモーヌは，学校でばかにされ，いじめられていた。シモーヌによると，それまでいじめっ子のしたいようにさせていたが，ある日，シモーヌはそのいじめっ子をたたき，先生が止めに入るまで何回もたたいた。シモーヌは，少年審判の結果，GPS 装置を取りつけられ，自宅で勾留されることになった。これは，彼女の行動すべてが電子的に監視

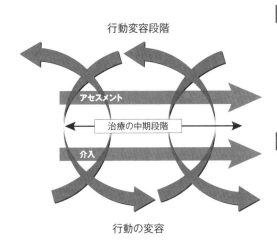

行動変容段階

治療の中期段階

アセスメント

介入

行動の変容

段階に基づいた治療目標

1. 家族に合った行動の能力を開発する
2. 最も関連性があり，獲得可能で，長時間持続する能力を標的にする。
3. 能力を関係機能に適合させる。

治療者の技能

1. 段階に基づいたアセスメント
   ・問題の連鎖に関する追加的な情報
   ・関係機能の測定
   ・一連の標的について優先順位をつける
2. 段階に基づいた介入
   ・リフレーミング
   ・秩序化のテーマの構築
   ・教示, コーチング, 指示, 家族に適したスキルの適用

図 5.1—行動変容段階に応じた治療目的と治療者の技能

されているということであり，もし彼女が自宅を離れれば少年裁判所に報告され，保護観察違反として審判を受けることになる。バーナードによれば，シモーヌが兄に腹をたてるまで，自宅勾留はうまくいっていた。兄とけんかした後，シモーヌは GPS 装置のモニターを切断して家を飛び出し，2 時間戻ってこなかった。シモーヌは，この違反によって 14 日間身柄を拘束された。今は自宅に戻って 2 週間以上が経っている。シモーヌは，現状には問題はないと言っている。父親は，シモーヌは，今回のことで懲りたとして，現状について同じように満足している。

　父親と兄は，行動変容段階に至るまで 6 回 FFT のセッションに参加した。セッションのたびに，家族は新たな心配事（友達からの悪いうわさ，友達との口論など）を持ち出した。治療者は，家族に焦点を当てて，それらに共通する関連性を探しながら，心配事についてリフレーミングした。何回か困難で怒りに満ちた話し合いの後に浮かび上がってきたテーマは，シモーヌがカッとなりやすく自己主張の強い女の子であるということである。シモーヌが熱情的であることは長所ともなるものの，まだ自分の行動の結果をきちんと考える

ことができないことを示していた。これは，シモーヌの父親が，若いころけんかやアルコール使用といった経験から身につけたことでもあった。父親自身のいらつき，自暴自棄，口うるさい態度は，父親が学んだ教訓を娘に教えようとすることの反映であった。テーマが浮かび上がり，リフレーミングを行ったことで，父娘の怒りに満ちたやりとりはかなりの程度減少した。最後のセッションで，シモーヌは，「だんだん，ちょっとたいくつになってきたわ。前はそんなふうには言わなかったわよね？　そう，お父さんは一生懸命やろうとはしてくれている。でも，やり方がわかってなかったの」と述べた。

　行動変容段階におけるシモーヌと家族の主たる目的は，現存する家族内のリスク要因を減少させながら，具体的で関連した保護的な行動をつけ加え，問題のある親子関係のパターン（と認識および感情的な反応）から長期間抜け出させることである。すなわち，FFT の初期の段階の成果を元にしながら，社会性の高い関係を築くスキルを獲得させ，シモーヌと家族が現在機能している方法にそのスキルを適合させることを目指している。これが，シモーヌたちが現在あるいは将来直面する多くの改善困難なリスク要因をやわらげることに役立つだろう。家族が以前の関係性のパターンにはまりこんだとき，新しい行動スキルは，リスク要因や現在の問題の影響をやわらげてくれるだろう。この目的の背景にある変化のメカニズムは，家族のリスク行動が減少すれば，少年の問題行動も，もはや家族関係システムにおいて機能しなくなるということである。家族の保護要因が増加するにつれて，家族はエンパワーされ，将来の困難に対処することができる。治療がうまくいけば，シモーヌと家族は，新たなスキルを用いて，家族関係システム内の否定的な行動につながるリスク要因を置き換えることができる。家族内の強みや保護要因を開発することなしには，積極的関与・動機づけ段階において反抗や非難を減らしたとしても，多くの場合，将来否定的な要因が発生したときに対処することがきわめて難しいであろう。

　この目的を達成するため，シモーヌと家族は，FFT から援助を得て，以前のセッションで達成したことを発展させていく必要があった。治療者の仕事は，家族に新たな行動の方法を見つけ出し，その行動を日常生活へと統合させ，達成可能かつ継続する変化を達成し，より大きな課題に対処できるよう援助することであった。

新たなふるまい方を見つけ出すこと

治療者にとって小さいが達成可能な変化を見つけ出すのは簡単かもしれないが, 家族にとっては難しいことが多い。リフレーミング, 関係性への焦点化, 積極的関与・動機づけ段階で形成された同盟によって, 互いに非難や否定的な反応が減り, 人間関係が強まっていたとしても, 家族が実際に変化を見つけ出し実行することには重大な困難を感じているものである。FFT の治療者は, 家族それぞれにとっての困難の中身に耳を傾け, それを家族関係のプロセスにおけるリスク要因と保護要因との衝突という点から考えていかなければならない。

シモーヌと父親にとっては, これまでしてこなかった行動を始めるということを意味している。これは, 効果的なコミュニケーションや問題解決の向上につながる, 小さな変化かもしれない。しかし, 既に機能していることや関係性の中心となる構造を根本的に作り直すことは必要ではない。代わりに, 問題の連鎖を変化させる新たなスキルを身につければよいのである。

新たな行動を日常生活へと統合すること

シモーヌと家族にとって, 家族が機能している中心的なパターンは大きく変化しそうもない。シモーヌらの課題は, 家族に適合しながらも, 現在の関係性のパターンとは両立しない方法で, スキルを身につけることである。父親は, シモーヌの行動を監督する方法, しかも同時に家族が機能していく方法を見つけ出す必要がある。現在, 父娘の関係には, 高い葛藤, 基本的なコミュニケーションスキルの未熟さ, 交渉下手で問題を解決できないといった特徴がある。まさに, 日常的な言い争いに対処するために必要な, コミュニケーション, 問題解決, 養育 (監督を含む), 葛藤解決の分野における対人関係スキルを欠いていた。

ここに大きな問題がある。シモーヌと家族にとって必要であり, かつ発達上適切で, 文脈や家族の能力を考えて可能なものは何か？ 行動変容段階において保護要因として用いることができる行動は, コミュニケーション, 問題解決／交渉, 葛藤管理, そして養育の四つである。これらはよく知られており明快なものであるが, 成功のカギとなるのは, 関係性の文脈のなかでこれらを適用することである。FFT アプローチは, 行動スキルを独立したバラバラのものとはみなさない。これらは, それぞれ具体的な小さな行動であるが, より大きな関係性のパターンの一部でもあるということである (3章を参照)。例えば, コ

ミュニケーションは，問題解決の一部である。ある話題になると感情的になってしまう家族では，交渉は，葛藤管理に向けたものが多くなるだろう。

　FFT において行動を変容させることは，教えたり，伝えたり，宿題を出す以上のものである。統合的な形で，具体的な標的を理解させ，実行させなければならない。

達成可能かつ継続する変化を達成すること

　シモーヌと家族にとって必要なのは，自分たちの価値観や文脈に適合し，成功する機会があることである。FFT のユニークな特徴は，治療者が，経験的な裏づけがある変化の標的に対処する方法を見つけ出すことが，同時に，その変化が，家族にとって意味あるものになるということである。FFT の中心原理は，小さく，達成可能であるけれど，重要で，家族に継続的な影響を与えるような，行動変容に焦点を当てることである。目指すべき結果とそのための標的は，家族の価値観，能力，やり方に沿ったものでなければならず，誰かの考えを押しつけたり，家族の人格を変えようとするものであってはならない。

　家族のプロセス（感情的に批判するのではなく，肯定的な面を見ていくこと）のなかの小さな行動変容に見えるものこそが，長く継続するのである。なぜなら，それが関係性の保護要因を増大させ，重大なリスク要因を減少させるからである。こうした方法で変化が達成できれば，問題となっていることにすぐに効果が生じ，家族はエンパワーされ，将来の状況に応じて変化し続けることができるようになる。こうして，初めは小さな変化であっても，時間が経つにつれ，家族の機能のなかの重大で継続した変化となり，例えば，薬物使用や家庭内暴力の終結といった行動の変容へと反映される。

より大きな問題に対処する。

　治療者は，次の二つの大きな課題について家族を援助しなければならない。まず，差し迫った当面の課題に対処することである。これは治療に紹介された理由かもしれないし，解決を妨げている問題の連鎖のうちの一部かもしれない。次の課題はより長期的なものである。すなわち，間接的なリスク要因と保護要因に対処することと，間接的で文脈上の特徴にすぎないものと少年の具体的な行動との結びつきを示していくことである。社会経済的な状況や親の問題（犯罪行動，アルコールや薬物の問題など）といったリスク要因は，家族の日常的な機能に与える影響という意味では重要であるが，間接的なものである。家族療

法のアプローチは, 家族の相互作用を扱いながら, こうした要因を変化させたり, やわらげたりできるという意味でとても価値があるものである (Sampson & Laub, 1993)。加えて, リスク要因と保護要因に関する文献は, 行動変容段階の具体的な標的を見つけ出すための基本となる。以前の積極的関与・動機づけ段階では, 家族内のリスクの減少を標的としたが, この段階では, 家族内の保護要因を作りだすことを目的にしている。

こうした知見によって, 少年の問題行動に対する治療的なアプローチは, 親の監視監督, すなわち, 親子のコミュニケーション, 問題解決, 交渉 (一貫して発達上適切な結果を与え続けること), 葛藤を減少させる方法を系統的に標的にすべきことが示されている。実際, 家族内の要因を改善させるために, ある行動スキルを身につけると, 交友関係, 学校, 地域社会のリスク要因からも少年を保護することにつながることが明らかになっている。また, こうした知見は, 何を行うかだけでなく, どのように行うかが同じように大切であることも示している。すなわち, どのようにして親が子を監督するかや, 親子の関係性の文脈において, どのように行動を管理するかということこそが重要なのである。これらが, FFT の行動変容の標的となる。FFT は, こうしたリスク要因と保護要因を用いて家族が機能しているパターンに介入するアプローチであり, 「何を」「どのように行うのか」を明らかにするものである。

行動変容段階における
アセスメントと介入の統合

FFT のユニークな点は, 家族が, より効果的な行動スキルを, 変化のメカニズムとして用いることができるよう援助するところである。FFT は関係的なアプローチであり, 中心的な特徴は, 親子の関わりのパターンに焦点を当てることである。他のアプローチと異なり, FFT は, スキルのそれぞれについて, 行動の両面, すなわち, 新たな行動に向けて試みることと, そうしたスキルを身につけたときの反応の双方を含むものと考える。こうした一つ一つの相互作用は, 個人の対人関係の結果というだけでなく, 家族間のより広い関係性のパターンの一部でもある。例えば, コミュニケーションは, 一方が明快なメッセージを発するだけでなく, 他方が積極的に反応することも要求される。問題解決は, 双方の当事者が関わり合い, 参加して初めて機能する。葛藤解決は,

一方当事者が行って，他方が適切に反応したときにうまくいく。このように，プロセスで最も基本となるのは，関係上のまとまりということができる。治療を成功させるためには，すべての当事者はスキルを獲得するために同盟を形成しなければならない。したがって，この段階でも，FFT は，行動に焦点を当てているものの，マルチシステミックな視点を持ち，関係性を重視し，変化のメカニズムとしての同盟に焦点を当てているのである。

何に注目するか──臨床的アセスメント

行動変容段階におけるアセスメントの究極の目的は次のとおりである。

◉変化の目的を同定する (リスク要因および保護要因)
◉変化の障壁を同定する
◉行動変容戦略を実行するための個別的で適切な方法を決定する
◉問題行動の関係機能と適合する，行動変容の介入方法を決定する

　こうした目的を達成するために，治療者は，望ましい変化のための標的とスキルを同定しなければならない。すなわち，スキルを，いつ，どこで，どのように使うか，そして，家族の行動の連鎖において，この行動がどのように機能しているかを理解しなければならない。こうした要素のアセスメントは，治療者が家族と関わっている間中，続けられるべきである。なぜなら，治療者は，どのような保護が必要であり，問題の連鎖のうちのどこに介入すべきかを，考えておくべきだからである。しかし，初期段階と同様，治療者は，アセスメントを継続的に行いながら，家族にモデルを示したり，家族の能力を開発する援助を行う。しかし，実際の臨床では，もっと考えるべきことがある。例えば，関連するリスク要因および保護要因，具体的な問題の連鎖，関係機能，家族独自の構造と機能である。これらの特徴は，行動変容を成功させる文脈となるのである。

関連性のある，特定されたリスク要因および保護要因を同定する

　リスク要因および保護要因のアセスメントは，主として，臨床的な観察を通じて行われる。これらは，家族が現在の問題を解決し，将来問題が起きたときに，効果的に機能するための予防的なスキルである。しかし，家族はそれぞれ違っており，すべての家族がすべての保護要因を有しておく必要はない。臨床においては，リスク要因と保護要因がはっきりと特定され，それらが現在の状

況，文脈，家族の機能と関連していることが明確であるときのみ有益である。例えば，シモーヌの家族では，親による監督が特に必要なスキルである。一方，他の家族にとっては，問題解決やコミュニケーションスキルの方が，優先順位が高く，直面している課題の解決との関連性が強い場合がある。監督とコミュニケーションの変化の双方を強調することが最も役立つこともあろう。例えば，シモーヌの父親にとっては，監督の課題は，わき道にそれないように話し合いながら，一般的な方法で達成することができるが，別の家族では，例えば，子どもとの約束ごとや，約束を守ったり破ったりしたときにどうするかを紙に書くといった，もっと具体的で，詳細なものにする必要がある場合もある。こうして，治療者は，一般的なもの（コミュニケーションスキルや親による監督）にとどまらず，まさにそれぞれの家族にとって必要なスキルを具体化し，正確に記述していく必要がある。問題の連鎖を理解することは，どの予防的なスキルと関連性があるかと，そのスキルのどんな特色が最も役立つのかの双方を同定することに役立つであろう。これは，FFT のユニークな特徴の一つであり，家族の特定されたスキルは何かを見出すとともに，家族が継続的に変化し，将来にも適合するために，そのスキルをどのように行うかに焦点を当てるということである。

　多くの共通したリスク要因と保護要因がある。親のしつけ，監督，そしてアタッチメントが，問題行動を主に緩和するといわれている (Sampson & Laub, 1993)。家族関係のパターンにおいては，親の拒否，無関心，敵意，厳しすぎる罰，気分次第で罰を与えること，効果のない監督が，その後の子どもの非行行動に結びつく主なリスク要因である。その後のリスク要因の研究 (Kazdin, 2001; Kumpfer, 1999; Patterson & Stouthamer-Loeber, 1984) でも，少年の行動障害は，厳しすぎる罰，一貫性のない罰，監督や監視をきちんとしていないこと，親が子どもを受け入れていないこと，親子のコミュニケーションがうまくとれていないことが直接的に結びついていることが示されている。Patterson らは，親の監視がうまくいかないと，非行行動は 2 倍に増大することを明らかにした (Patterson & Stouthamer-Loeber, 1984)。さらに，コミュニケーションと問題解決スキルを増加させると，少年犯罪の数が減ることが示されている (Klein et al., 1997; Clark & Shields, 1997)。これらの特徴は，年齢や文化に関係なく見出されている (Griffin, Botvin, Scheier, Diaz & Miller, 2000)。Mulford と Redding (2008) も，養育が，非行少年の問題行動における重大な課題であることを指摘している。これらは，一貫しない養育があると，子どもの社会性や認知力が欠如する結果，問題行動の発生につながるといった，Dodge et al. (2008) の研究結果によっても支持されている。また，

おそらくこの分野における最も完成された研究において，Dishion らは，親が，子どもがどこにおり，普段いつ何をしているかを監督していないことや，子どもの学校生活に関わっていないことが，少年の反社会的行動に結びつくことを示している（Dishion & McMahon, 1998）。

問題の連鎖のさらなるアセスメント

問題の連鎖とその役割を理解することが重要である。既に見てきたように，問題の連鎖とは，治療に紹介されることになった問題の周辺にある関係性のパターンということができ，現在の問題に至るまで，そしてその後に続く家族の行動すべてを含むものである。FFT は，この問題の連鎖こそが，問題を減少させるための，最も基本的なものであることを示している。

別の例として，あなたの知っているカップルのことを思い出してほしい。彼らが口論するとき，パターン化された行動があることに気づくだろう。一方が話をしたのに対して，他方が攻撃をしたり，一方が会話を支配したときに他方は引っ込んでしまったりする。口論の中身――子どものこと，パートナーの長時間勤務，家計の問題――と関係なく，口論における関係性を観察すると，繰り返されるパターンに気づく。外在化型の行動障害を持つ少年の家族についても同じである。問題の内容は，門限，交友関係，規則に従うこと，尊敬を示すことといったようにさまざまであるが，家族は，そうした問題のいずれが生じた場合でも，まったく同じパターンに従う。こうした認識は，家族システム理論の基本であるが，行動変容段階におけるアセスメントの中心に問題の連鎖を置くことにつながるであろう。

連鎖を注意深く調べると，治療的に重要な二つの要素が明らかになる。一つは，具体的な治療の標的（変化するのに必要なこと）であり，もう一つは，その標的が家族の現在の機能において果たしている役割である。この章のいずれの例においても，問題の連鎖を理解することによって，治療者は，具体的で正確な方法で，いつどこに介入すればよいかを考えることができるようになる。ある家族では，コミュニケーションの練習を通して，早く介入することで，問題の連鎖のエスカレートを止めることが最適であろうし，他の事例では，そうした連鎖が生じて，何か違うことをする必要があると強く感じた後に，遅めに介入することが最も効果的な場合もあろう。治療者が具体的な行動の標的とその標的の位置を見つけ出した後は，問題は，積極的関与・動機づけ段階において形成した行動スキルを元にして，この連鎖にどのように介入するかということになる。どの時点で，どのスキルを使うことがこの連鎖に最もよく適合するかに

ついて臨床的に判断するのは治療者である。問題の連鎖は，いつ，どこで，どのような行動を変容させるかを具体化するための道具にすぎない。

　関係機能のアセスメント

　家族の関係機能を確認することは，治療者にとって，関係性の戦略を決定することに役立つ。その戦略を通して，行動変容段階において，標的としたリスク要因をどのように変化させるかを決定していく。関係機能の理論面は，第3章で論じた。臨床的には，「XとYの，典型的な関係性のパターンの特徴は何か」が主たる問題となる。FFTでは，関係機能が推進力であり，動機づけを高めるエネルギーであり，行動パターンの望ましい結果である。問題の連鎖を確認することは，関係機能を見えやすくする。関係機能は，時間の経過や状況の変化に左右されない関係性の状態だということができる。FFTにとっては，関係機能とは，家族が新しいスキルを取り入れて問題行動を改善するのに役立つよう，測定でき適合させることができる安定した状態である。

◉事例

　最初の6セッションを通して，問題解決と交渉という二つの保護的な行動スキルを用いることが，シモーヌの怒りというとても大きな課題の解決に向けて，シモーヌとバーナードが協力することに効果があることが明らかになった。問題解決と葛藤管理は，二人の間の怒りを徐々に小さくすることに役立つだろう。なぜなら，さまざまな問題解決方法を探すことによって怒りを防ぐことができるからである。同時に，治療者が初期のセッションで作り上げた秩序化のテーマが，生じている無数の状況について，治療者と家族にとって新たな，一貫した説明となる。秩序化のテーマは，その瞬間の小さなリフレーミングを用いて非難や否定的な反応を減らし，家族に焦点を当てて問題を理解し，より大きな反応へと結びつけることに役立った。治療を進めるために，治療者は，最後のセッションで，家族が直面している困難な状況について話し合った。最初のうちは，ありふれた単純な要求や問題でも，バーナードとシモーヌの行動パターンによって怒りへとエスカレートしてしまっていた。そこで，彼らがそれぞれの目的を果たすためには，問題解決と交渉というこれまでと違った方法を身につける必要があると確認できた。

　関係性への依存というのは，強い感情にさらされることが関係性を維持するために必要だという，特徴的なパターンのことである。問題の連鎖を元に，治療者は，シモーヌが，父親との間で関係性への依存の状態（図2.4の4と5に

示されている）にあると考えるようになった。シモーヌとバーナードの間の典型的なパターンは，シモーヌの立場からは，互いに結びついているという感覚，心理的な強烈さ，頻繁な接触への強い要求によって特徴づけられていた。一方，バーナードの立場からは，そのパターンは，**関係性からの独立**，すなわち，個人の自立，心理的な距離（図2.4の1と2に示されている），交流を続けたいと思っていないことによって特徴づけられていた。治療者は，バーナードがシモーヌに対して一段上の関係を取っていると考えた。すなわち，バーナードは，シモーヌとの関係において，彼女にきわめて大きな影響を与えているという感覚を経験していると考えた。

この事例においては，バーナードが独立しているという感覚を持ちつつ，一方，シモーヌは互いにつながっているという感覚を持ち続けられる方法で，彼らの間の問題を解決することが目的となる。行動変容の介入を始めるにつれて，治療者は，簡潔かつ頻繁に問題解決を行い，バーナード（簡潔な話し合い）とシモーヌ（頻繁な話し合い）の双方に関係機能が適合するようにした。彼女は，感情についてではなく，事実について問題解決をするようになった。

何をすべきか──保護的な行動スキルを開発するための介入

この段階における治療を「実行する」部分は，以前の積極的関与・動機づけ段階の介入部分と大きく違っているわけではない。面接室のなかで起こる出来事についての変化に焦点を当てるということである。その前の段階では，家族が面接室に持ち込んだ問題に対して意図的にリフレーミングすることによって問題に新たな定義を与え，拒否や非難を減らし，家族が解決策を求めて来たとしても，治療者は，同盟の形成に注意を向けさせてきた。しかし，行動変容段階では，治療者は，家族から出来事や課題を引き出し，それを行動変容へと焦点づける。その前の段階と同じように，治療者は，家族に合った方法でリスク要因をやわらげる能力の開発に話題を向けて，家族の課題にシステミックに反応する。家族関係における変化の標的を定め，問題が家族のなかでどう機能しているかについて徹底的に理解することから，行動変容段階が始まる。治療者は，標的としたリスク行動の変化へと話題を再度向けると，家族は，既に達成したことに目が向くようになる。以前の段階で作りだされた希望と関わりが動機づけを高め，家族に焦点を当てて問題を定義することによって，家族が，行動変容の介入を理解して実行しやすくするのである。

FFTの治療者は，以前の積極的関与・動機づけ段階と同様に，行動変容段階

でも積極的に行動する。しかしながら，治療者の行動の焦点は，行動変容段階の目的を達成することへと変化する。治療を進めるために，治療者は関係性を明確にアセスメントし，現存するリスク要因と保護要因を評価しなければならない。これらのアセスメントを元に，個人の変化に向けた計画を作るが，それは，明確な標的と，それらを達成するための関係性の戦略——いずれも家族独自の関係性のシステムに適合していなければならない——を含んでいる。積極的関与・動機づけ段階で形成された秩序化のテーマは，変化に向けた計画の理論的根拠となる（すなわち，それは論理的に関連すべきである）。治療者は，次の三つの重要な質問に答える必要がある。

●最も治療的な行動変容の標的は何か。すなわち，どの行動の変容が，リスクを減少させ，家族内の保護要因を作りだすことにつながるか。
●家族に適合する方法を用いて，どのように行動変容の介入をすることができるか。
●治療者は，彼らの関係性のパターン，歴史，情緒的な強烈さによる押し戻しが強く働いたときに，新たな行動に向けて家族をどのように援助することができるか。言いかえれば，治療者は，積極的関与・動機づけ段階において現存する問題を枠づけた方法を前提にして，行動変容の標的をどのように配置するかということである。

この段階の介入の標的には二つのタイプがある。例えば，コミュニケーション，養育，問題解決といった，問題行動のある少年や家族に共通するリスク要因を減らし，保護要因を増すことと，問題の連鎖にとって重要な部分において具体的な行動の変化を生み出すことである。これらのスキルは，チェックリストとしてではなく，家族独自の関係性の構造に影響を及ぼす能力の一群として実行される。

行動の変容は，セッション中でも，もしくは，次のセッションまでの宿題としても起こりうる。セッション中に，治療者は，コミュニケーションを標的にするかもしれない。家族が，出来事や課題を話し始めたとき，治療者は，その話し合いをコミュニケーションの増大に焦点化する。治療者は，家族に対して，セッション外でもそれらを実行するように勧めながら，セッション中，これらの新しいスキルを指導し，実行させる。治療者は，宿題の目的をはっきりと家族に伝えるとともに，家族は宿題をやり遂げることができると注意深く保証す

べきである。

介入の標的——養育スキル

養育は，一連の具体的な行動スキル（家族内の保護要因となるスキル）を元にして いる。これらのスキルは，その家族に共通するリスクのあるパターンを変化さ せることによって，積極的関与・動機づけ段階における変化を補充する。行動 変容の標的は，問題行動のある家族や少年，そして，そのリスク要因を研究し た最近の文献に基づいている。FFT の行動変容の目的は特異なものでなく，他 の多くの治療モデルと共通している。しかし，FFT はこれらのスキルについて 違ったアプローチをとる。これらのスキルは，親子の話し合いの結果と見られ ているが，治療者が親の養育行動を変化させて少年の行動に影響を与えたり， 家族システムの構造を変化させて個人の行動を変化させることを通じて達成す ることができる。行動の変容は，治療者に多大な創造性を要求する。なぜなら， 一般的な原則に沿いながらも，それぞれの家族に適合させる必要があるからで ある。

親は，教師であり，風紀係であり，家の管理者であるが，これらは，リスク 要因としても保護要因としても作用し，少年が外在化型の行動障害となる可能 性を増大させたり，減少させたりする。従来，養育行動の改善が，家族の治療 の主たる焦点となってきた。発達の研究は，養育スタイル（支持的で刺激的な関心 を与えるようなもの対権威主義的なもの）の重要さを示しており，それと学業成績や社 会適応とを結びつけてきた（Baumrind, 1967; Maccoby & Martin, 1983）。明確な基準，一 貫した規則の適用，子どもの行動の監督がある場合，少年の情緒的，行動的な 問題の減少を高い確率で予測できるとされてきた（Block, Block & Keyes, 1988; Loeber & Stouthamer-Lober, 1986; Patterson, 1982）。年少の子どもには親教育が最も効果的かも しれないが，少年や非行少年の親訓練プログラムの効果を支持する証拠ははる かに少ない。その代わりに，家族関係の連鎖のなかで実行される養育戦略は， 非行少年の問題行動に対処する上で，最も有望な方法のように見える。少年， 特に問題行動のある少年に対する効果的な養育は，親子が協力することを求め られる複雑なプロセスである。養育に対する他のアプローチと同様に，FFT は， 次の三つの分野に焦点を当てる。

◉明確な期待と規則
◉積極的な監視監督
◉子どもの行動に対して一貫して結果を与え続けること

明確な期待と規則

　期待と規則を作り上げて維持し，それらについてコミュニケーションを取ることは，親や子にとって最も困難な課題の一つである。どうしても親と子とでは，規則を作るときの考えが異なる。明確で具体的な，双方が合意できる，発達的に適切な行動の期待を見つけて，その期待を，はっきりと直接に伝えることが目標である。これは，次の問題解決とコミュニケーションの原則が用いられたときに，最もうまくいく。セッション中，規則に関して合意したとき，治療者は後で混乱が生じないよう，文書化したいとさえ思うだろう。契約とは，合意された規則，期待，そして明確な結果に従うことと引き換えに，他の家族成員に求めることを明確にすることでもある。契約は，その相互性ゆえに子どもにとって特に重要である。なぜなら，それが親と子どもとを結びつけるからである。契約するには，システムに参加している人すべてが関与しなければならないことから，これは FFT においても有用である。FFT のセッションの最初に，治療者が導入する形で契約をさせるべきである。最初は，できるだけ肯定的で成功できるようにすべきである。

積極的な監視監督

　親の監督は，広い意味では，幼少期から青年期に至るまで関係するスキルである。発達段階ごとに監督する具体的な方法と焦点は違ってくるが，これらの行動の機能は，本質的には同じである。親が子どもの行動を把握するように促し，親が子どもの行動に関心を持って把握していることを子どもに伝えることである。監督することは，10 代の生活に関わることを意味する。それは，関心を向け，積極的に聴取することを含む。親は，子どもの一日の話を聞くことによって，子どもに何が起きているのかを心から心配していることを示すことができる。親が注意を向けるのに，1 日当たり 15 分もかからないだろう。どの授業が好きか。友達とうまくやっているのか。何か問題はないか。

　監督は，子どもがどこにいて，友達は誰で，求められている課題をどの程度達成しているのかを積極的に知ろうとしているという意味で，監視と似ている。

　積極的な監視と監督は，多くの場合，次の四つの質問に答えることである。自分の子どもは誰といるのか。どこにいるのか。何をしているのか。いつ家に帰ってくるのか。

子どもの行動に対して一貫して結果を与え続けること

　発達的に適切な結果を一貫して与えることは，とても重要な養育の道具である。実際，多くの親が，結果を与える上で新しい方法が欲しいと言って治療に

来る。残念なことに，多くの場合，彼らが本当に欲しがっているのは，子ども
を従わせる大きなハンマーである。多くの治療モデルと多くの親は，結果を通
して親による子のコントロールを実現しようとしているが，青少年相手にはそ
れは見かけよりはるかに難しい。究極的にいえば，親は子どもをコントロール
できない。子どもが行動を選べるということは，否定的な結果の程度に関わら
ず，子どもは規則や結果を無視する力を持っているということである。このよ
うに，結果を用いることには配慮が必要であり，同盟を元とすることが求めら
れる。ほとんどの場合，結果をどうするかよりも，それをうまく使うにはどう
したらよいかが重要である。どんな結果でも，簡潔に怒りなく行い，問題と
なっている行動と結びつける必要がある。

介入の標的——コミュニケーションの改善

ほとんどの治療的アプローチは，コミュニケーションのありようを見極めて
拡大することを重視している。FFT の行動変容段階における目標は，家族が効
果的にコミュニケーションをするために，コミュニケーションパターンのう
ち修正したり開発したりできる部分を見出すことである。FFT では，コミュニ
ケーションスキルが，主たる行動変容の標的になることはほとんどない。「コ
ミュニケーション」という考えは，親子の関係機能，特に FFT の対象となる
少年にとって改善の標的にするには具体的でも正確でもない。コミュニケー
ションスキルは，最後の結果ではなく，目的に対する手段というべきである。
養育，問題解決，葛藤管理は，すべてコミュニケーションスキルの向上によっ
て改善される。

効果的なコミュニケーションを行うためには，多くの FFT の中心原理を基
礎とし（Alexander, Pugh, Parsons, & Sexton, 2000; Sexton & Alexander, 2004; Sexton, 2009），さま
ざまな具体的なスキルを学習することが必要である。

◉**情報の送り手の責任**が，要求や発言をしたことに対する個人の責任感を育
てるために重要である。コミュニケーションを個人の視点で考えることに
よって，非難や防衛的な反応が減り，家族は，自分の言葉に責任をもつよ
う勇気づけられる。伝統的な「私メッセージ」は，情報の送り手としての
責任を表すために有益かもしれないが，必ずしも使う必要はない。代わり
に，そうしたコミュニケーション，依頼，発言を行っているのは自分自身
であり，それゆえ，「この家では……」，「子どもは……すべきでない」，「こ

の家の親がジャックの親みたいだったらいいのに」といった発言を避ける
のが当然になるような関わり方を発見する必要があるのである。

●**直接性**は，コミュニケーションの受け手を明示し，第三者的なコメントや，
皮肉，役に立たない一般化を避けることという点で，情報の送り手の責任
としても重要である。目的は，「ここにいる誰も……」とか「彼はいつも
……しないから」といった発言を減らすことである。

●**簡潔性**とは，メッセージが適切に理解され，それに従って行動できるよう
にする上で重要である。受け手に過剰な情報を与えて負担をかけすぎない
ようにし，メッセージのポイントをわかりやすく伝えるために，コミュニ
ケーションは簡潔にする必要がある。メッセージを具体的で効果的に伝え
られるよう，できるだけ短い言葉を使う必要がある。

●**具体性と特定性**は，家族の話し合いにおいて特に重要である。目的とする
ところは，「正しいことをしなさい」といったおおざっぱな表現ではなく，
わかりやすく，それを元に行動し，測定ができるような具体的な表現に言
いかえることである。治療者は，家族の感情や要求を，話し合ったり，契
約したり，代替案を提示できるような，より具体的な依頼へと家族が言い
換えることを援助することによって，具体性のトレーニングを行う。

●**一致した表現**も，抵抗を減少させ，メッセージについての混乱を取り除く
上で重要である。しばしば感情がひどく高ぶっていたり，家族の争いの長
い歴史があると，単純なコミュニケーションに雑多な言語的，非言語的な
メッセージを含めたり，あるいは，含んでいるように見えてしまうことが
ある。一致した表現をトレーニングする目的は，メッセージ間の矛盾を減
らすことによって，依頼に関する混乱や誤解，不適切な反応を減少させる
ことである。

●**傾聴**は，すべてのコミュニケーションにとって重要である。発言や依頼を
傾聴することによって，受け手が参加し協力していることを表すことがで
きる。傾聴もその家族に合った形を取る必要がある。「私はあなたが……
とおっしゃるのを聞きました」といったよくある言い方を用いなくてもよ
い。例えば，ぶつぶつ言うような形であったとしても，あるいは，アイコ
ンタクトや，言い換えがないとしても，メッセージが伝わったことを示し
ているのであれば，傾聴といえる。

よく知られているものであっても，コミュニケーションの典型的なトレーニ

ング法や教授法は，行動変容の主たる手段ではない。上手なコミュニケーショ
ンの原則は，子の発達に適した養育や問題解決の核となるスキルをよりうまく
使えるようにするためのものである。問題解決，交渉，葛藤管理に限らず，家
族のすべての行動にとって，コミュニケーションが核となっているからである。

介入の標的──問題解決

　問題解決は，中心的な養育スキルである。しかし，ここで養育スキルと別の
カテゴリーとして論じているのは，問題のある少年について，問題解決は，関
係性に端を発しており，単に親側の責任のみではなく，相互的な行動だという
信念からである。少年と家族の間の問題解決によって，問題の発生を防ぐとと
もに，生じた問題を修復しなければならない。形式的な決まった手順によって
解決すべき問題もあるが，問題や葛藤はどの家族にとっても生活の一部である
ので，家族はそれぞれ，効果的な問題解決の戦術を作り上げていくことによっ
て，変化を生み出しながらも協力関係を維持する方法で，これらの葛藤に対処
できるようにすべきである。既に論じたように，問題解決がうまくいくために
は，肯定的なコミュニケーションスキルと戦略が元になっている。問題解決の
モデルはいくつもあるが，ここでは，問題解決の重要な要素を含んだシステム
を挙げる（Alexander et al., 2000; Sexton & Alexander, 2004）。問題解決の各段階は次のとお
りである。

- ◉**問題を同定する**。最初の段階は，行動を具体的に記述することによって，
  解決すべき特定の問題を同定することである。ここでは，物の見方が実際
  の問題となる。既にみたように，当事者は，それぞれ相手を問題だと見る
  傾向にあるので，解決すべき問題を同定することはしばしば困難な活動と
  なる。したがって，問題解決は，当事者の同盟を元に（「私たちに問題がある」），
  協力して行わなければならない。このように，問題を同定するには，情報
  の送り手の責任，傾聴，代替案の提示をも基本としなければならない。
- ◉**望ましい結果を明らかにする**ことは，すべての人が，同じ目的に向かって
  活動できるようにするために重要な段階である。問題を同定することと同
  様，望ましい結果には特定性が要求される。望ましい結果は，開かれた話
  し合いを行い，代替案を吟味するなかで決定されなければならない。
- ◉**目的を達成するために何をするかを合意する**ために，すべての下位の目的
  を明らかにすべきである（例えば，個人の課題を達成するのに必要な段階など）。そ
  れは，また，いつまでに，どのような段階を経て，どのような結果にする

かを特定した合意をする必要があるかもしれない。

◉問題解決を終える前に, **すべての困難, すなわち, どうすると計画が失敗 するかについてブレインストーミングしておく**ことが有益である。課題が 明らかになると, より深く計画を話し合う必要が生じてくる。このように 用心を重ねることで, 関わっている人すべてが落とし穴の存在に敏感にな り, プロセスをうまく終えることができるようになる。

◉**結果を再評価**して目的が達成されたかを確認することは, 説明責任を果た し, 少年と親が改善を続けていけるよう, 問題解決を協力的なプロセスと して見ることに役立つ。

問題解決 (問題が大きくなることを避けるためであろうと, 既に存在している問題を解決す るためであろうと) は, 協力関係という関係性の文脈のなかで行われるときにう まくいく。その家族に適合する包括的な行動変容計画の一部として用いられる とき, リスク行動の変容に向けたきわめて効果的な戦略となる。問題解決が, 有用な代替策であると感じられるように, コミュニケーションのトレーニン グをした後に, セッションのなかでFFTの治療者から導入するのが最もよい。 そうして, 家族はその戦略を身につけた後で, 宿題を通して実際にその戦略を 用いることができるだろう。

介入の標的——葛藤管理

過去の歴史と, 凝り固まった問題のある相互作用のパターンが, 問題を解決 し, 解決のために交渉することをきわめて困難にしているときがある。治療に 伴う強い感情のために, 長く継続している課題のなかには, 伝統的な手段で変 化させるのがほとんど不可能なものがある。葛藤管理は, こうした状況におい て用いるべき戦略である。葛藤をコントロールのきかない状態にならないよう に管理することによって, 情緒的, 心理的な空間を作り, 家族が共に過去の傷 や葛藤を乗り越える新たな方法を見つけ出せるようにする。葛藤管理は問題を 解決する戦略ではなく, 葛藤を防ぐことで他の行動変容に向けた活動を妨げな いようにするためのものである。

多くの場合, 交渉や問題解決によらずに葛藤を管理する最善の方法は, 否定 的な反応が自動的にらせん状に連鎖していくような状況やきっかけを避けるこ とである。これができるかどうかは, 多くの場合, 治療者が中心となる問題の パターン (前述の関係機能のアセスメントに関する章を参照) を明らかにできるかどう かである。連鎖のきっかけが生じたときには, 治療者か家族は, ともかくその

パターンを止めなければならない。治療者が，親と子の間の会話をやめさせたり，否定的なやりとりがあるレベルに達したときには，休憩を求めることもあろう。また，親が，「熱くなりやすい」話題について触れないようにしたり，子どもが，連鎖のきっかけとなる昔の不平や出来事を持ち出したりしないようにすることが必要となることもある。目的は，いつものパターンが始まってエスカレートしていくような，言語的，身体的なきっかけを避けることにある。

　葛藤管理がうまくいけば，家族は最後にはコミュニケーションや問題解決のスキルを用いて，より長期的な解決に向かうことができるようになる。争いを防ぐことは，行動変化に悪影響を及ぼすことを避けることでもある。ここであげた段階は，以前の FFT の文献 (Alexander, Pugh, Parsons, & Sexton, 2000; Sexton & Alexander, 2004) にもあったことである。こうした葛藤を避けるために，治療者は当事者双方に次の三つのことを達成するよう求める。

- ●**問題に焦点化する。**「まとめて全部」とか「起こったことすべて」ではなく，特定の問題に焦点化することは葛藤の減少に役立つ。治療者としては，身近な問題を明らかにし，家族生活の他の分野とそれを切り離すことを目的としている。
- ●**柔らかな態度で意欲的に話をする。**話の感情のトーンを工夫し，葛藤に陥りにくい雰囲気でコミュニケーションをとることである。
- ●**現在を志向し続ける。**将来に向けた練習をしたり，解決するよりも，まず葛藤の減少に焦点を当て続けることである。

　ある人が，葛藤を感じ，他の解決 (例えば，交渉) を用いることができないときには，治療者は (あるいは，親や少年であっても)，次の質問を用いてその問題について徹底的に話すことが役に立つ。特定の答えを出すことを求めず，質問することによって，人を行き詰まりから抜け出させ，課題に焦点化し，現在を志向し，柔らかな雰囲気に向かって動き出すことに役立つ。

　あなたにとって心配な問題は何だろうか。
　何があなたを満足させるだろうか。
　その目的はあなたにとってどれくらい重要だろうか。
　問題解決を通して欲しいものを得ようとしたことがあるか。
　欲しいものを得るために，どれくらいの葛藤を引き受けるか。

介入の戦略——変化の標的をその家族に適合させる

　上に述べた行動スキルは，どんな関係性においても有益である。直面している問題が，小さいものであろうと大きいものであろうと，子と親が協力して乗り越えるようにする効果的な方法である。しかし，治療においては，これらのスキルは違った役割を持つ。家族がFFTに来るまでに，問題は，大きく，ひどく感情的なものになっており，スキルで何とかなる範囲を超えてしまっている。そこで，治療では，家族がうまくスキルを使えるようにするためにどのように援助するかがとても重要である。

　FFTの行動変容セッションを見学すると，比較的単純なスキルを使っているのに気づくだろう。例えば，治療者がコーチし（「彼女と話すとき，こういうふうにしたらどうかな」），指示し（「ちょっと待って。問題解決の段階を使って」），そして家族がその週やその日に起こった問題を面接室に持ち出したときにモデルを示す。しかし，コミュニケーション，養育，その他の行動スキルに関して，どうやってうまく変化させる方法を決定しているかは見えづらい。治療者は，具体的な変化の標的をその家族に適合したものにする必要がある。行動変容セッションが展開するにつれて，治療者は，家族に，新しいスキルのモデルを示したり，新しい行動や交流のパターンを練習させたり，指導したりする。治療者が，こうしたスキルをその家族に適合させるために，次の考えが役立つ。

　現実の治療では，関係性のスキルの原型となっているものは，家族が実際にどのように行動スキルを使うかと対応しない。治療者が最初にすることは，「健康な」家族にとってのコミュニケーションや問題解決のあり方ではなく，この目の前にいる家族にとって，このスキルがどのように見えるかに焦点を当てることである。この点を説明するために，例えば，コミュニケーションの変化を考えてみる。多くの治療者は，大声を出して怒ることは，相手を尊重しておらず，正直で，開かれた，「健康的な」コミュニケーションを妨げるという信念を持っている。興奮して大声を出すことは「悪い」という信念ゆえに，治療者は，この行動が，この家族でどのように機能しているかに関わらず，この行動を減少させることを標的にしてしまう。その結果，大きな声で，情熱的に議論するスタイルを持ってはいるが，それが彼らの関係機能の妨げになっていない家族も，大きな声で高圧的にふるまい，非難しているような家族と同じカテゴリーに分類されてしまう。

　新たな行動スキルを家族関係システムと適合させることは，治療者にとって，最も抵抗の少ない方法を採用し，治療が成功する可能性を最大化すること

になる。スキルを実行させる方法には，次の三つの分野がある。治療者は，家族をコーチしたり，教えたり，モデルを示したりして，家族が行動スキルを新たな選択肢として加えることができるように援助する。

- ◉**問題の連鎖に適合させる。**治療者は，家族が新しいスキルを試すのに，問題の連鎖のなかにおいて最もよい地点を見つけなければならないということである。治療者は，しっかりと計画して，セッションで実行する必要がある。連鎖を見て，どの標的が行動変容の実現と最も関連性があり，最も達成可能で，同時に，違いを生じさせることができるかという点から優先順位をつけることができる (Bateson, 1972)。

- ◉親と子の**関係機能に適合させる。**家族にスキルを取り入れるように伝える強さ，頻度，量を調整することを含んでいる。親と子が頻繁に接触している場合は，問題解決行動についても頻繁な接触を必要なものとし，問題となっていることに対して感情を表現できるようにする必要がある。これに対して，子と親が関係的に独立している場合は，問題解決のセッションは，短く，1日に1回として，情緒的な反応ではなく，内容に焦点を当てるようにすべきである。例えば，ある家族にとっては，コミュニケーションの変化は，皆が結びついて協力していると感じられるように密に交渉する形を取るだろう。他の関係性を持つ家族にとっては，同じコミュニケーションの変化でも，会話ではなく，メモ書きを通して情報を交換するようにして，距離を取り，互いの関係を離すだろう。それゆえ，介入の目的は，行動の関係機能を変化させることではなく，結果の現れ方を変えることである。

- ◉**秩序化のテーマと適合させる。**これによって治療が一貫したものとなり，以前の段階における活動と行動変容とが結びつけられる。例えば，葛藤解決は，ある家族にとっては問題となっている事項の重要性を尊重していることだと表現されるが，別の家族では痛みから親を保護する機会だとされることになる。リフレーミングは，行動スキルに関する活動と，以前の段階の活動とをつなぐ，最も適切な方法である。例えば，ある家族に対しては，問題解決スタイルを，一緒に物事を解決する方法であると定義するが，別の家族に対しては，親が子に対して大人になるための教訓を教える方法と定義するかもしれない。

リフレーミングを繰り返す

　リフレーミングは，家族の参加意欲や動機づけを高めるだけでなく，行動変容のために新たなスキルの使用を援助する際にも重要な道具となる。リフレーミングは，家族の努力と重要な課題を，行動変容という目的へと焦点化させる。行動変容段階で使うときには，リフレーミングは，第4章（図4.3を参照）で記載したのと同じステップをたどるものの，使う目的は異なる。異なるところは，行動変容段階では，治療者は，参加と動機づけ段階の結果を元にするということである。新しい問題が起こったときには，新たなテーマを作るのではなく，以前に作り上げた秩序化のテーマについて話し合い，違った見方ができるよう新しい問題をリフレームする。こうして秩序化のテーマを強固なものとし，それを元に活動することができる。行動変容段階では，リフレーミングは，行動の連鎖を変化させる必要性に焦点を当てるために用いる。例えば，治療者は，家族に，はっきりと，新しいコミュニケーションスキル，話し合い，葛藤管理といったものを使うように迫ることができる。こうしてリフレーミングは，行動段階への懸け橋となる。

◉事例

　行動の変容は，具体的で，その家族に適合されたものであるときに最もうまくいく。シモーヌの治療者が，二つの潜在的に行動変容の標的となりうるものを同定したのは，最初のセッションの早い段階であった。積極的関与・動機づけ段階のセッションを通して，治療者は，これらの潜在的な標的を，家族間の連鎖に適合するようにリフレームした。二人の間の言い争いがとても関連しており，それを避けることは大変望ましく，達成可能で，シモーヌとバーナードを援助することに明確に結びついていた。ユニークだったのは，シモーヌとバーナードが問題解決を実行する方法であった。それを，関係機能とこれまでの連鎖の結果に適合させる必要があった。これまで家族が経験した力強い関係性の連鎖を前提にすると，つまくいくためには，コミュニケーションや葛藤解決といった新たなスキルを身につける必要があった。図5.2は，臨床における行動変容の標的の特定性を表したものである。問題解決（修理）と交渉（予防）が効果を上げるために，バーナードはより直接的で具体的に依頼する必要があり，シモーヌはより積極的に反応する必要があった。そして双方とも葛藤解決スキルを使う必要があった。

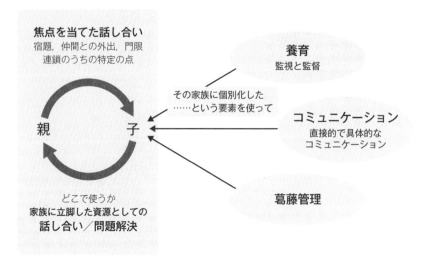

図 5.2—FFT の行動変容の標的

行動変容段階の結果

　積極的関与・動機づけ段階を終えると，家族はとてもほっとする。家族の問題に焦点化しても，問題の背景にある否定や非難のレベルは減少し，一緒に協力しているという感覚が増大し，「私たちはみんなでそれを行っている」という考えが生まれ始める。FFT の行動変容段階がうまくいったとき，家族にとって，変化の厚みが増す。この段階では，家族は，同盟を元に，家族に焦点を当てた問題の定義を用いて，具体的な行動に対処する。上手に試し始め，頻繁に練習し，一貫して実行したとき，彼らが経験している当面の問題のいくつかが解決され，将来生じ得る困難を予防する。

　この段階を終えると，親と少年は，養育，報奨と罰の使用，親子のコミュニケーション，制限と規則に関する交渉といった，外在化型の行動障害の少年に対する援助になるとされるスキルを身につけている。これは，治療に紹介された理由であった問題行動を変化させることに役立つ。しかし，おそらく，より重要なことは，この段階になると，家族は，これらの一見単純なスキルを，家族が機能する方法，自分に対する考え，そして外からわかりづらいが重要な関係機能に適合するように応用できるようになっていることである。

　この時点で劇的な変化があることもあるが，彼らにはまだ問題がある。FFT

の他の段階と同じように，行動変容段階を終えても，問題は完全に除去されていない。家族が手に入れたものは，現在そして将来の多くの問題を解決する能力である。FFT の治療者は，家族のすべてのリスク行動に対処することはない。代わりに，一般化の段階で拡大できるように，中心となるリスク行動をうまく変容させることを目的としている。

　シモーヌとバーナードにとって，行動変容段階の成功は，驚くほどだった。彼女らは，よく遭遇していた問題を予防し，解決するために多様な戦略を繰り返し試す一方で，より安定した同盟を基本として活動し続けた。二人とも，協力して，具体的な問題，解決策，障害物を見つけ出し，考えを一致させるために，同じトピックに焦点を当て続け，行動を特定するような表現をすることができた。行動変容段階の 4 回のセッションを通して，シモーヌらは，多様な行動の能力を用いて，門限（これまで 3 回彼女は門限を破った。）や家で起きた言い争いといった多様な状況に対応した。それぞれのセッションは，起こった状況を話し合うことから始まった。治療者は，話し合いを問題解決や交渉に焦点化した。時間が経つにつれて，言い争いは減っていった。シモーヌとバーナードは，日常的なやりとりのほとんどについてよい解決策を発見した。治療者にとって最も困難だったのは，何が十分なのか決めることであった。同盟関係を元に，家族に焦点を当てて問題解決できたとしても，それはシモーヌがけんかをやめるのに十分なものか。家族内のリスクの減少と保護的スキルの増大は，シモーヌが将来の問題行動を減らすのに十分なものとなるだろうか。答えは，FFT の最終段階である，一般化の段階にある。

行動変容段階における困難さ

　積極的関与・動機づけ段階と同様，FFT の行動変容段階においても，治療者には困難がある。この段階の最大の障害は，なじみがあるということである。FFT の治療者が，家族に身につけさせることを援助するスキルは，多くの治療モデルに共通しているものである。こうしたスキルは，ソーシャルワーク，カウンセリング，家族療法，心理学の大学院のトレーニングプログラムの一部となっていることが多い。そこで，治療者は，これらのスキルがうまく使われたときにどのようになるかや，どのようにしたらこのスキルを獲得できるかについて，数々の先入観を持っていることがある。これらは，FFT が，同じスキルであっても，関係性に配慮し，家族に焦点を当ててアプローチする際に重大な

障害となる。

　FFT を成功させるには，本書の最初の章に記載した中心原理に適合するように，行動変容段階を実行する必要がある。それぞれのスキルは，より大きく，より複雑な関係性のパターンに適合していなければならない。それぞれつながりのないように見えるスキルを変化させるためには，それらを関係性の文脈のなかで考えなければならない。治療者は，決まりきったカリキュラムを捨て，それぞれの家族に適合させることに焦点を当てなければならない。そのために，治療者は，自分自身の価値観，信念，これまで大事にしてきた方法を見直さなければならない。

中間段階の結論と意見

　この分野には，養育トレーニング，親教育，少年やその家族に対する養育戦略といった豊富な伝統がある。これを強調する十分な理由がある。研究文献の大部分は，親の監視と監督，家族のコミュニケーションと絆，効果的な問題解決が，家族が少年の問題行動の負担を乗り越えるための本質的な要素であることを明らかにしてきた。実際，これらの行動は，家族をエンパワーして将来の問題に対処するための，保護的な緩衝物となるように見える。FFT は，こうした課題に対して，関係性や家族に焦点を当ててアプローチする。家族が長期間にわたって，こうしたスキルを取り入れることができるか否かについては，変化がどのように起きたかが重要となる。しかしながら，子どもは，自然な発達曲線に従って自立へと向かっており，親が子の行動をコントロールする能力は，急速に低下する。

　FFT は，少年の援助に必要な行動スキルをどのように変化させるかに関して，家族に焦点を当てた計画を提供することによって成功へと導く。FFT では，行動変容を，単なるスキルではなく，家族関係のパターン内に新たな保護的な行動を開発していくという，力強い関係性の治療プロセスとして考えている。実際の問題の解決は，このプロセスのなかでは，二次的な関心事であるが，実際には，行動の能力が開発されれば，自然に問題は解決されていく。FFT の治療者は，ツールやその場の介入ではなく，原則に従うことによって行動変容を目指す。FFT の行動変容段階は，積極的関与・動機づけ段階のときよりも技術的ではあるが，その段階と同様，創造性と治療者の関わりが要求され，それによって，治療者と家族の間の関係性のプロセスが進行していく。行動変容段階

において, 行動変容のための介入は, 変化のプロセスへと統合されていくが, それは, 動機づけ段階における重要な活動を元にしており, そして, FFT の最終段階において一般化され, 家族がエンパワーされていく基盤となる。

　FFT の行動変容段階は, ばらばらで限定されたスキルの群にとどまらない点でも, 独特なものである。近年発表されている文献において実証的に有効だとされたスキルを標的としている。したがって, この段階は本来的にエビデンスに基づくものである。新しいリスク要因や保護要因が明らかになるたびに, FFT の行動変容の目的群に含まれていく。しかし, 最も重要なことは, 変化の方法は, 家族の関係機能に適合するように個別的に作られなければならないという点である。

　FFT の次の段階は, 家族の長期的な変化にとって重要な方向性へとわれわれを再び導くものである。いまや家族内のリスク要因が減少し, 家族に適合し, 家族が将来自分でできるような方法で, 問題を解決できる新しいスキルを開発した。家族が問題を持ち込むたびに, 治療者が, 家族が解決できるように援助し続ければ, 家族は治療者に依存するようになるだろう。家族は, 問題が生じるたびに, 治療者のところに来ればよいという, 「回転ドア」に容易に落ちいってしまう。家族が, 自分を信じ, エンパワーされている状態になるためには, 治療者は, 家族に対し, これまで自分でなし遂げた変化を一般化し, 時間が経っても変化を維持させ, 変化の持続に向けて家族, 地域, 専門家の援助を取り入れられるようにするために, 具体的な目的とスキルを持って, 系統的に努力していくことが必要となるのである。

6

家族の変化を支え，
一般化し，維持する

　第1章で描写したような行動上の問題をもつ青少年や家族は，少年司法，精神保健または児童福祉のシステムに関わることが多い。各システムは，それぞれ異なるサポートや治療や援助を提供するが，いずれのシステムにも共通する目標は，家族の固有かつ特別なニーズに応えることによって，家族がより良く適応し，より自給自足的になり，援助システムを離脱できるようにするということである。これに成功するために，サービスの提供者は，家族が変化するとともに自立的に機能するように援助し，家族が援助システムに関わらなくて済むようにしなくてはならない。

　この種のエンパワメントは，治療の究極的な目標である。しかし，家族は治療で生じた変化を日々の生活に当てはめる作業にとりかかり，その作業を続けるための能力を身につけなければならず，それを援助するためのメカニズムは，驚くほど複雑である。家族のなかで顕著な変化が生じたにもかかわらず，その直後に，青少年や家族が困難に直面すると，彼らが学んだことや経験した変化をまったく活用できなくなる事例を，家族療法家であれば，誰もが経験したことがあるはずだ。新しい問題に直面した家族が，前と同じパターンを繰り返してもがき苦しむ事例も，私たち誰もが経験したことがあるだろう。また別の家族は，学校での問題と交友関係の問題と社会活動上の問題を結びつけるような共通の要素を認識しさえすれば，効果的に機能できるにもかかわらず，それを認識できないこともあるだろう。このような事態は，治療を受ける家族が，その時その場の救済を十分に与えられて治療を終えながらも，どのように将来の問題に対処するかについて十分な助言を受けずにきたために生じる。さらに，困難な状況にある別の家族にとっては，変化が，変化を援助する人または場所と結びついてしまい，結果として，問題に直面するたびに援助者を頼る場

合もある。そうした家族は，問題を自分たち自身で解決することに慣れていないのだ。これらの状況のいずれにおいても，同じ要素——すなわち，治療における成功を，将来の潜在的な問題状況に向けて一般化し，維持し，サポートするように家族を援助するという要素が不足している。家族のマルチシステミックな文脈への注意が欠けていると，治療は，変化をサポートし維持するよう援助するために外部のシステムを利用したり，外部システムと相互作用したりするための基礎にはなり得ない。

　家族に対する援助の最終段階で，治療者はパラドックスに直面する。家族は，FFT の早い段階で生じる原因帰属のあり方の変化や，否定性の弱まりや，家族の結びつきの強化などにより，著しい変化を遂げている。また，家族の機能に合致し，決まりきったやり方の押しつけでないような，重要かつ行動上のスキルも獲得している。しかし同時に，新たに治療を「卒業」したばかりの家族は，危険にさらされており，変化を持続して徐々にさまざまな人生の状況へと適用していく上で，困難に直面する可能性が高い。それでも，FFT 以外の治療アプローチにおいては，治療から家族に合うものを取り入れ，準備を整え，自分たちなりのやり方で自分たちの生活に適用していく作業は，家族自身の責任の範疇として論じられていた。

　長い年月の間に，FFT は，変化の一般化，サポートおよび維持の援助を，変化のプロセスそれ自体にとって不可欠な事項として系統的に位置づけるモデルへと進化してきた。Parsons は，はじめ，「家族ケースマネージャー (Family Case Manager)」の概念を，一般化段階の雛形として提案した。この概念は，治療者がケースマネージャーの役割を採り入れて，家族を地域のサービスへと結びつける援助を行うというものであった。しかし，私たちはすぐに，この概念は有用ではあるものの，問題の再燃を予防して長期的なエンパワメントの態勢を構築する上で，十分とはいえないことに気がついた。問題が再燃する可能性を減らしたり，家族の変化を長期的に維持したりするような家族内の要因に集中することこそ，実際に効果的であった。こうした要素は，より新しい刊行物において，一般化段階の記述に取り入れられている (Alexander, Pugh, Parsons, & Sexton, 2000; Alexander & Sexton, 2002b, Sexton & Alexander, 2002; Sexton & Alexander, 2005)。これにより，包括的かつ家族に基盤を置いたアプローチが明確になった。このアプローチでは，家族は，それぞれの社会的状況をうまく乗り切っていけるように力を与えられたと感じることができる。

　一般化段階は，家族が持続的な変化を生じる際には二段階のステップを踏む

という観察結果から構築された。最初のステップでは，家族は，関係上の相互作用を変化させ，同盟関係を基盤とするスキルを，日常的なやり取りのなかに取り入れる。第二のステップで，家族は，自然に発生するほかの問題に直面した際にも，同じ態度やスキルセットでもって対応する。この段階をうまく乗り越えられる家族は，時間が経つほどによりいっそう一貫性を高め，問題の再発に伴う情緒的な落ち込みにもうまく対応するすべを学ぶ。一般化段階は，小さな変化であっても，家族の変化を一般化し，維持し，サポートしようという系統的な関心を伴って生じたものであれば，マルチシステミックな効果を持つという原則に基づいている。こうした変化が，自然に生じることははとんどない。したがって，長期的な成功にとって必要不可欠なシステムの変化を生み出すためには，インフォーマルまたはフォーマルな地域のサポートシステムによる助けを得て，新しいスキルを一般化し，変化を維持し，変化をサポートするための特定の戦略を持つことが有用である。

　こうした発見は，第1章および第2章で説明したマルチシステミックな中核原則，すなわち家族の変化を長期的に維持するためには，そうした変化を，家族を外側から取り囲んでいる自然のシステムに埋め込まなければならないという原則とも，整合するものである。これに加えて，Henggeler, Melton, Brondino, Scherer, Hanley (1997) は，家族の内部の変化をサポートするために，個人間の結びつきや地域の資源への繋がりを生み出して維持することの重要性を提唱している。一般化段階は，おなじみの「回転ドア症候群」，すなわち家族がサービスを利用するたびに，組織や個人を「必要な資源」と見なして依存を学習してしまい，繰り返しサービスの利用者として戻ってくる現象を，回避することを目的とする。回転ドア症候群にはまってしまうと，その家族は，適切なサポートシステムにアクセスすることを学ぶ機会を，無自覚のうちに奪われてしまう。そうした家族は，新しいスキルを身につけたり，前段階での治療において身につけたスキルを適用したりすることなく，自立して問題に対処できるという自信や効力感を十分に持つこともできない。FFT は，地域，拡大家族，友人などのそれぞれ固有の環境を，自然で信頼でき効果的なサポートであると見なして，それらを家族が活用できるようにする。また，家族が自給自足的に家族の生活に伴う日常的な困難を乗り越えていくのに必要な資源を提供する。

　本章では，家族が行動変容段階で獲得したスキルを適用する範囲を拡げていくという，治療的なプロセスを描写する。また，環境のなかで，家族が徐々に

機能的に力を発揮できるようにすることを通じて，積極的参加／動機づけ段階における家族への焦点化を維持するという治療的なプロセスも描写する。一般化段階では，治療の焦点は，家族の内部から，家族とそれを取り巻くシステムとの接点へと移る。治療者にとっては，臨床的アセスメントと介入の方向性を転換することが必要になる。すなわち，この段階において，治療者は，家族が究極的には自己完結的になり，家族を取り巻く社会的文脈との相互作用を通じてエンパワーされるような援助を目指して，家族をめぐる出来事に対応する。治療者は，家族が直面する問題を解決するよう援助することに注意関心を向けるのではなく，友人，学校，拡大家族をめぐる話し合いや地域の相互作用に向ける。なぜなら，これらこそが，将来に問題が発生する可能性を継続して減らすような家族の能力に関連するためである。治療上の目標は，セッションで話し合った数少ない特定の問題やその解決を，数多くの類似した問題や解決へと一般化して，相当に長期間にわたってクライエントの日常生活に適用できるように援助することである。友人や学校や地域システムとの間に向社会的な繋がりを築くために必要な資源を見出したり，そうした支援にアクセスするための効果的な方法を確立したりすることで，変化をサポートできる。この段階で何らかの問題が生じた場合，治療者は，その問題をよい機会として利用し，クライエントが自分自身の人生の有能な管理者であるという実感を持てるように援助する。

機能的家族療法の最終段階
◉家族の変化を一般化し，維持し，サポートする

　FFT の治療者が，治療モデルの最終段階において直面する重要な問題は，家族が固有の問題に対応するために身につけたささやかで特定的な新しいスキルを用い，一貫して，着実に，成功の見通しをもって応用するのを，どのように援助するかという問題である。一般化段階では，治療者は，以下の三つの主な目標の達成を目指す。

　◉行動変容段階で生じた変化を，家族関係のシステムのほかの領域へと**一般化**する。
　◉焦点化された具体的な再発防止戦略によって，そうした変化を**維持**する。

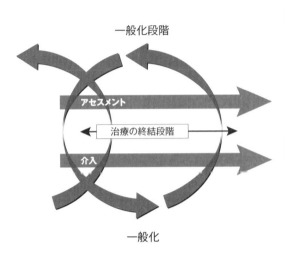

一般化段階

段階に基づいた治療目標

1. 行動変容段階で得られた変化
を一般化する

2. 不可欠な外部の関連資源を用
いて変化を支える

3. 再発防止を通して変化を維持
する

治療者の技能

1. 段階に基づいたアセスメント
・一般化の領域
・再発のひきがね
・援助システム

2. 段階に基づいた介入
・リフレーミング
・教育
・支援

アセスメント

治療の終結段階

介入

一般化

図 6.1―一般化段階における治療目標と治療者の技能

◉関連する地域および家族の資源を治療に取り込むことによって，家族に生
じた変化を**サポート・拡張する。**

◉事例

　デイヴィッドは，母親のアリス，祖母のフランシーンおよび妹のエリーヌ
と一緒に生活していた。デイヴィッドは15歳，エリーヌは9歳で，アリス
は離婚しており，フランシーンは5人の子どもをシングルマザーとして育て
た。デイヴィッドの家族はアフリカ系アメリカ人であり，巨大都市の都心に
住んでいた。彼らは貧しかった。家族の収入は，貧困層の基準を下回ってい
た。デイヴィッドは，母親によって治療に連れてこられた。彼は少年司法シス
テムに関わってはいなかったが，さまざまに異なる治療サービスに参加した
経験があった。アリスは「デイヴィッド用の書類ファイル」を持参した。そ
れは昨年度にデイヴィッドと母親が参加した四つのカウンセリングのサービ
スに関する記録を綴ったものだった。彼は精神科医や家族療法家の下で既に
治療を受けていた。彼にはまた，過去2か月以上にわたって助言者がついて
いた。しかし，デイヴィッドが「関心を失った」ため，いずれも続いていな
かった。

　12 セッションにわたる積極的参加／動機づけおよび行動変化の介入が，デイヴィッドおよび家族が，ささやかではあるが重要な変化を数多く経験することを促した。彼らは，初期には「デイヴィッドが自立しなきゃいけない。……彼は私と関わりたくないのよ（アリス）」や「何をやってもうまくいかないときは，彼を自由にさせとけばいいのよ。あるいは彼を切り捨てれば。いずれにせよ，彼はあなたのことを嫌いなのよ（フランシーン）」，「なぜみんな僕を追い払おうとするの？　母親のことが嫌いな人に会ったことがある？　僕はおかしくなっちゃうよ（デイヴィッド）」などと，お互いを非難しあっていた。一連のセッションの後，強い否定的感情は置き換えられ，家族の誰もが問題の一部であり，全員が問題解決に貢献しなければならないことが，より頻繁かつ現実的に受け入れられるようになった。行動変容段階で，治療者は，コミュニケーションや紛争管理のスキルを身につけさせることでより効果的な養育上の戦略（監視や監督）を実行できるように，デイヴィッドとアリスを援助した。フランシーンは依然として懐疑的で，「どうだっていいわ，あなたが二人の子を助けさえすれば……それこそが大事なのよ。私は何人も子育てをしたわ。今回は私がやるべきじゃない」などと述べた。

　デイヴィッド，アリスおよびフランシーンにとって最大の疑問は，成功しつつある変化を維持し，将来の困難状況や日常のルーティンに適用させるためには，何が必要かということであった。治療者にとっての疑問は，治療的変化を家族の中核的機能の中へと埋め込み，変化を維持して安定化させるためには，何が必要かということであった。これらの目標を達成するために，デイヴィッドとその家族の場合は，以前のセッションを踏まえ，FFT から特定の追加的援助を必要とした。彼らは，以下の事項を学ばなければならない。

●**最後までやりぬく**　デイヴィッドと家族は，多くの困難に直面する。彼らには，以前のような問題への対処方法に戻ってしまう傾向がある。彼らの行く手に立ちふさがる新たな問題，以前の課題の再燃，その他のリスク要因に関わらず，家族は，治療を通じて生み出した変化を維持する方法を発見しなければならない。家族がもし，スキルをどの領域に適用し，話し合いに何を持ち込み（家族に焦点を当て同盟を基盤とする視点），積極的関与・動機づけ段階および行動変容段階で構築された秩序化のテーマをどのように継続させるかを知ることができれば，変化が維持される可能性は最大化される。

◉より多くかつ多様な問題を取り扱う 家族の視点からは，新たな問題は，これまでの問題とは異なるように見えがちである。しかし，そうした問題のすべてに，個別の新しいアプローチを用意するのは，現実的に難しい。実際，家族がより多くのスキルを採用しようと求めれば求めるほど，成功の可能性は低くなる。したがって，デイヴィッドと家族は，新たなスキルを際限なくリストアップする代わりに，実現可能な方法で，既に持っているスキルを新たな問題に適用する必要がある。小さなステップで，行動の変化を日常生活の幅広い課題へと徐々に拡大していくことがてされば，家族が成功する可能性は高まる。

◉一貫性を保つ 家族が全面的に変化できると期待するのは，現実的ではない。最大限の努力を払ってもなお，困難にぶつかる時期や状況が来るだろう。家族が完全にうまくいっているとは言いがたいときでも，家族への焦点化と行動上のスキルの活用が試みられ，また継続されれば，そうした困難を乗り越えることに成功する可能性は，最も高くなる。こうした試みの継続は，行きつ戻りつする変化がもたらす失望を家族が乗り越える上でも役に立つ。アリスにとって最も困難だったのは，仕事，デイヴィッド，母親および娘からもたらされる「気分の落ち込み」に抵抗することだった。疲れたからといって諦めずに一貫性を保っていれば，彼女にとって，抵抗はより容易になっただろう。

◉出来事に適応し順応する FFT で用いられる変化の戦略が，家族がそれを用いるのに伴って進化していくことは，珍しいことではない。家族は，ユニークで，家族にふさわしい，同盟関係を基盤とする解決を見出すものであり，それら解決は，保護要因に適合する社会的スキルを取り入れたものとなる。直面する新たな状況に，獲得した認知的変化と行動の両方を適用できたとき，デイヴィッドとその家族が成功する可能性は最も高くなる。

◉より大きな他の課題を扱う FFT の最初の二段階で成功しても，デイヴィッドと家族を，数多くのリスク要因が依然として待ち受けている。デイヴィッドの生活において特に大きかったのは，有害な友人関係や学業成績上の問題であった。これらは，家族と世界とが相互作用する上での主要な領域の二つであって，家族にとっては，家族内のよい変化を維持するために，いつ，どこで，どのように外部のシステムと関わるべきかを判断しづらい領域である。デイヴィッドの家族や家族内での関係の

変化は，どのように，友人グループ内でのデイヴィッドに，サポートや
変化の源を提供できるのであろうか？　宿題や，学校内での行動や，友
人グループ内での役割との関連において，養育や監視や監督をめぐる家
族の課題が達成される必要があり，それらは将来の状況にも適用が可能
である。これら課題に先を見越して対処できれば，家族が成功する可能
性が高まる。

●**現実的である**　家族が，肯定的な変化が可能であり家族は成功する力を
持っているという信念を持つことは，デイヴィッドにとって重要であ
る。ただし，そうした信念は現実的である必要があり，肯定的すぎて失
敗に繋がるようなものであってはならない。信念が，将来また再び問題
が生じるであろうという認識をも含むものであれば，それは愉快ではな
いだろうが，努力すれば他の選択肢があるということも意味している。
その信念を保持することは，新たな行動を開始して維持するよう努力す
る動機づけにも繋がる。

一般化段階における
アセスメントと介入の統合

　一般化段階において，FFT の治療者の役割は，必要に応じてコミュニティや
家族の資源を利用しながら，家族が一貫性と独立性を高め，そしてさまざまな
問題に対処する能力を伸ばせるように，臨床的なアセスメントと介入を行うこ
とである。こうした治療の焦点の変化には，実利的かつ機能的な理由がある。
困難な状況は，どの家族にとってもごく普通であり，起きて当然の人生の一部
分である。FFT の究極の目標は，個人と家族をエンパワーして，問題行動が長
引いたり将来にわたったりする危険性が最小になるような方法で，不可避の困
難に立ち向かわせることである。臨床的には，家族内で発展させ活用してきた
戦略を，自然に浮き沈みする長期的変化に家族が適用して一般化するように，
系統的に準備をさせ，時間の経過に伴う変化に対応する備えをさせることが重
要である。それに加えて，もし家族が，生み出した変化を時を超えて保持する
よう，インフォーマルおよびフォーマルなサポートシステムの両方を構築して
維持していれば，将来的な問題再発の可能性は減少する。各家族に固有の社会
的サポートを利用することは，一種の個別的な「ケアの連続体」を作り出すこ

とでもある。この連続体が，家族がやがて直面する困難を乗り越えるのを手助けする。

　表面的には，一般化段階は，FFT における前の二段階と同様に見える。すなわち，家族は困難を経験し，それを治療の話し合いに持ち込み，治療者は家族の努力の方向を変化させる。しかし実際のところ，治療者は，見えない部分で複雑な意思決定過程を働かせている。家族は，直前の段階における行動変化の目標を，彼らの関係性のパターンの中へと取り入れているか？　家族は前に進む準備ができているか？　介入の糸口はどこか？　治療者と一緒に問題解決をする状態から家族自身が獲得した解決能力を用いる状態へと転換させるために，最善の方法は何か？　いかにして家族の動機づけと積極的参加を保つか？　将来への期待をいかにして抱かせるか？　これらに加えて，治療者は，家族が必要とする地域社会のインフォーマルおよびフォーマルな資源や援助を，家族に紹介する。関連して，一般化段階には，特有のアセスメントおよび介入の技法が存在する。各技法は，肯定的な変化を継続しようという動機づけを高め，変化を一般化し，再発を予防し，インフォーマルな社会的ネットワークを活用し，フォーマルな支援サービスを特定することにより，成功裏に治療を集結することを目標としている。

何を探すか
◉臨床的アセスメント

　一般化段階には，三つのアセスメントの領域がある。すなわち，継続への動機づけ，家族内の関係，家族を取り巻くシステムの三つである。各領域の臨床的アセスメントの目標は，現在のリスク要因を特定し，支援の機会を増やし，家族を取り巻くシステムと相互作用する能力を新たに身につけさせることである。

動機づけのアセスメント
　治療の最終段階において動機づけを高めることは，一見，不要に見えるかもしれない。しかし，家族の視点に立てば，その重要性は容易に理解できるだろう。彼らにとって，事態は既に改善した。家族の直面する否定性や非難は減少し，より協力的になり，お互いや状況をより巧みに扱えるようになった。結果

的に，家族はしばしば治療を「やり終えた」と感じる。これは，細菌感染から
回復する途中の患者が，治療は完了していないものの，気分の悪さが収まった
段階で抗生物質を服用するのを中止してしまうのと同じく，理解可能な過ちで
ある。その結果，感染症はより強力になり治療への耐性を増した状態で再発し
てしまう。治療者は，問題行動の再発や再燃を防ぐために，家族が確実に FFT
の治療プロセスを完了するように取り計らわなければならない。したがって，
治療を継続する動機づけを高めて維持することは，この段階の治療者と家族の
双方にとって，重要な課題なのである。この課題において，リフレーミングは
重要なツールである。先行する積極的参加および動機づけ段階のセッションで
形作られた秩序化のテーマが，再び家族を動かす。治療者は，苦労するのはご
く当たり前であり，家族がどのように困難を取り扱うかという点こそが重要で
あると明確にし，それを通じて，秩序化のテーマを活用して新たな行動の土台
を作ることができる。

家族の関係性パターンのアセスメント

　アセスメントの目的は，家族の中核的な関係性のパターンが，変化を一般化
して維持することをどのように妨げているかを明らかにすることである。ここ
では，三つの要素が特に重要である——すなわち，行動変容段階における小さ
な変化を他の状況に一般化する家族の能力，行きつ戻りつする変化のパターン
を家族が扱う方法，家族が直面するであろう将来のリスク要因とその予防の三
要素である。

　一般化段階に特有の数多くのリスク要因が存在する（表 1.1 を参照されたい。）。
このうちいくつかは，治療の開始時から家族内に存在している要因である（例
えば，ADHD または学習障害，認知的機能など）。それ以外にも，治療の過程を通じて
明らかになった要因や，治療の優先的目標とされてこなかった要因がある（例
えば，素行不良の友人との交際，ギャングへの関与，社会的な拒絶，社会一般に承認された活動へ
の不参加など）。これらの要因は，家族が外部のシステムと相互作用する方法の
一部であるため，この段階であらためて重要となる。そこで，臨床的アセスメ
ントにおいては，これらのリスク要因が，治療を受ける前の機能の在り方へと
家族を引き戻してしまうような重大な役割を果たすものかどうかを明らかにす
ることが大切である。リスク要因のうちどれが重要であり，その要因に対処す
るために，家族は行動変容段階において形成したスキルをどのように用いるこ
とができるのか？　リスク要因に対応するために特定の戦略を作り出す場合も

あろうし，再発予防やその他の具体的な介入においてリスク要因をターゲットとする場合もあろう。いずれの場合でも，これらの領域で努力を始め，努力を継続していく責任を家族が担えるように，リスク要因を取り扱う。

関係する外部のシステムのアセスメント

　一般化段階は，固有の家族システムが，組織 (学校など) やコミュニティ等のより大きなシステムとどのように相互作用して協働するかを検討する段階である。FFT では，問題行動は，家族内部の (すなわち関係上のパターンや機能の) または家族外の (すなわちエコシステム上の) 要因と結びついており，それぞれに重大な関心を払うべきであるという考え方を採用している。そして，どちらのシステムがリスクとなり，どちらが一般化やサポートに際しての保護要因として機能する可能性があるかを明らかにすることが目標となる。特定の行動変化を長期的に維持できるかどうかは，どのシステムが行動を増強するような強みとなり，どのシステムが変化の維持への障害となるかを理解できるかどうかにかかっている。したがって，学校，友人関係，地域社会における少年への態度や価値や信念，専門家集団の関与の得やすさ，向社会的なコミュニティの関与，拡大家族の関与などのリスク要因や保護要因について，理解する必要がある。

　この種のアセスメントにおいて，治療者は，その家族に関し，日常的にまたは必要なときに利用されるような，インフォーマルまたはフォーマルな援助システムに注目する必要がある。しばしば，家族は社会的な援助システムをまったく持っていないか，または，問題解決に貢献しないような社会的サポートを持っている。社会的な孤立や不安は，しばしば行動上の問題をもたらし，配偶者間暴力，子どもの虐待やネグレクト，精神保健上の問題その他の心理社会的な問題においても，重要なリスク要因である (Henggeler et al., 1997; House, Landis, & Umberson, 1988)。社会的な孤立は，親と青少年との間に必要以上の圧力をもたらし，その結果，ごく普通の課題ですら，潜在的な困難の種になってしまう。社会的な孤立は，必要なときにインフォーマルおよびフォーマルな資源を入手できる可能性を低下させ，ある種の「学習性無力感」を家族に与えて，助けになるかもしれない資源に近づくことをなお一層難しくしてしまう。

　別の場合には，家族が既に持っている社会的援助システムが，支援を妨げたり，有害に働いたりすることすらある。例えば，ときには，拡大家族が悲観的であったり青少年に疑いを持ち続けたりし，入所施設や自宅外の処遇を探し求めるよう，親にプレッシャーをかける場合もある。それ以外にも，配偶者，友

人，隣人，治療者，社会福祉担当職員などとの相互作用がうまくいかないことがストレスを生み，親子の相互作用に否定的な影響をもたらすかもしれない (Wahler & Hann, 1987)。さらには，両親または友人が，問題行動や家族の困難を助長するような物質や活動（たとえば，ドラッグや酒）に近づくきっかけになる場合もあるかもしれない。こうしたリスク要因への対処の難しさには否定の余地はないが，家族の変化の維持を助けるような援助システムのうち利用できるものを探して，うまく活用していくことが，この段階における究極の目標であることに変わりはない。

　治療者はまた，近隣の地域が問題および（または）解決の一部となるかもしれないという物の見方——例えば，両親が仕事に行っている間に近隣が青少年を監督する，近隣が反社会的活動に従事しているなど——を探る必要がある。親の職場の人間関係も，その他の資源になる場合があり，親にとって数少ない建設的な友人関係となったり，家族に起きた出来事を理解するための情報源になったりするかもしれない。同様に，コミュニティの世話係や門番役の人々，典型的には地元の教会や，地域互助会のような組織や，地元の援助機関なども，問題または解決のそれぞれをサポートしている可能性がある。変化が続くように援助したり逆に変化の障害になったりするようなコミュニティのシステムを，治療者がひとたび理解できれば，それは，治療者にとっては介入のターゲットとなり，家族にとっては変化を積み重ねる基盤となる。

　家族を面接室の外にある資源に結びつけるために，治療者は，家族の文脈に関するアセスメントの結果を用いて，インフォーマルまたはフォーマルな社会的援助のシステムを家族が利用できるような，具体的な方法を考える。通常，フォーマルな社会的援助システムは，別の専門的サービスへの斡旋を通じて利用できるようになる。それらが提供するサポートがどのような性質のものであれ，目標は，家族をより大きなコミュニティの援助システムへと結びつけて，肯定的な変化を長期的に持続させ，再発を予防することである。家族をコミュニティの資源へと結びつける前に，以下の3点について考慮することが重要である。

● 彼らが必要としているのはどのような援助か（すなわち，情報か，情緒面でのサポートか，物質的な援助か）。
● そうしたサポートをタイミング良く得るために，最も適切で利用しやすい場所はどこか。

◉家族の関係上の機能に適合しつつ，同時に必要とする援助を提供できるのは，どのような種類のサポートシステムか。

◉事例

　一般化段階にたどりつく前に，治療者は，治療の最終段階を成功させるために必要な領域について，大量の情報を集め終えていた。一般化段階に向けて計画を練る際に，治療者はあらかじめ考えをまとめ，次のセッションを一般化という目標に焦点化するための疑問点に答えを見つけようと試みた。幸運なことに，家族の関係性のシステムには十分な変化が起きており，否定性や非難のほとんどは，既に解消されていた。アリスとデイヴィッドは，進むべき道を見失ったという感覚を乗り越え，向かうべき方向性を見出して，日々直面する諸活動を通じて互いに強く結びついていた。アリスは，デイヴィッドは未だ努力の途上だが，自立する能力はあると考えることができるようになってきた。同様に，デイヴィッドも，母が彼女なりに自分を愛してくれているとわかっていた。双方が，よりよいコミュニケーションスキルを用いて，紛争の解決を探っていた。アリスは，デイヴィッドを監視して指導することに積極的になり，デイヴィッドの反応も良かった。問題が生じるたびに，フランシーンは双方に「乗り越えましょう。問題が起きたときにやれと言われたことをやりましょう」と話していた。

　こうした一般化段階での肯定的な結果は，重要な介入ターゲットを示している。すなわち，継続することへの動機づけである。実際，治療者は，家族が最後まで積極的に関与し続けていられるよう援助することに，ほとんどの時間を割いた。治療者の最大の心配は，新たな努力を粘り強く続ける助けになるような自己効力感が十分に蓄積されていなかった点，フランシーンの役割を信頼しきれなかった点，アリスが進路を維持するのをどうサポートできるかという点にあった。最終的には，アリスが，家族からの要望と仕事上の要請との間で引き裂かれるような思いを抱いており，デイヴィッドを監視するという重い役割を助けてくれるような誰かの援助が必要であるということが明らかになった。

何をするべきか
◉長期的なエンパワメントを生み出すための介入

　治療者は，一般化という目標と臨床的アセスメントを通じて集めた情報の導きによって，究極的には，家族自身が困難な状況に対処する能力を高めるように援助することを目指す。治療の包括的な目標は，家族が十分に独立独歩となって，将来直面するであろう数多くの困難に対応する能力を身につけることである。この段階の仕事は，以下の二つの理由により，困難となる可能性がある。第一に，家族が新たな問題を持ち込み続けることで，治療者が，この段階の目標に集中し続けることを難しく感じる可能性がある。ケースによっては，治療者が，問題解決や行動変化のための活動へと引き戻される場合もあるだろう。第二に，特段の課題や問題が表面化していない場合，これまでの成功によって，治療が終わってもよいという思いを家族が抱く。しかし，治療者は，家族が将来に備えて治療を続けるように動機づけなければならない。家族の視点からすれば，家族の間では状況が改善しており，将来のためのカウンセリングが妥当とは感じられないため，こうした動機づけは，困難である場合がある。しかしながら，覚えておいてほしいが，FFT の全過程は，小さな臨床的問題であっても全 8 回のセッション，深刻かつ幅広い問題を抱える家族には 17 回から 20 回ものセッションからなる。家族を動機づけて，治療のこの段階をやり抜かせるために，治療者は，秩序化のテーマを活用する。秩序化のテーマは，治療者が，家族についての知識を用いて，将来起こりえる出来事や，変化を維持できないような状況を予測する上でも，役に立つ場合がある。
　一般化段階の目標を達成するために FFT の治療者が用いる戦略は，主に以下の七つである。

　　◉連続性を生み出し，成功を足場にする
　　◉再度の焦点化のためにリフレーミングを用いる
　　◉治療の成果を一般化する
　　◉再発を予防する
　　◉家族の自己効力感を高める
　　◉コミュニティにつなげる
　　◉（必要な場合には）他の専門的サービスを紹介する

連続性を生み出し，成功を足場にする

　FFT の長所の一つが，各段階の連続性に多大な関心を払う点である。最初の二つの段階での勢いは，一般化段階を動かす際に推進力として活用できる。最初の段階における認知的および情緒的な変化は，期待と動機づけを生み出す。第二の段階は，家族の中核的パターンに関連する行動上のスキルを付与する。すなわち，ここにおいて，家族はそうした活動によって動機づけられる。既に生み出された成功や動機づけを利用できるように，そうした変化と繋がりを持たせることで，一般化段階は，最も成功したものとなる。秩序化のテーマは，この段階においても中心軸として機能する。すなわち，秩序化のテーマは取り組みを続ける理由になり，変化を適用する領域を示唆し，変化の達成に至る道筋を指し示す。秩序化のテーマは，一般化段階の目標を，家族が具体的に努力する経験に結びつけ，それを通じて，目標が関連性の強いものとなるのを助ける。行動変容段階において身につけた行動上の能力を，一般化段階のターゲットと位置づけることによっても，同様に関連性が生じる。例えば，問題解決のスキルを身につけた家族は，学校や児童福祉事務所と協働する際や，住居の賃貸借や電力使用について便宜を得る際や，青少年をサポートする必要不可欠な資源へのアクセスを得る際に，そうしたスキルを活用できる。

再度の焦点化のためにリフレーミングを用いる

　早い段階のセッションで見られた否定性や非難が，治療の終期のセッションでも現れる場合がある。もし，新しい問題とともに否定性や非難が生じあるいは再浮上すれば，治療者は，まず家族の困難や苦痛を受け入れる。そして，その出来事の性質をリフレーミングするとともに，原因帰属をやり直し，新たに身につけた向社会的な行動上の能力の一部をそうした新たな状況で用いるという課題に焦点化できるよう，家族の話し合いの方向を導く。その際は，リフレーミングを，積極的参加と動機づけ段階への逆戻りと見なさないことが重要である。すなわち，新たなテーマを生み出すことではなく，現在の感情や原因帰属をリフレーミングして，治療の初期段階で生み出された秩序化のテーマに適合させることが重要なのである。これによって，秩序化のテーマは，将来にわたって家族の役に立つ新たなストーリーとなる。

治療の成果を一般化する

　家族は，新しい問題であっても，既に克服した課題と同様のものとして経験

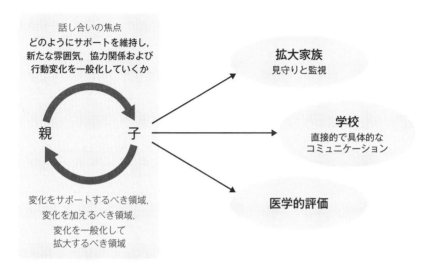

図 6.2―FFT の一般化段階の標的

することを学ばなければならない。そのためには，問題が発生した際にはその
内容を特定し，その上で，成功裏に解決した過去の問題と類似するものとして
分類できなければならない。秩序化のテーマは，家族が問題をそのように分類
する上で，重要な道具となる。うまくいけば，秩序化のテーマは，家族やその
努力についての新たな物語または説明となるであろう。すなわち，家族に焦点
を当て，互いに非難し合わないように取り組めば，問題を解決できるのだと気
づかせることで，粘り強く取り組むよう家族を動機づけることができる。そう
した気づきを一般化することで，家族は，現在および将来にわたる人生の避け
がたい問題を，解決可能なものとして分類して特定することができる。新たな
問題を適切に分類して特定するという重要な能力は，自然に培われるものでは
なく，治療者による系統的な関与が必要である。図 6.2 に，一般化のプロセス
を示した。

　変化の一般化には，治療によるよい変化を，家族と社会的環境との相互作用
の在り方にまで及ぼす効果もある。家族内の機能（例えば，コミュニケーションや問
題解決など）や家族内の変化のためには，向社会的な行動のスキルが必要である
が，そうしたスキルは，個人が「現実の世界」と繋がる際の在り方にもよい影
響を与える。したがって，治療者は，家族内の相互作用のために必要なコミュ
ニケーションや問題解決のスキルを，人生において関わりを持つ重要な地域の

組織（学校，司法システム，精神保健システム）に対しても用いるよう，家族を援助し，それによって，変化を一般化する。

　デイヴィッドとアリスは，新たな問題を，家族が既に経験して乗り越えた問題と共通する性質のものと認識し，うまく一般化することができた。秩序化のテーマを用い，出来事のカテゴリーを共通するカテゴリーに結びつけることで，こうした認識の能力は強化された。また，行動変容段階と同様に家族に焦点化することが，家族が新たな状況に立ち向かう助けとなった

再発を予防する

　嗜癖行動の変化という分野において，再発予防とは，再発を予防するためのさまざまな戦略を指す。この概念は，①FFTのプログラム開始後の最初の問題発生を予防する，②問題がエスカレートして家族の新たな方向性やスキルを失わせることを予防するという点で，家族を援助するための介入においても，非常に有用である。

　困難な状況の新たな発生は，家族の新たな関係上のパターンにとって，ストレス要因となる。MarlattとGordon（1997）によれば，関係性を媒介する要因（高リスク状況，少年に関する解決困難な問題，高い期待など）や，直接的ではない先行条件（関係性に関わるような出来事や，過去の経緯をひきずった，または情緒を刺激する行動または言葉）が，一連の関係性の連鎖を作動させる。そうした連鎖は，否定性を増幅させて，家族への焦点化を困難にする。すべての再発予防プログラムは，共通してこれらの要因を扱うが，困難の性質に応じてプログラムを個別化することも可能である。例えば，抑うつや不安の再発予防においては，思考は自己または現実に関する事実ではなく過ぎ去っていく精神的な出来事であると気づかせることに焦点を置くであろう。非適応的な思考に伴う身体感覚を特定することも，抑うつや不安の再発を防ぐ上で有用である。嗜癖的行動の治療では，再発予防プランのなかでも，社会的プレッシャーへの反応や，対人的トラブルや，否定的な感情状態の扱いが重要となる。

　薬物依存の治療の分野における先行研究の多くは，離脱治療が成功した後に，薬物またはアルコールと無縁でいられるようにする技法を身につけさせることに集中している。このことは，次の単純な観察結果に基づく——薬物をやめるのと，やめ続けるのは，別々のプロセスである。再発予防は，構成概念であるのと同時に援助戦略でもあり，実証的研究によって支持されている。再発予防は，薬物依存の治療において，最も重要な進歩の一つであった。Alan

Marlatt, Kathleen Carroll およびその他の研究者らの研究が，再発予防の技法を，薬物依存治療の主流へと押し上げた。

　何らかの行動変化を試みた者は誰でも，再発のプロセスについてよく知っているであろう。再発のプロセスは，特に心理治療において重要である。治療の過程で，クライエントは，かつては苦痛や怒りや否定性や非難を覚えていた状況をコントロールできるようになったと感じるようになる。成功を重ねるにつれて，個人および家族として自己効力感を強める。この循環は，彼らのコントロール感を脅かし，自己効力感を低下させ，再発の可能性を高めるようなハイリスクの状況にぶつかるまで続く。ハイリスクの状況にうまく対処できれば，自己効力感が高まるであろう。新たな行動を長く維持でき，ハイリスクの状況に適切に対処する経験をより多く積むことができれば，再発の可能性は弱まる。しかし，ハイリスク状況に対処できなければ，自己効力感は低下して無力感が生み出される。その場合，再発の可能性が高まる。ちょっとした失敗が生じると，認知的な不協和が生じ，それによって個人を非難するような原因帰属が生じて，完全な再発に至る可能性が高まる。

　Marlatt の研究は，再発を起こした人から，再発のきっかけとなった状況について聴取している。この研究は，再発予防モデルの多くの部分の根拠となっている。再発予防モデルの重要な要素は，人はハイリスク状況を予見し特定できる必要があること，そうした状況を扱えるようスキルを身につけておく必要があること，そうしたスキルを用いればよい結果が生じるという期待を持っている必要があることである。

　FFT では，治療者が，家族の新たな困難状況を，幅広い変化の過程における正常な一部分としてリフレーミングする（例えば，「困難というものは常にあるものです。大事なのは，あなたがどう反応するかです」）ことや，新たな問題に対応する家族の能力に自信を持たせて「粘り強く取り組む」（否定と非難の相互作用という苦痛に満ちたパターンには戻らない）ように促すことによって，再発を予防する。再発予防をうまく行うためには，治療者は，以下の点を目指して，積極的に家族との話し合いを方向づける。

1　**ハイリスク状況を特定する**　家族が変化を維持する能力を脅かすようなハイリスク状況について，それが発生するきっかけ，先行する状況，家族間の紛争，パターンなどの分析を話し合いに入れ込む必要がある。
2　**代替的な反応を学習する**　きっかけを特定した上で，その状況に対処す

る新たな方法を見つけ出さねばならない。最も容易な対処メカニズムは，ハイリスク状況自体を避けることである。この方法には，悪い影響を及ぼしてくるような相手を避けたり，症状が起こりそうな場所を避けたりすることも含まれる。回避がよい戦略となる場合もあるが，それが常に可能とは限らないため，追加的な戦略も必要である。例えば，個々の家族成員や家族全体として，そうした状況で生じる否定的な感情に対処する方法を特定しておくこと，紛争管理の原則に則って対人的な紛争に対処する方法を検討しておくこと，近隣または遠方のサポートシステムの利用も含め，社会的なプレッシャーに対処する方法を見つけ出しておくことなどが考えられる。

3 **不必要なストレス要因を減らす**　家族をハイリスク状況に備えさせるほかに，再発予防では，精神保健上の一般原則も重視する。これら原則がもし遵守されれば，症状が現れる危険性を大幅に減らすことができる。例えば，バランスの取れた栄養摂取，定期的な運動，十分な睡眠，健康教育，相互にケアしあうような人間関係，生産的な余暇活動や関心の持ち方，そして精神的な成長などである。

4 **サポートシステムを構築する**　多くの研究が，健康的なライフスタイルを維持するためには社会的なサポートが重要であることを実証している。社会的に孤立した人は，より多くの精神障害の症状を示す傾向にある。逆に，精神障害を有する人は，不適切な社会的行動を取ってしまうため，関係性を作り出したり維持したりすることが困難な傾向にある。こうした人々にとって，サポートシステムは存在しないも同然かもしれない。研究によれば，サポートシステムは，自然発生的である場合に，最も有効であるとされる。言い換えれば，心からその人のことを心配するような家族や友人の輪が既に存在する場合である。しかし，人工的に形成されたサポートシステムであっても，まったく存在しないよりもよいことは確実である。それゆえ，再発予防プログラムは，家族成員やその他の重要な人々を，治療プログラムのなかに取り入れるように努力する。

　リスクへの対処が家族のスキルセットの一部になるためには，家族は，どこかの時点で再発を経験して，人生における実際の出来事や問題にどのように戦略を適用するかを学ばなければならない。薬の量を少しずつ減らすように，セッションの頻度を減らすことが有用な場合が多い。セッションの間の時間を

増やしていくうち，治療者は，再発が起きるかもしれない危機的場面で家族に
関わる必要が生じ，再発予防戦略を家族が用いるのを援助することができるだ
ろう。

　再発をめぐって，最も困難を抱えたのはアリスだった。彼女にとって，デイ
ヴィッドについて認識を新たにし，毎日の生活で生じる状況にそれを適用する
のは容易ではなかった。デイヴィッドが学校で問題を起こせば，アリスはすぐ
さま彼が「元に戻った」のではないかと心配した。彼女によれば，最もハイリ
スクだった状況は，デイヴィッドが初めて自らアリスに問題を告げてきたとき
だったという。彼女は，直感的な恐れの感情に従うのではなく，他の選択肢に
ついて考えるべきだとはわかっていたが，それでもしばしば深い不安や絶望を
感じた。しかし，一般化段階で実施した家族同席でのセッションにおける話し
合いが，彼女が将来の見通しを持つ助けになった。「デイヴィッドの問題」が
なんとか解消されるたびに，彼女は，恐れを感じたときにどうするべきかを思
い出すことができた。

家族の自己効力感を高める

　変化を続けるために不可欠の要素の一つが，変化が可能であるという自信と
信念である。Bandura (1982) によれば，自分の有能性への期待が，対処行動を
とるかどうか，どの程度の努力がされるか，どれくらい長く努力が続くかを左
右する。さまざまな方法でうまく行動する能力についての家族成員の自信（自
己効力感）は，何か新たな対処を試すかどうか，どの程度粘り強くその努力を続
けるかに，直接的に影響する。FFT の治療者は，選択肢や代替策を持つことや
将来予測の重要性について，クライエントと話し合うことができる——言語的
な説得は，変化の重要な源である。しかし，より強固で継続的な変化は，実際
に何か新しいことを試みて成功したという体験（行動達成）によって生じる。古
いやり方へのこだわりは，難しい状況（すなわち困難，脅威を与えるまたは不快な状況）
であればあるほど強まるものだが，自己効力感が高まり，防衛的な姿勢が弱ま
るに従って，乗り越えることが可能になる。治療者は，家族が新たな機会を捉
えるように指導し，教え，方向づけ，勇気づけなければならない。また，家族
のセッションでの間接的・代理的な経験によって自己効力感を高めることや，
成功体験を生き生きとモデリングして象徴的に自己効力感を高めることも可能
である。その場合，個人的な対話によって感情を喚起し，信頼できる情報源で
導くことによってこうした働きかけを行う。

　デイヴィッドと家族の反応は，Bandura (1982) の初期の研究結果に合致していた。すなわち，単に何をすべきかがわかるだけでなく，どのようにすべきかがわかったときに，新たな状況へと変化を一般化する可能性が高まった。彼らが何をするべきかを知っているのは，疑いがなかった——それぞれが，新たなコミュニケーションのパターンでどのような段階を踏むべきかを正確に言語化できていた。しかし，話し合いではなくモデリングと習熟が，この家族に「どのように」を身につけさせた。デイヴィッド，アリスおよびフランシーンは，困難な状況を乗り越える方法を，具体的，個人的かつ直接的に経験する必要があったのである。時間の経過とともに，モデリングの経験が，彼らが前進するのに必要な習熟をもたらした。どこで，いつ，どのような行動を取るべきかがわかり，成功するであろうという感覚を持てたときに，変化の一般化が生じた。

地域につなげる

　青少年の行動上の問題に対して最も効果的な治療モデルは，その本質として，マルチシステミックな性質を持つ (第2章参照)。マルチシステミックなネットワークに含まれる要素の一つが，家族が所属するインフォーマルな社会的ネットワークである。拡大家族，友人，同僚，隣人および地域の団体による良質の社会的サポートは，家族の機能の良好さや，向社会的行動をとる能力と，強く関連している (Harrison, Wilson, Pine, Chan, & Buriel, 1990; Reiss & Price, 1996; Vondra & Belskyh, 1993; Weisz & Tomkins, 1996)。強固な社会的サポートのネットワークに繋がっている家族は，より多くの資源を利用できる。そして，社会的資源の利用しやすさは，環境の変化や外傷的出来事に対する反応を異なったものにすると予測されている (Hobfoll, 1991)。

　必要な社会的サポートのシステムは，フォーマルなもの (精神保健的なケアやアルコール・薬物依存治療などの専門的サービス) からインフォーマルなものまで，さまざまである。家族の社会的サポートのネットワークも，強い結びつきを持つもの (例えば，拡大家族，友人，隣人，同僚など) からやや疎遠でフォーマルな関係性のものまでがあり，後者には，公的 (少年司法システム，児童家庭福祉サービスなど) または私的 (BBSなど) なものがある。フォーマルであれインフォーマルであれ，これらの資源は，Henggeler やその同僚が以下のように記述したサポートを提供する。

●物理的なサポート (例えば，経済的支援，交通手段の提供，養育への支援)

◉情緒的なサポート（共感や世話）
◉情報面のサポート（例えば，食料品の安売り情報，ニードに応じた就学援助の情報，賃貸住居の情報や電気・ガス・水道手配の情報など）

　臨床的経験によれば，最も効果的なサポートを提供できるのはインフォーマルな社会的ネットワークであり，その理由は数多くある。まず，インフォーマルなネットワークは，家族が置かれた社会的文脈の一部として，より家族に近しい立場にあり，援助への抵抗を乗り越える可能性が高い。インフォーマルなサポートは，フォーマルなサポートよりも，家族の喫緊のニードに対応できる可能性も高い。例えば，家族は，子どもを学校に送り仕事に行くためのガソリン代25ドルを今すぐ切実に必要としているかもしれない。その場合，市または州の交付金によって運営されており，厳格に定義された支出要件以外の場合には柔軟に金銭を支出することができない団体よりも，家族の友人からの方が，金銭的援助が容易に得られるであろう。インフォーマルなサポートは，時宜に応じ，かつ利用しやすい資源となる可能性も高い。深夜1時に子どもと揉めたシングルマザーは，精神保健の専門家からよりも，妹や友人や隣人から情緒的なサポートを得られる可能性が高い。また，最も重要なことに，インフォーマルなサポートは，治療が終わった後も，フォーマルなサポートよりも長く続く可能性が高い。インフォーマルなサポートの場合，家族がガソリン代を払ったり家賃を払ったりする必要があるまさにその瞬間に，連邦，州または地域の予算を使い果たして不足してしまうことはない。
　ひとたび確立されると，相互性や，何らかの見返りを考慮した物質的および情緒的な資源の提供によって，社会的な関係が維持される（Uehara, 1990）。こうした研究からは，社会的サポートを長期的に維持するために，サポートを受ける家族も，何かをお返しに提供しなければならないことが示唆されている。ただし，インフォーマルなサポートが単純に支払いシステムとの交換条件として提供されるという意味ではない。むしろ，個人的または一方的にではなく，人々の間に相互同盟的な感情が生じたり，互恵的な関係においてインフォーマルに協働できたりするときに，サポートが有効に機能するという意味である。
　家族を援助に結びつけるために，治療者は，家族のケースマネージャーとしての役割の一部を引き受けなければならない。家族の治療者は，家族の関係性のシステムを理解しており，利用可能な資源とマッチングさせることができるため，こうした役割に最適である。行動変容段階から一般化段階への移行に際

して，治療者は，より頻繁にこうした役割を取り，家族が学習してきたことを増進するような面接室外のサービスの種類やその利用について，考えたり調べたりする必要がある。重要なのは，各種のサービスを「山積みにする」のではなく，家族に適合し，かつFFTで生じた変化を継続しサポートするようなサービスや活動を，思慮深くかつ系統的に選び出すことである。FFTは，地域の法執行機関，組織，団体，公園やレクリエーション活動，教会，若者の集会，学校，精神保健サービス，ボーイスカウトやガールスカウトの指導者，YMCAやYWCAその他若者のレクリエーション活動の主催者，教育や職業訓練サービスの提供者などのさまざまな潜在的資源と家族とが，協力的な関係を築くことができるように援助する。

他の専門的サービスの紹介

　当然のことだが，家族または家族成員の一部が，家族の置かれた社会的状況において利用できるインフォーマルな社会的サポートに加えて，専門的なサービスをも必要とする場合がある。家族がFFTで達成した変化を支援するためには，さまざまな専門家への紹介が有効であり得る。抑うつの父に対しては個人対象の心理治療が，両親に対しては養育技法（ペアレンティング）を学ぶグループが，青少年に対してはアンガーマネジメントのグループが，変化を確固たるものにする一助となろう。注意欠陥障害（ADD）に対しては，投薬治療の見直しのための精神科受診や，読字能力向上のための学習障害対応の専門家への紹介が考えられる。専門的なサービスの種類を問わず，家族の治療との関連でどのような方法・タイミングで紹介するかが，最も重要である。なお，家族のニーズに応えるために専門家を紹介することは，何ら新しい取り組みではない。実際，今や多くの治療システムが，「包括的サービス（Wrap-around services）」として，家族がそのシステムに関わる時点で，家族に適合する地域の利用可能な資源をあっせんするようになっている。

　経験上，専門機関への紹介は，全体的な治療計画の一部として系統的に用いられる場合に，最も有用である。例えば，治療的介入を同時並行的に行うよりも，順次行っていく方が，その家族にとって有益と考えられる場合がある。すなわち，同時に一つの治療形式のみを経験する方が，家族がそこからより多くの援助を引き出せると考えられる場合である。その方が，異なった目標や意図を持った複数の治療から，特に故意ではなくても，混乱したメッセージを受け取ってしまう危険性が低くなる。例えば，家族が家族全体として治療を受けな

がら，親の一方が個人カウンセリングに通うといった状況を考えてみてほしい。家族の治療者は，家族が共有するものとして問題を定義し，全員の責任を強調するであろう。しかし，一方の親のみをクライエントとする個人治療者は，その親の個別的なニードに応えようとするであろう。従って，個人治療における見解は，特段の意図がなくとも，家族治療のそれとは反するものとなり，逆もまた真であって，双方の介入の効果が中和され，低減してしまう。

　一連の FFT の治療を経て，家族の治療者は，家族と接触を持ったり関与したりするいかなる公的なサービス提供者よりも，その家族についてよく知っているはずである。治療者は，家族成員の個々の問題について違った見方を持ち，個々の症状が変化によって緩和されるのか，それとも追加的なサービスが有用なのかを判断できるであろう。家族の治療者は，家族の在りようや機能的な(関係上の) ニードに応じて，特定の専門家を組み合わせることができる。だからこそ，私は，関係先に家族を紹介することは家族療法の治療者の領域であると考え，FFT の最後に位置づけているのである。

◉事例

　一般化段階も終わりに近づいたころ，治療者は，デイヴィッドの家族が長期的に変化を維持するためには，残された二つの課題に対処しなければならないことを明確に認識した。アリスは，毎晩8時まで働いていた。家族が，お互いの間の否定性を減らし，コミュニケーションの明朗さを取り戻すうちに，午後4時 (デイヴィッドの帰宅時間) から8時 (アリスの帰宅時間) という時間の重要性が明らかになった。この時間帯こそが，家庭での揉め事のほとんどが生じる時間だった。アリスは，疲れて空腹で帰宅するときに，デイヴィッドと祖母または妹とのけんかという情緒的かつ実際的な問題に直面していた。デイヴィッドも，悪い状況を避けるための緩衝地帯のようなものを必要としていた。

　治療者は，地元の青少年センターが家族の居宅から徒歩圏内にあり，夜10時まで開いていることを知っていた。しかし，同時に，デイヴィッドにセンターを使うよう働きかけるのは容易ではないこともわかっていた。アリスは，「デイヴィッドを悪い子たちの前にさらけ出す」可能性を考え，センターを恐れていた。一家は非常にプライドが高く，そのため，援助を求めたり地域の資源を利用したりすることが困難となっていた。また，治療者は，家族の全員，とりわけデイヴィッドが非常に苛立ちやすく，利用申込書の記

入がうまくできないことがしばしばあったことも知っていた。治療者は、行動変容段階で家族が身につけたコミュニケーションスキルを思い起こさせ、デイヴィッドの放課後プログラムへの登録申込みに向けて準備をさせた。3週間を経て、彼らは、家族内の変化をサポートする地域の資源になる可能性がある青少年センターと、うまく連絡を取ることができた。

　二つ目の重要な課題は、アリスの抑うつだった。初期のセッションから、治療者は、アリスが抑うつの診断基準を満たす症状を示していることを明確に認識していた。しかし、その時点で、既にアリスが家族の主たる問題だと認識されていたこと、彼女の抑うつ症状が彼女の機能を大きく損なっていたわけではなかったことから、治療者は、FFT のスーパーバイザーの助言も仰いだ上で、抑うつの問題は後で取り扱うことにしていた。抑うつなどの精神保健上の基準に合致する症状が、家族の関係上の問題と結びついており、家族の紛争性が低下するのに比例して沈静化することは珍しくない。加えて、もし治療者が抑うつを主要な問題として治療の初期に取り上げていたとすれば、アリスの欠陥だけを標的にせずに家族に焦点化して問題を定義することは難しかったであろうし、家族成員の間で責任を共有しているという感覚は持ちづらかったであろう。一般化段階でも、アリスの抑うつ症状が継続していることは明らかだった。セッションで、治療者はリフレーミングを用いて、抑うつについて専門家の援助を受けるよう促し、それを次のような言い方で行った。「あなたの悲しみの気持ちや喪失感について援助を受けることは、あなたが達成してきた重要な変化を長期的に続けていく上で、あなた自身や家族をサポートする一つの方法ですよね」。外部の援助を受けることは、家族の問題の「原因」ではなく、家族全員で成し遂げてきた仕事にアリスが貢献することとして位置づけられた。また、外部の援助に紹介するタイミングを遅らせたことによって、FFT の治療者は、大人しく打たれ弱いというアリスの性格によりよく適合する治療者に、アリスを紹介することが可能となった。

一般化段階の成果

　一般化段階の究極の目標は、将来必ず直面する問題に適切に立ち向かって乗り越えるために必要なスキルや能力を、家族が伸長させることにある。この段階の戦略は、リスクを減らして保護要因を増強するために、積極的参加と動機

づけの段階において家族に生じた感情的・認知的な変化や，行動変容段階において生じた特定の行動上の変化を定着させるように組み立てられている。こうした目標は，将来起こりえる諸状況に対処する能力を十分に身につけたという感覚を家族が身につけるのを援助することによって実現される。それに加えて，再発予防の技法を用いることで，ジェットコースターのような人生のさまざまな出来事のなかでも変化を維持することも，この段階の目標といえる。最後に，関連する地域の資源を特定して活用することで，家族が自律的に改善していくことも期待する。うまく進めば，家族は，以下のような特徴を持つようになる。

● 変化を，彼ら自身の努力によってもたらされたものとして原因帰属する
● 将来の困難について，現実的な見通しを持つ
● 学んだことをどのようにして新しい状況に適用し続けるかの計画を持つ
● 家族内の同盟関係や，治療の初期段階で形成された秩序化のテーマに基づいた視点を維持する

　一般化段階の成功は，家族が困難に直面してもそれを解決できることによって，実証される。そうした家族は，将来に問題が起こらないことを願いつつも，問題が起こるであろうことを理解し，どのような状況が最も高いリスクをもたらし，そうした状況がどのような経過をたどるかを理解しているであろう。そうした家族は，そのような状況に伴う社会的または対人的な紛争に，どのスキルを用い，どのように紛争を管理するかを知っている。一般化段階に成功する家族において，家族成員は，秩序化のテーマに基づき，相手を責めないような言葉を用いて，自身や他の家族成員について思考するものである。
　一般化段階の成功は，将来についての家族の考え方のなかにも反映されるようになる。やがて問題が起きることをあらかじめ認識し，変化を，決して快いものではないにせよ，家族が一致団結して取り組めば実現可能なものだとして考える見方こそが，現実的で家族に焦点を当てる視点といえる。このような問題を，家族全員の善意と高貴な意図に根ざした努力を伴う家族の変化としてみる考え方が，上手い考え方である。
　FFT の治療の成果は，家族が必要な支援のネットワークを構築し，必要なときにそれを活用するスキルと自信を身につけたときに促進される。友人や拡大家族からの支援は，そうしたネットワークのなかでも，特に有力である。地域

のコミュニティにおける，コミュニティに根ざしたサービスも，潜在的に有力である。目標は，家族が，既に学んだ行動変化のスキルを援助にアクセスする際に活用し，必要なサービスを特定でき効果的に利用できるような，上手なサービス利用者になるのを助けることである。

　デイヴィッド，アリス，フランシーンにとって，治療は，重要な変化を数多くもたらして終結した。彼らの気分は向上し，自信が高まり，以前に抱いていた恐れは取り除かれた。最終段階において提供されるべきものを彼らが得たことが，彼らなりのやり方で示された。それぞれが，変化に必然的に伴う浮き沈みを乗り越えることができた。アリスは，誰にどのように援助を求めるかを認識した。彼女の母が第一の資源だったが，母に援助を求める際には，よく焦点化して明確にしてから要望を出さねばならないことをアリスは認識した。アリスとデイヴィッドは，紛争の最初の段階は，いつも彼らの間で生じることを共に認識した――彼らは，お互いの真意について話し合ったり感じ取ったりする方法を変化させなければならなかった。アリスとデイヴィッドが共に取り組むのは容易ではなかったが，問題の本質にたどり着くために一定の成果が得られた。双方が，それぞれの側の問題，共通する問題，変化する見込みがなく避ける以外ない問題を認識できた。そして，治療者も，治療の終わりに向けて自身の感情を整理し，先に進むべきときだと考えた。

一般化段階における課題

　他の各段階と同じように，FFT の最終段階も，治療者や家族に幾つかの課題を提示する。一般化を成功させるための課題のうち，明らかなものの一つが，更なる行動を取ることへの動機づけである。家族から見れば，既に変化を経験して，事態は改善しつつある。彼らにとって，それは成功に他ならない。そうした直近の経験が家族を更なる努力に向かわせないのは，無理もないことである。既に見てきたように，この現象は，感染症に抗生物質を投与するのに似ている。最初の数日間，服薬は劇的な効果を生じる。しかし，服薬を続けない限り，病気は抗生物質への抵抗力を得て再発し，感染症はより完治困難となってしまう。家族の治療が順調にスタートした場合でも，同様のプロセスが存在する。クライエントは，成功を実感すると自然に日常生活へと戻ってしまい，その一方で，治療者も既に生じた成功に満足して，小休止してしまうかもしれない。どちらの反応も，より克服困難な再発という結果を引き起こす。

　治療の最後に，治療者は，家族や変化のプロセスにとって重要ではなくなるという課題にも直面する。前の二つの段階を通じ，治療者は中心的に治療に関わってきた。積極的参加と動機づけの成功とともに，治療者は，家族の日常の機能を取り巻く情緒的な混乱を通り抜けるという個人的な旅を経験してきた。治療者は，同盟関係をよりいっそう強めながら，家族の課題を扱い，家族の間に存在していた。治療者は，行動上の能力を家族に付与し，そうしたスキルを用いるよう導き，そうしたスキルを相互作用の共通のパターンへと統合するように家族成員を援助していた。これらのどの段階も，密接で中心的な関与を含んでいた。しかし今や，治療者は，本質的に，より重要でなくなる必要がある。治療者が中心にいるのではなく，プロセスを家族へと返し（「よい点に気づきましたね。家族として，それについて何をしますか？」），手を出さずに，彼らを正しい道筋に戻すためだけ介入を行う。治療者にとって，このように後ろに身を引くことは，必ずしも容易ではない。この段階は，関係性の強さを解除し，家族システムから退出して，外部のコンサルタントになることに似ている。この段階のFFTセッションを観察する者は，治療者が，発言の頻度や内容の濃さや量において関与を弱め，代わりに，将来の課題に言及するような発言をより多く行い，家族を外部のシステムに方向づけ，困難を乗り越えるよう提案することに気づくであろう。

　もし家族が治療に戻ってきた場合に何を行うかという点も，課題の一つである。将来，困難に直面した家族または斡旋機関が追加的サービスを要望したり，治療者を頼りにしたりすることが時折ある。FFTでは，そうした要望は，一般化のセッションを付加するよい機会として捉えられる。治療者が，積極的参加を促し，動機づけをし，顕在化した否定性や非難を減らすことは当然である。しかし，FFTの治療者は，また新たに治療をやり直すというよりは，速やかに，新たな要素を含む形で元々の秩序化のテーマを再構築し，達成してきた行動変化を新たな問題に適用することに集中する。FFTの治療者が，治療を「繰り返し」たり，行動変容段階に戻ったりすることは稀である。代わりに，治療者は，既に行われたこと（例えば，秩序化のテーマや過去に身につけた能力）を利用して，家族がそのスキルを一般化し，利用可能な地域の社会資源を活用するように促す。家族によっては，将来起こりそうな問題を予想させるための「追加支援のセッション」を行う場合もある。追加支援のセッションは，家族との意図的な接触であり，治療的変化を維持し支援するために有用であることがますます知られるようになっている。多くの状況で，FFTの治療者は，一般化段階に付加

して，追加支援のセッションを系統的に実施している。

治療者はまた，いつ変化が十分に大きくなるか——いつ家族が治療で身につけた変化を日常生活で一貫して用いるようになるかを知る必要がある。他の二つの段階と同じように，Bateson (1972) が指摘した「意味のある変化」が必要である。これは変化の量ではなく，最もインパクトがあり，最も有意義で，最も家族に関連性の強い変化のことを指す。一般化段階でのFFTの目標は，家族が，認知的および行動上の能力をどこに使うべきかを知り，そうした能力を最大限に高めて継続的に適用する経験をどうすれば持てるのかを知るのを援助することである。家族が，彼らの問題のすべてを「修復する」必要はない。むしろ，家族は成功の可能性が高いような変化の方法を持たなくてはならない。目標は，家族を「非機能的な」状態から「健康的な」状態へと変化させることではなく，特定の認知的，感情的および行動上の変化をもたらすことであり，これら変化が一体となることで，家族が直面するより多くの課題を成功裏に解決する可能性が高まるのである。

結論
●治療を終えるに当たっての振り返り

何かを中止することと，中止した状態を維持することは，必ずしも同じプロセスではない。新しく認知的なまたは行動上の能力を身につけることに見事に成功したとしても，家族はなお，将来，困難に直面するであろう。治療の最後の課題は，変化の方向性とプロセスを維持し，その変化を常に増え続け多様化する状況へと適用することである。それを一貫性をもって継続的に行い，同時に，関連する地域の資源を変化をサポートするのに用いることが，成功にほかならない。したがって，一般化段階は，変化のプロセスの成功にとって，単にお飾りの添え物のようなものではない。一般化段階は，自己効力感や統制の所在を，治療者から家族へと移し，家族のなかで生じた変化と家族を取り巻く文脈への対応における変化を統合するものである。一般化段階の目標は，家族を，将来やそれに伴う不可避の問題や課題に対して，よりよく対処できるように準備をさせ，その家族なりの独自のあり方で，生産的な人生を送ることができるようにすることにある。

実際のところ，一般化段階を系統的な方法で活用するのは難しい。一般化段

階においては，治療における家族の変化を家族自身の世界へと移行させるのを
助けるような出来事に際して，臨床的なアセスメントと系統的な介入とを，同
時に行う必要がある。私は，さまざまに異なった治療の状況において治療者と
協働したことがあり，治療における系統的な方法では，思考することや行動す
ることだけでなく，よく計画を練ることが必要だと気がついた。計画がうまく
実行されて，FFT のモデルに即し，かつ，特定の家族や彼らのやり方や彼らが
生きる生活の文脈へとうまく適用されれば，その計画は，前向きな結果を生み
出す助けになる。

　次の章では，考え，実行し，そして計画するという課題を一つに結びつける。
焦点は，現実の臨床場面への FFT の適用である。状況によっては，一つのセッ
ションにおける個々の活動を構造的にサポートするために，相当な量のケース
計画を立てることが必要になる。次の章は，FFT の二つの事例を各段階ごとに
描写することを通じて，系統的な治療計画のためのツールを紹介する。それぞ
れの家族は，特有の困難を抱えており，治療者が，いつ何時でも，面接室内で
起きる事態にどのようにして FFT を適合させなければならないかを描写する
ことが目標となる。事例の全過程を追うことで，FFT の中核原則や特定の段階
目標と方向性を中心に置いて展開される治療的プロセスの，動的かつ進歩する
性質を味わってもらいたいと考えた。

7

翻訳者としての治療者
面接室において機能的家族療法を実践すること

　機能的家族療法 (FFT) では，治療における変化は三つの段階のなかで生じ，かつ，それぞれの段階には明確な目標と特定の治療者のスキルがある。こうした特有の論理とシンプルな説明は，FFT の魅力の一つである。各段階を構成する FFT の理論的・臨床的なモデルの諸要素については，ここまでの章で既に述べた。この臨床的モデルは，治療者にとって，さまざまな家族を持続的な変化へと導くための地図の役割を果たすものであり，理にかなった科学的な知識に基づいて構築されている。モデルの各段階において，家族は態度や行動を変化させ，重要な節目を通過し，その都度，外部のシステムや新たな問題に対処する家族としての能力に，新たな一部分をつけ加える。このプロセスが，青少年の将来の行動上の問題の可能性を低減させる。しかし，個別の段階ごとに描写すると，モデルはあたかも静的なものに見えてしまい，実際に面接室内でクライエントとの間に展開される，持続的で，発展的で，動的で，個人的な性質が見えにくくなるかもしれない。FFT が，一連の個々の段階を脱し，治療者と家族との関係プロセスとして新生し進化するのは，面接室のなかにおいてである。その際に，治療者は翻訳者として重要な役割を果たすのである。

　注目すべきことに，治療モデルを面接室内での生きた実践とするには何が必要かという研究には，これまで，ほとんど関心が払われてこなかった。伝統的に，心理療法のモデルは臨床的な試行によってその有効性を検証されてきたが，そうした試行は，非現実的な条件下でのものだった。1998 年から 2008 年の間，Jim Alexander と Tom Sexton に率いられた FFT 普及プロジェクトは，5 カ国（米国，スウェーデン，オランダ，アイルランドおよび英国）および米国内の 20 州における 250 以上の組織で，計 5,000 人以上の治療者に FFT の訓練を施した。私たちは，FFT を教え，地元の組織と協働してサービス提供システムを整備し，

治療者が FFT を日々の実践に取り入れる援助をし，治療の質を向上させるための データを集め，FFT を学ぶ全過程の治療者に密接なスーパーヴィジョンを施すことを含む，標準的な普及プロセスを開発した。FFT の訓練の中心は，国中から集まった治療者が，大学を拠点とする診療所に来て実際の家族に長期間にわたり関与する外部研修プログラムにある（第 8 章の家族プロジェクトを参照）。セッションは，ライブ・スーパーヴィジョンのもとで行われる。各ケースで，私たちは，セッションの計画を練り，その計画がどのように結実したかを見届け，各段階ごとに生じる障害を乗り越えるという贅沢な機会を得た。私たちは，FFT の実践方法，治療者の意思決定の過程，そして多様な家族にもたらす結果について情報を集めた。

　こうした経験を通じて最も明らかになったのは，FFT を臨床的な実践に翻訳するという作業が，治療者次第であるということだった。思考し（臨床的なアセスメント），計画を立て（セッションや治療の計画），介入する（系統的な臨床的介入）ことを通じて，治療者は，治療の最初の段階から最終段階まで FFT を動かす。私たちは，家族に関わって，FFT のモデルを学習する何百人もの訓練生の苦労を見守り，FFT の専門性を身につけた多くの他者と経験を分かち合うなかで，治療者が FFT のモデルを家族と関わる臨床的現実に翻訳する上で役に立つ，数多くのガイドラインを作り上げた。このガイドラインは，今後の科学的な検証を待たねばならないが，臨床的実践と深く関連し，FFT の中心原則（第 2 章および第 3 章において定義したもの）に基づいている。これら臨床的なガイドラインは，FFT に実効性を持たせようとする必死の努力に応じるものである。これらは，FFT がコミュニティに根ざして発展した最初の 10 年間において，FFT の訓練プログラムの基礎ともなった（Sexton & Alexander, 2004, 2005）。

　本章では，学問指向的な理論上および臨床的な原則にではなく，治療者や，FFT が効果的であるために不可欠な臨床への翻訳過程に，関心を向ける。この章の主なポイントは以下の三つとなる。

　◉ FFT における治療者の役割を「翻訳者」と見なすこと
　◉事例研究における時間的経過のなかに姿を現す治療のありようの動的な性質を示すこと
　◉ FFT を現実世界に翻訳する際の留意事項を特定すること

　この章は，FFT のモデルの各段階を統合し，臨床的な実践を通じて，それら

に命を吹き込むものである。

治療者の役割

　治療者があらゆる種類の治療において重要な役割を果たすことは，ますます明らかになってきている。たとえば，Blatt, Sanislow, Zuroff, Pilkonis (1996) は，治療的な効果が治療者ごとに顕著に異なり，それは十分な経験と訓練を積んだ治療者の間であっても同様であることを明らかにした。つけ加えると，彼らの研究は，治療的効果の違いは，治療モデルとも，場面設定とも，さらには臨床家の経験のレベルからも独立であることも示した。Wampold (2001) は心理療法において結果の違いの少なくとも 6〜9%は治療者要因であると見積もったが，これは，心理療法が治療全体の結果に 30%の影響があることを考えると無視できない数字である。Sprenkle と Blow によれば，治療者が変化の機会を見つけ出して最大化する能力が，治療者の――ひいては治療全体の――効果を決定づける。最近のアメリカ心理学会の専門調査会も，治療者の決定的な重要性に，次のとおり言及している。

　　　治療者個人が，臨床の訓練においても実践の場においても，治療の結果に重要な影響をもたらす。……（中略）……治療結果と治療提供者との間に系統的な相関関係がある（そして，治療の種類以上に相関が強い）という事実は，臨床的な実践の場における専門性こそが患者の予後を改善するのだという理解の重要性を裏づけている。(APA Task Force, 2006)

　しかしながら，この分野において，経験豊かで効果的な治療者の典型を示すような特徴や変数については，あまり多くの知見が得られていない。治療者側の変数が，さまざまな治療の方法，クライエントおよび症状とどのように相互作用を生じているかについては，それ以上によくわかっていない。私たちは，治療の役割や，治療が治療的実践とどのような関係にあるかについて，驚くほど無知なのだ。

　FFT はプロセスと結果の両方に焦点を置くため，常に治療者の役割に関心を注いできた。その点は FFT の強みといえる。時間の経過とともに明らかになったのは，次のようなことであった。治療モデルの力が，援助を必要としているクライエントに伝達されるのは，治療者とクライエントの複雑な相互作用の

過程においてである，すなわち，その過程においてこそ，FFT のモデルの治療
的効果が発揮される。治療者こそが，FFT のモデルがクライエントに向けて翻
訳されるのに必要な連結点をもたらし，または作り出すのである (Sexton, 2009)。
FFT の治療的過程が成功に終わるにせよ失敗に終わるにせよ，その原因が FFT
のモデルまたはクライエントにあることは滅多になく，たいていは，治療者が
理論を実践へと翻訳する方法によるのである。FFT の各段階の目標とメカニズ
ムが，面接室においてどのような関係性において実践されるかが，究極的には，
治療の成否を決定する。

　治療と結果の関係に影響する変数には，さまざまなものがある。**調節的要素**
Moderators は，治療がよい結果をもたらす効果の度合いを左右する。また，**媒介
的要素** *Mediators* は，治療の過程が機能することが可能になるような条件を作り
上げる。調節変数には，治療者の知識レベル，FFT モデルの遵守の程度，質の
高い実践を行う基本的な能力，臨床的な専門性，幅広くかつ具体的な知識の基
盤およびクライエントに特有の文化的世界への鋭敏さやそうした世界について
の知識などが含まれる。FFT のモデル（段階，目標，技法）に基づく治療目標を理
解して共有する治療者の能力もまた，調節変数の一つである。いずれについて
も，調節的要素は，変化をもたらすための必要条件ではあるが，十分条件では
ない。

　クライエントとの関係において，治療者は，認知，情緒，行動の各側面にわ
たり，媒介的要素を作り出す。認知面では共通の方向性が，情緒面では対話の
個人的性質が，行動面では変化そのものが媒介的要素となる。これらの媒介的
要素が，治療目標，治療者のもたらす調節的要素，そして家族の三者の関係を
つなぐ。治療関係の性質や，治療セッションの方向性や傾向，秩序化のテーマ
を共に生み出す作業などのすべてが FFT の特徴であるが，それらは治療に持
ち込まれるものではなく，治療のなかで生み出されるべきものである。

　調節的および媒介的な影響を及ぼすことを通じて，FFT の治療者は，臨床的
モデルを家族の生きる世界に伝える「翻訳者」としてふるまう。翻訳者の役割
を考えてほしい。言語的な翻訳者は，二つの異なる言語の話者の間の橋渡しを
し，単に辞書的な意味を文字通りに伝えるのではなく，話者ごとに異なる文化
においてその言葉が何を意味するかという真の意味を伝達する。FFT の理論的
モデルとクライエントたちの世界の橋渡しをするときにも，治療者は，それぞ
れの家族成員の経験の意味を構築する考え方，信念および関係上の目標を理解
しなければならない。同時に，治療者は変化の過程における決定的な部分を持

ち込み，または生み出すため，家族の経験の浮き沈みを感じ取らなければならない——面接室内で感情的に揺り動かされ，それが家族にとってどのような体験だったかを本心から人間的に理解せねばならない。治療者は，自身の選択と意思決定と方法論を通して，理論的な原則と臨床要件を面接室の中へと翻訳する媒体者となる。

事例
●—ジェール

　事例は，治療者が，どのようにしてクライエントに対応しつつ同時にFFTのモデルに従ってさまざまに必要な臨床的判断を下したかを示すのに，有効な方法である。この事例では，治療者が段階目標と家族にどのように同時に反応したかを描写し，臨床的なアセスメントと介入とがどのように絡み合っているかを示すことを目指す。この事例は，時間的経過とともに事例というものがどのように展開するかを示し，FFTの動的性質の雰囲気を伝えるものでもある。

　ニジェールとその家族の事例は，さまざまな問題を抱える青少年との実際の臨床場面において，FFTの動的な展開を提示している。この事例は，既に違う形で別に議論されている（Sexton, 2009）が，ここでは，FFTが治療者がハイリスクの若者とその家族を援助する上でどのように役に立ったと考えられるかについて，より詳細で臨床的な議論を含むように，説明を詳しくした。また，この事例は，FFTの原則の遵守がどのように治療者と家族の間の文化的・人種的相違を乗り越えることに繋がったかを描写するとともに，治療者がそうした必要性にどの程度介入方法を適合させたかを示す。ニジェールは，ヨーロッパのある大都市において，司法精神医学的な治療グループに紹介された17歳の男子である。私は6か月にわたり，ニジェールおよびその家族と計11回のセッションを持った。

　ニジェールはコロンビアで生まれ，生後6か月のときにオランダ人の両親の養子となった。最初のFFTセッションにあっせんされたとき，ニジェールを自宅から隔離して施設に入れる手続が既に始まっていた。ニジェールは3年前に退学させられていた。退学して以来，彼は絶えず家出をし，頻繁に事件を起こして，窃盗，けんか沙汰，ドラッグの常習により警察との関わりが続いていた。ニジェール自身もその両親も，ニジェールを「ストリート・キッド」と呼

んでいた。FFT は，施設入所の前の最後の選択肢と位置づけられていた。司法
精神医学センターにおける初期アセスメントにおいて，ニジェールは素行障害
および抑うつ状態と診断され，精神医学専門のスタッフは双極性障害の診断も
検討していた。ニジェールは，スタッフが提示した複数の治療の選択肢のいず
れにも関心を示さなかった。

　ニジェールは養父母と一緒に住んでいた。母親は主婦であり，書店でパート
の仕事もしていた。父親はセールスマンで，家をあけることがしばしばあった。
初回のセッションの前日，ニジェールと両親は激しい口論をした——ニジェー
ルは激怒し，両親と怒鳴り合いをして，セッションには参加しないと宣言した
のだ。彼は知らないアメリカ人とは話したくないと言い，「刑務所に連れてっ
てくれ」と言った。両親ともひどく落胆し，投げ出したいと感じて，できるこ
とはすべてやり尽くし，ニジェールは施設入所が必要なのだとまで一時は考え
た。このように，この事例は初期段階からさまざまな困難に直面したが，FFT
を実践する事例においては珍しいことではない。実際のところ，FFT が少年や
家族にとって最後の手段として提示されることはごく普通なのだ。その場合，
家族間の怒りや，社会のシステムに対する怒りや，対人紛争に伴う絶望感など
が，動機づけや希望を阻む大きな障壁となる。この事例においても，ニジェー
ルもその両親も，治療的な動機づけ——事態が良くなるかもしれないという信
念，目標を達成するために一緒に働くという感覚，自分たちがどこに行って何
をするべきかを知っているという考え——を持つことができていなかった。

積極的関与と動機づけ段階

　治療が始まって一週間のうちに，FFT の最初の 2 セッションが行われた。私
の場合，初期のセッションは FFT の段階目標を道標として行う。そのため，
初期段階で，私は一つの主要な目標を設定した——家族を治療に積極的に参加
させ，変化に向けた動機づけを持たせることである。読者には既にご存じのと
おり，FFT は，この課題を達成するために，四つの初期セッションの過程目標
を特定している。すなわち，家族のなかにある否定性や非難を特定して減少さ
せる，家族を現在の問題に焦点化させる，治療者と家族の間に同盟関係を築く，
家族成員の間に同盟関係を築く，の四つであり，いずれもリフレーミングを用
いて達成される。それに加えて，私は，現在表れている症状が，家族の関係性
の中核的パターンをどのように表象しているかを系統的にアセスメントするこ
とを意図した。なお，そうしたパターンは，家族成員の関係上の機能 (関係上の

結果）によって結びつけられているのである。

　FFT は，こうした共通の目標を，固有の背景事情，文化，家族の歴史，個人または家族としてのスキルや能力を持つ個々の家族に合わせて適用する。そのため，私は，介入のスタイルと方法を，文化に配慮しかつ適合する形で，家族に合わせて用いる必要があった。治療への積極的参加，動機づけ，家族への焦点化その他の治療モデル上の目標に到達する道筋は，あらかじめ明らかなわけではない。そうした道筋は，面接室において，治療者が家族やその家族に特有の構造，価値観，信念などを理解し始め，同時に，否定性や非難を減らし，家族内の同盟関係を築き，動機づけを行う機会を模索するなかで，徐々に姿を現すのである。

　簡潔な自己紹介の後で，最初のセッションは，すぐに段階目標に向かって動き出した。ニジェールはコロンビアの伝統的な上着を着てセッションに来ていた。私がその機会を逃さず，上着についての会話にニジェールを引き入れたところ，上着が彼にとって非常に大事な品であることがわかった。ニジェールによれば，その上着こそ，彼を他のストリート・キッズたちから際立たせているものだった (オランダには，多くのトルコ人，モロッコ人，スーダン人が居住している。)。この短いやり取りは，ニジェールなりの在り方で治療に参加させる意図的な試みであった。同様のやり方で，私は両親に対して，英語の能力と第二言語で家族について話すことの難しさについて尋ね，私自身もオランダ語を学ぶのに苦労していることを話した。こうしたやり取りもまた，短くはあった(1, 2分程度) が，文化的および認知的な障害を特定して話題とすることを目的とする，積極的参加のための意図的な方略であった。私は，家族の文脈を形作りはじめることができるよう，それぞれの家族成員に慎重に話しかけた。

　この事例において，私は，次のように話しかけることによって，積極的参加を得るための短い会話から，家族と現在の問題への焦点化へと速やかに移行した。「皆さん全員が，今日はかなり嫌々ながらお越しになったと聞きました。ニジェールをどこかよそで生活させることを考えたとも聞いています。あなた方三人の間にどのようなことが起こり，それほどまでにがっかりした気持ちを抱くに至ったのか，私にも教えてくれますか？」この質問は，短いものだが，当面している問題は，属人的なものではなく関係上のものであるという FFT の中心原則を，巧妙なかたちで表している。またこの質問は，非難ではない形で，私が問題について知っていることを直接的に特定し，同時に，それら問題を家族に焦点化するものである。

　FFT のセッションではよくあるように，この質問に対する両親の反応は，当面している臨床的問題についての彼らの受けとめを話すことだった。父親は，ニジェールが「決まり事」を守らず，「粗野で礼儀知らず」だと述べた。母親にとっては，自分とニジェールの間に勃発する暴力的なけんかが問題であり，ニジェールに何かをさせようとすると必ず「ニジェールがかんしゃくを起こすから」けんかが始まるのだという。ニジェールは，これらの説明を何も言わずに聞いていた。FFT の視点からは，これらの説明は，父母による問題の定義を示すものである。私は，帰属要因（誰が責められているか）とそれに伴う情緒面および行動面の結果（その帰属を彼らがどのように感じ何をするか）を注意して聞き取った。この事例では，両親は問題をニジェールに帰属（非難）させていたが，それは，はじめから高いレベルの（情緒面および行動面での）否定性を伴うようなやり方ではなかった。

　この段階における初期の焦点は，原因帰属のあり方を，すべての非難を少年に負わせるものから，両親にも属するような問題の一部分を探すものへと変化させることにあった。そのため，こうした手始めの非難の言葉に対しては，その問題における自身の役割について発言者と話し合い，問題を，家族に焦点化した複雑なものへと再定義することで応じた。私は，リフレーミングを用いて，まず父親が細部によく注目していることを承認し，また，父親自身が明確に述べたとおり落胆していたにもかかわらず，まだ少年を見放してはいないという事実を評価した。さらに進んで，私は，父親が，少年のように賢く資質に恵まれた若者がなぜ簡単な決まり事を守れないのかを理解しようと努力していることを評価し，一見明白な父の怒りの感情は傷つきの要素を含んでいるのではないかと示唆した。一連のやり取りを通じて，私は，怒りの裏にある傷つきのテーマを会話に入れ込んだ。同様に，私は母親とも怒りの背後にある傷つき，すなわち子どもに多くを与えてきたにもかかわらず子どもと心を通い合わせられないという落胆からくる母親としての傷つきについて話した。母親がかんしゃくについて話したとき，ニジェールは笑っていた。彼の目から見れば，母親がギャーギャーうるさいのであり，誰かが自分に向けてうるさくいったときに，自分は「クレイジー」になる，というのだった。再びリフレーミングを用いて，私はまず，ニジェールがよく自己主張できており，それは同輩たちの間で「一人前の男」としてふるまうべき場所であるストリートにおいては必要なスタイルであることを承認した。このリフレーミングは，彼にいちゃもんをつける同輩とは区別するかたちで，母の言葉を聞くのが難しいということに焦点

を当てたものだった。つまり，叫ぶ以外にどうしたら彼と心を通わせられるかがわからないということに対して抱く辛さやフラストレーションとして（しか），母の怒りを受けとめることができないということへの焦点化だった。彼にはストリートでの側面と家庭での側面を行き来することが困難だったのだろう。ニジェールは，母親（生物学的な母親）をもうすでに一人失っているのにこれからもう一人の母親までも失いたくないと言い，さらに両親は自分のことを「悪い子」と見ているが本心はやさしい子と思っていると言って，泣き出した。

秩序化のテーマを作り上げる

秩序化のテーマは，初期のセッションの結果として，治療者と家族の対話のなかで，治療者のリフレーミングを通じて生み出される。いかなる治療のセッションでも，適合する可能性があるテーマは多数かつさまざまである。ニジェールの事例で対話から生み出されたテーマは，この家族は，一緒であり続けようとする努力にもかかわらず，何かを既に失ってしまったということだった。直面した困難（養子縁組，非行その他）を乗り越えるために家族のそれぞれが行って来た努力にもかかわらず，諦めずにやり抜きたいという中核的な願いは，既に失われていた。問題のある出来事や怒りの爆発により，彼らの願望は消えてしまっていたのである。

こうした初期のリフレーミングの意図は，悪い行動への責任を，少年やその他の家族成員から取り除くことではない。むしろ，その責任が家族全員を包含するように問題を再構成して，同盟関係を築くことにあった。この作業は，両親に敏感に，かつ両親を理解しつつ行う必要がある。それと同時に，両親の行動や情緒をある原因（喪失，当惑および傷つき）に帰属させて，その原因が，善意に基づき理解可能ではあるが必ずしも有益ではない反応へと，両親を駆り立てたということにする必要がある。このように，非難せず支持的なやり方で両親の側の問題を話し合うことは，同盟関係を築き，重要な問題を直接的に話し合うという合目的的で安全な環境を生み出す上で，有用である。それに加えて，家族成員が，治療者は誰か一人の過ちとして問題を定義するよりも家族に焦点を当てているのだということを理解できれば，治療への積極的参加と動機づけが促進される。誰もスケープゴートにはなりたくないのだ。

リフレーミングは，治療者が家族に「与える」解釈や肯定的な捉え方ではない。むしろ，リフレーミングは，治療者が提示したテーマのヒントに，家族が家族なりの解釈によって反応し，治療者はその反応を用いて，家族に焦点化した問題の定義が新たに現れるまでテーマを変化させたり拡大させたりするとい

う，相互関係上のプロセスなのである。治療者の仮説は，家族との対話を通じて形作られ焦点化されるものであるため，結果として，同じことが一度ならず繰り返し語られる。しかし，そのプロセスは単に反復的ではなく，焦点化されており，発展性がなくてはならない。家族それぞれの反応に対し，治療者は，それへの応答がどのようにその段階の過程目標を推進させるかを判断しなければならない。

　リフレーミングの結果の一つが，秩序化のテーマの創設である。秩序化のテーマ（第 4 章において解説した）は，家族およびそれが現在取り組んでいる努力についての，家族に焦点化した説明であり，特定の行動，出来事および反応を認識しつつも，家族成員の動機や行動を気高い意図の表れとして説明するものである。秩序化のテーマは，それが家族に焦点を当て，誰かを非難せず，家族成員を一つに結びつけるようなものであるときに，その名称が示唆する通りの機能を果たす——すなわち，家族それぞれによる問題の理解を互いに協調的なものへと秩序化し，有益かつ合理的な将来目標を共有させ，将来の成功の可能性を高める。

　秩序化のテーマは，命令として与えられるのではなく，信念として徐々に姿を現す。個々の出来事についての単純な考えまたはリフレーミングが，家族成員の気高い意図を肯定する一つのストーリーへと，徐々に成長するのだ。ニジェールの事例におけるテーマは，家族が既に何かを失い，さらにお互いを失うことを恐れているという単純な考えから，個々の家族成員および家族全体の意図，試みおよび努力の複合的な描写へと発展した。この事例では，喪失とそれに対する防衛という共通のテーマが，問題とその解決において，ニジェールと両親を一つに結びつけた。初期のテーマの手がかりとして，広い意味での恐れと防衛の概念が，家族成員の行動や直面する課題を説明する複雑なストーリーの核となった。例えば，ニジェールは，彼が教訓を学び，両親を愛し，人生をやり直したと両親によって見なされることに苦しんでいた。ニジェールにとって，ストリート上の「タフガイ」ペルソナから，家にいる父母の息子という存在へと切り替えることは，容易ではなかったのだ。彼の強い怒りは，両親を失うのではないかという恐怖の表れだった。一方，父親にとっての秩序化のテーマは，遠方から，妻をサポートしつつ息子を助けようとするなかで板挟みとなり身動きが取れない存在であることに焦点が当てられた。父親は，他人の目には一貫性がないように映ったが，妻と息子の双方をサポートしようと，常に行ったり来たりしていたのである。

　この事例において，恐れと喪失というテーマが，より具体的で，家族を結び
つけ，家族に焦点を当てるテーマへと成長していった様子は，面接室内におけ
る私とニジェールの母親との間の一連のやり取りにおいて，最もよく表れてい
た。最初のセッションの早い段階において，私は，母親の怒りを，多大なエネ
ルギーを注いで育ててきた息子が困難を抱えていることへの傷つきと恐れとし
てリフレーミングしていた。2回目のセッションでは，その週に起こったいさ
かいを巡るニジェールと母親の口論が，このテーマに新たな要素をつけ加え
た。ニジェールと母親は，怒りと非難の悪循環のサイクルである特徴的なパ
ターンにはまっていた。私は，母親とニジェールの双方に向けた次のリフレー
ミングを用いて，母親に応答した。

　今お二人が交わしているようなやり取り，あなた方の間でのいさかいが，
しばしば起こっていることがよくわかりました。そして，私には，それがど
んなふうに起こるかがはっきり理解できました。興味深いことに，あなた方
は同じことを主張し合い，同じ困難を抱えて，もがいているようです。つま
り，（母親の方を向いて）あなたの怒る声を聞くと，私には，息子さんのためを
思って恐れているにもかかわらず，その恐れを表現する方法を見つけられず
に，すぐに怒ってしまっているように感じられます。あたかも，恐怖の感情
はそこに存在しないかのよう，怒りの感情しか存在しないかのように。私に
は，それこそがあなた方お二人の間で失われてしまったもののように思われ
ます。

　長い間があり，ニジェールと母親の両方が私を見つめた。やがてニジェー
ルの母親が言った。

　その通りです。……私は，多くのものを彼に与えてきました。彼がそれで
も変わらないのを見ると，私は恐ろしくなってしまうのです。どのようにす
ればよいのかわからないのです。

　しばらく間を置いてから，ニジェールが言った。

　よくわからない。……とにかく叫んでくる人は嫌なんだ。かんしゃくを起
こしそうになる。お母さんが僕に愛情を持って言ってるのはわかってる——
愛しているふりをしているんじゃなくて。

　リフレーミングの過程で，テーマは相互に発展させられ，家族が自分たち
を理解する方法となり，同時に，治療者が家族を理解するための枠組みとも
なるのである。

文化的な差異

　文化的な障壁を乗り越えることの著しい困難性を，簡潔に描写することは難しい。オランダの文化では，辛さやそれを乗り越えるための苦闘を公然と表明することは稀である。オランダでは，親としてのふるまいの典型が異なり（オランダでは，忍耐強く，同時に頑固であることが理想とされる。），若者が早い段階で自立することが通常なのだ。ニジェールやその両親の行動に対してアメリカ的な期待や価値観を押しつけず，家族をその文化の内側から理解しようとする試みは，私にとって容易ではなかった。文化的な障壁を乗り越えるために，私は意図的に質問を多用するスタイルを採り，文化的な違いについて学び理解しようと努めて，ニジェールの家族を人生の先達として扱った。それに加えて，私は文化的な違いや私の知識の不足についてオープンに話題にしたが，同時に，変化の専門家として話題を方向づける役割を行使し続けた。このスタンスによって，面接室内に協働的な雰囲気が形作られた。

関係性のパターン

　リフレーミングを通じて，対話を関係上の過程に焦点化する一方で，私は，ニジェールとその両親の間の関係上の共通パターン——非行に結びつく一連の連鎖——について，情報を集めた。なお，重要なこととして覚えておきたいことは，問題の連鎖について，細部を詳細に検討する必要や，特定のセッションのなかで探索的な作業をする必要はないということである。これまでの章に記したとおり，度重なる観察を通じて，積極的参加と動機づけ段階のセッションを通じて，徐々に細部が明らかになるに連れて，関係上のパターンや問題の連鎖について，理解が得られる。各セッションごとに，家族は細部や新たな状況を明らかにし，それによって中心的な関係上のパターンがより詳しく示されるため，その結果，最初のセッションの終わりの時点で，私はパターンのいくつかの部分が理解できる。第 2 回セッション後には，パターンの別の部分について付加的に理解することができ，積極的参加と動機づけ段階の最後までには，より完全な理解に近づく。こうして得られた問題の連鎖についての詳細は，行動変容段階において，最も有用となる。

関係機能

　それに加えて，私は，こうしたパターンがそれぞれの家族成員に対して有する関係機能や結果について，仮説を形成し始めた。関係機能は，関係パターンに一貫性をもたらす。問題の連鎖は，そうした関係機能を理解する上で，有益な着眼点である。一連の連鎖を追うことで，治療者は，少年や家族が，各人と

その他の家族成員との関係を最も明確に特徴づけるような体験としてどのような経験を経てきたのか，思いを巡らすことができる。私は，（父親および母親との関係における）ニジェールの，（父親および息子との関係における）母親の，（母親および息子との関係における）父親の関係機能について，それぞれ仮説を形成することができた。関係性をアセスメントすることで，治療者は，その関係が生み出す結果の中核が理解できる。いかなる行動変容も，積極的関与や動機づけの働きかけも，この中核に適合したものである必要がある。

　明らかに，この事例における中心パターンは，ニジェールと母親の間における怒りのエスカレ　ションと関係していた。時折，父親が介入し，母親をサポートしたり（「ニジェールが単純な決まりを守らなければならない」），ニジェールをサポートしたり（「辛抱強くニジェールのことを理解する必要があるよ」）していた。何が議論の種になるか（例えば，夜遅くまで外にいること云々）には関係なく，このパターンこそが，彼らの相互作用の中心であった。関係機能のアセスメントによって，ニジェールと母親の関係パターンは，ニジェールの側の視点からは（接触と心理的な距離の両方を必要とするという意味で）中間点にあり，母親の側からすれば，より心理的に距離がある（独立的である）と，仮説的だが理解できた。父親は，妻および息子の双方とも，心理的に距離をおいていた（以上，第2章の議論および同章の図2.4を参照されたい）。

　重要なことなので繰り返し述べておきたいが，以上の関係性のアセスメントは，あくまで仮説であって，定義的・診断的な概念化ではない。関係上の機能は，FFTにおいて，変化のターゲットとしてではなく，家族に適合的な行動変化を生み出すための潜在的な方法を見つけるための手がかりとしての役割や，初期段階における兆候としての役割を持つ。私は，自分の臨床的な観察結果を見直して，関係作りと動機づけの段階における目標は達成されたと判断した。ニジェールと彼の両親の間における非難と否定性のレベルは低下し，家族間や家族と私の間に同盟関係が成立し，家族に焦点化した問題の定義を組み立てることもできた。私は行動変化のターゲットを特定し，関係性のアセスメントも行った。先に進むべきときがきたのである。

行動変容段階

　行動変容段階のターゲットは，家族にとって保護機能となる特定の行動上の有能性である。非行などのいわゆる外在化型の行動障害（externalizing behavior disorder）を呈する少年の事例においては，コミュニケーションに関係する幅広い領域や，問題解決や話し合い，葛藤管理，親教育などがターゲットになる。行動変容段階において，最も困難なのは，当面する課題に関連の深いターゲットを探すことである。そうしたターゲットは，すなわち，家族にとって重要であり，彼らの抱える苦難にとって中心的な課題であると感じられるような行動や出来事でなくてはならない。治療者は，こうしたターゲットを通じて，家族が当面または将来の問題解決の際に保護要因となるような行動上の能力を発達させるのを手助けする。当面する課題に関連が深いものであるためには，行動変化のターゲットは，問題の流れに直接に結びついたもので，家族にとって重要で，かつ実現可能でなくてはならない。

　ニジェールとその家族については，ニジェールが家に帰って来たときのやり取りから生じる相互的な怒りの増幅のパターンを崩すことが，初期の行動変化の焦点となった。私は早い段階で，次の二つの具体的な能力が有用かもしれないと考えた。すなわち，ニジェールの外出の制限について交渉して折り合いをつける能力と，彼が遅く帰宅した場合においても紛争を管理できる能力である。積極的参加と動機づけの段階において，悲しみと喪失への恐れという秩序化のテーマが既に形成されていたことから，家族は道理にかなった考えをすることができ，これら二つのターゲットを受け入れることができた。各ターゲットは，行動変化が起こる余地がある各場面と，関係上の中核的パターンにつけ加えるべき特定の行動上の能力を提示している。最初のターゲットについては，ニジェールが外出する前に，ニジェールと両親の間で外出の予定についてどうにか折り合いをつけさせることで，紛争を予防することを目的としている。ニジェールが遅く帰宅し，彼とその母親との間に怒りの爆発が生じた場合には，もう一方のターゲットにより介入する。こちらのターゲットは，既に発生した問題を解決することに焦点を当てる。最後に，紛争の激化の程度を減らすことを，第 3 のターゲットとする可能性も考えられた。これら三つの選択肢から，治療者は，どれが家族にとって関係が深く，実現が可能であって，長期的な保護要因として働くような行動上のスキルであるかを判断しなければならなかった。

　4 回目のセッションでは，その直前にニジェールが親に連絡をせぬまま帰宅が遅くなるという出来事があり，家族は動揺した様子で訪れた。ニジェールが家に戻ったとき，彼と母親との間に，典型的な「火山の噴火」が起きたのである。父親が割って入り，ニジェールに決まり事を守るべきだと言い聞かせ，母

親には，もっと忍耐強くなるように助言した。私の目からは，この一連の出来事の連鎖は，この家族の関係に共通するパターンを表現するものだった。そこで，リフレーミングを用いることに代えて，私は，家族にスキルを教え，家族がこうした状況を解決する能力を高めるのを助けるような会話に集中した。私は次のように話しかけた。「今回の出来事は，あなた方三人の間で，よく起こるもめごとの一つですよね。こうした出来事に際して，話し合いをするときには，何か違ったことを試してみるようにお願いしたいのです。まずニジェール，あなたにとって今回のような出来事は，両親との間で，家に帰る時間について合意できるよう話し合って，両親が心配したり恐れたりしないようにするチャンスですよね。それに，あなた方全員にとっても，こうした話し合いは，お互いに何が起こるかを予測できるようにするための基礎となるような，共通の決まり事を明確にする上で，役に立つかもしれませんよね。だから，話し合うためのステップを，今からご説明しますね……」。そこからは，合意に向けた話し合いのあり方につき，教示に焦点を当てた説明が続いた。その内容として，相手に要求するときは具体的で特定されたものとすること，選択肢を複数提示すること，どれか一つの選択肢について深く話し合ったほうがよいこと，合意された選択肢がどのようなものか明確に確認してから取り決めることなどである。

　重要なことなので述べておきたいが，話し合いの結果どのような合意に至るかよりも，家族がその能力を向上させるような話し合いの過程を辿れるかどうかの方が，はるかに重要である。そのため，この段階において，治療者が，話し合いの調停者または直接の問題解決者としてふるまうのではなく，家族関係上の過程に関する教師，コーチまたは監督としての役割を果たすことは珍しくない。その点で，治療者の目標は，「折り合いのつく中間点を探す」ことや，そのセッションにおいて両方が受け入れることができそうな合意案を見いだすことではない。セッションのなかでの練習が必要なのであり，家族がセッションに持ち込んだ問題を巡って汗をかく，すなわち彼ら固有の問題に向き合い，それに対処するために必要なスキルを身につける必要がある。そうした家族側の課題がある一方で，治療者側は，家族内の関係上の機能に適合するような方法で家族の能力を向上させるという段階目標に集中するべきである。

　行動変容段階の3回のセッションにおいて，私は，家族が当面するもっとも顕著な問題（ニジェールが家に帰った際の怒りのエスカレーション）に焦点を置いた。また，合意に向けて話し合い，いざこざを管理するために私が教えた戦略を，家

族が練習して取得できるよう，会話を組み立てた。最終的には，家族がさまざまな状況においても新しいスキルをうまく模倣して使えるよう，家族に合った形でその能力が身につくために，私たち全員で，一緒に取り組む必要があった。行動変容段階の後半の2回のセッションでは，家族に生じる数多くの問題状況に，話し合いと紛争管理のスキルを応用することに集中した。いずれの場面においても，私の目標は，家族内に変化のプロセスを生み出すことであって，特定の結果そのものではなかった。家族がセラピーに持ち込んでくる出来事は，どのように変化を起こすかについて話し合う機会になるだけではなく，実際に変化を経験する機会となった。家族が複数回にわたって話し合いと紛争管理のスキルを用いることに成功し，以前であれば怒りの爆発とニジェールを施設に預けるという脅しで終わっていたような状況もうまく乗り越えられることが示されると，私は，最終段階に進むことを決めた。

一般化段階

　ここまでの議論から明らかなように，3回の行動変容段階のセッションは，ニジェールの家族が抱える困難な課題のすべてを解決するものではない。それに加えて，ニジェールは，注意力の問題に関連する学校での問題や学習問題を抱えており，それについては未だ系統的に対応していなかった。しかしながら，家族は状況が良くなってきたと感じており，実際に，忙しいという理由でセッションをキャンセルしたこともあった。私は，FFT でしばしば生じる新たな一連の課題に直面したのである。すなわち，行動変化を他の領域へと一般化し，最終段階までやり抜こうという動機づけを持たせ，将来の問題や再発に備えさせ，必要になる可能性がある他のサービスや社会資源を特定するといった課題である。

　私は，6回目のセッションを，次のように述べて始めた。「よいニュースと悪いニュースがあります。よいニュースは，あなた方が気分良く生活できるようになってきたことです。悪いニュースは，あなた方が家族としてこれから立ち向かわなければならない新たな問題があることです」。戸惑いつつ，家族は私の言ったことの意味を尋ねた。私は答えた。「あなた方は素晴らしい成功を収めてきましたが，これから必ずまた別の問題に直面するということです」。ニジェールはすぐに，「僕たちがこれまで問題に立ち向かってきたやり方ではうまくいかないってことは，もう本当にわかったんだ。これまでと同じようなふるまいはしないよ」と言った。同様に，父親も，ニジェールは既に重要なこ

とを学んでおり，問題を解決できると確信していると述べた。そこで，それに続いて，火山の噴火のような反応によって引き起こされた激しい感情が，家族を古いパターンに引きずりこんでしまいかねないさまざまな場合について，話し合われた。続く2回のセッションでは，現実に家族に新たなあつれきが生じ，私はそれに対して，落胆するのはごく普通のことであり，新たに見つけたスキルを再び使ってみるチャンスなのだというリフレーミングによって応じた。また，特にニジェールの薬物使用をめぐって，新たな心配の種も生じた。これに対して，新たな行動変化の戦略を始めるのではなく，同様の話し合いのスキルを家族が異なる領域に適用できるような対応を行った。私の最優先の関心は，家族が既に身につけたスキルを一般化し，問題の再燃の防止について系統的に学びかつ練習することを援助することにあった。これを達成することで，家族に力を与え，現在および将来の問題を家族自身が解決するようにすることができると考えられた。

　外部の社会資源を受け入れることで，家族の達成した変化を維持するよう支えることも大切であった。私はニジェールの学校および学習面での困難さを話題にし始めた。家族内に形成された同盟関係によって，この困難さは家族が共有する問題として捉えることができた。精神科的な相談をするために，両親は速やかに精神保健センターを社会資源として利用した。その結果，ニジェールに注意欠如の問題についての診断が下され，服薬治療が開始された。この精神科相談によって，当初の双極性障害の疑いは却下され，それについて更なる治療は不要であるとされた。それに加えて，家族は，（精神保健センターが運営する）同様の問題を抱えた子どものための特別教室の存在を知り，ニジェールはそこに登録した。自分たちでこうした社会資源を利用することが，家族にとって重要な成功の印だった。こうして一般化段階の目標は達成された。

ニジェールの事例の結果

　6か月後のフォローアップの予約までの間に，ニジェールは軽罪の門限違反によって一度逮捕された。これは残念なことではあったが，ニジェールの経歴を考えれば，小さな問題といえた。母親とニジェールの間で感情が爆発するようなことも2，3回あったが，セッションで，既に大規模な家族内の争いを経ていたことから，家族はFFTで学んだスキルをそれらの問題に再び適用して，乗り越えることができていた。より重要なことに，家族は，行動変容段階で身につけた紛争管理のスキルを用いることで，問題のぶり返しへの落胆を，うま

く乗り越えることができていた。ニジェールは，特別教室のプログラムから要求されたことをきちんと遵守しており，おおむね期待される時間には家に帰って，処方されたとおりに服薬していた。彼が違法な薬物を用いる頻度は大幅に減っていた。私にとって最も印象的だったのは，さまざまな困難にもかかわらず，ニジェールの両親は，ニジェールに家から出て施設に入れようかといった脅しや質問をしておらず，それは家族がポジティブな方向に重大な変化を遂げたことの証といえた。

　ニジェールおよびその家族との FFT は，顕著で，持続的で，実現可能な変化を家族にもたらした。当初みられた非難と否定性は，家族内の同盟関係に置き換わった。それによって，家族は，増幅されまたは新たに獲得された行動上のスキルまたは能力を用いつつ，協働することができるようになった。家族は，気分良く生活できるようになった後も，治療に忠実であり続けることができ，スキルを他の領域にまで一般化していた。彼らは，新たな問題が生じても根気よく頑張れるだけの自信を身につけ，自分たちの成し遂げたことをサポートするために，利用可能でありかつ関連性の深い地域の社会資源を見つけて利用した。FFT の視点からは，治療がもたらすことのできる変化のうち，最も効果が持続し，また，最も家族に力を与えるのは，長期的な家族関係の変化なのである。

得られた教訓

　この事例を明らかな成功へと導いた条件は，一体何だったのであろうか。FFT のモデルに基づく段階目標に従ったことが，方向性を定める上で役に立ったのは，言うまでもない。FFT の諸原則も，これらの目標をどのように達成するかのガイダンスとなった。セラピーにおける直接的なやり取りのなかで生じる非常に現実的な困難の渦中においても，FFT に集中し続けることの助けになる，実践的なヒントがいくつか存在する。

FFT のレンズを通して見る

　モデルを現実の状況へと翻訳する上で，FFT のレンズを通して見ることがどのように役に立つのかを，以下に検討しよう。積極的参加と動機づけ段階において，家族が問題の状況やセラピーに来た理由を説明する間，治療者は，意図的に，問題の内容を聞き取り，その段階に応じた目標へと翻訳する。例えば，

治療者は次のように自問自答するかもしれない。

- ◉「このことは，これを話している人が何を大切に思っているかについて，何を教えてくれるだろうか？」。この問いかけに答えることは，治療者がリフレーミングのなかで何を承認するかを見つけるのに役立つ。
- ◉「このことは，彼らの関係上のパターンや，そのパターンが家族をどんなふうに結びつけているかについて，何を教えてくれるだろうか？」この問いかけは，治療者が，表面に現れた問題がどのような機能を有するかを家族に焦点化して理解する上で，役に立つ。
- ◉「このことは，生物学的な，生活史上の，または関係上の重要な事柄で，家族間のあらゆる相互作用のなかに持ち込まれ，家族がなぜそのように反応するかを理解する助けになるような事柄について，何を教えてくれるだろうか？」この問いかけは，治療者が，家族のエネルギーや感情がどこから来るのかを理解する上で役に立ち，また，リフレーミングのプロセスのなかで何を承認するかを特定するためにも役立つ。
- ◉「彼らは，問題を何に帰属させているのだろうか？　問題の定義は何だろうか？」この問いかけは，治療者が非難のターゲットとなっているものを特定し，リフレーミングのターゲットを見出す上で，役に立つ。行動変容段階では，治療者は，同様のまたは新たに生じた内容を，違った問いかけへと翻訳する。
- ◉「家族成員間で起きる問題の連鎖を中断できるような，特定の行動変化のターゲットは何だろうか？」この問いかけは，治療者が強化されるべき特定の行動上の保護要因に焦点を当てるのに役に立つ。
- ◉「問題の連鎖のうち，どの部分が最も介入の上で重要だろうか？　ポジティブな変化を得やすいのは，何についてだろうか？」この問いかけは，何について家族に新たなスキルや能力を身につけさせるべきかを知る上で，役に立つ。
- ◉「どのような関係機能 (すなわち，家族のパターンの結果) が表現されているのだろうか？　特定の行動変化を，こうした機能に適合させるためには，どのようにすればよいのだろうか？」この質問は，治療者が行う介入を，その頻度，程度および量の点で，どのように家族に適合したものにすればよいかを知る上で，役に立つ。

　一般化段階では，治療者は，家族成員による問題の描写やそれをめぐる議論
を，次のような質問によって翻訳する。

◉「行動変容段階で身につけた新しい行動を，この新たな問題状況に対して
　用いる上で，壁になるのは何だろうか？」この問いかけは，家族の新たな
　能力を新たな状況や文脈に一般化するにはどうすればよいかを治療者が知
　るために，役に立つ。

◉「この課題は，これまでに家族が向き合ったことのあるどのような問題と
　類似しているだろうか？」この問いかけは，一見新たな問題を，秩序化の
　テーマのなかで既に描写された問題に関連づけるために，リフレーミング
　をどのように用いればよいかを治療者が考える上で，役に立つ。

◉「家族が現在までに獲得した進歩を維持するために，どのような外部のサ
　ポートが助けになるだろうか？」この問いかけは，家族につながりのある
　地域の社会資源やインフォーマルな支援を治療者が特定するために，役に
　立つ。

◉「家族に，地域の社会資源を利用するのを控えさせてしまうような障壁と
　して，どのようなものがあるだろうか？」この問いかけは，地域に基盤を
　置いた他のサービスを利用する上での障壁を家族が乗り越えるために，家
　族にどのようなスキルを身につけさせまたは用いさせることが必要かを治
　療者が知る上で，役に立つ。

治療を系統的に計画する

　治療の内容と過程を一体化させる方法が，治療計画である。治療計画には，
最終のセッションを考えることと，次回のセッションの計画を練ることの 2 種
類がある。セッションの計画においては，これまでのセッションの目標とそれ
に向けて進みつつある変化を評価し，次回のセッションにおいてそれを達成す
る方法を，発案する必要がある。セッションの計画は，セッションを（目標に向
けて）モデルに適合させることと，（その目標をどのように達成するかについて）クライ
エントに適合させることの，二つの要素からなる。モデルから短期的な過程目
標を取り入れて計画を立てた上で，治療者は，その目標がどう見えるか，目の
前の独自の家族においてどう達成されるかを特定し，家族およびその働きにつ
いて，さらに情報を集める。FFT の治療者は，家族の働き，問題の機能，中心
的なパターン，関係上の行動変化のターゲット，達成可能な結果について，常

に考えている。セッション計画の結果，治療者は，各セッションに持ち込むべき質問を自問する。例えば，「この家族との同盟はどうあるべきか？　この家族に信頼されるにはどうすればよいか？　父親による問題の定義はどのようなものか？　問題の原因とされる人物が大切にしていて，リフレーミングで承認すべきことは何か？　この少年を監視したり監督したりする上で，有用な能力は何か？　この少年の読字困難に，どのような学校の資源が入手可能か？」などである。これらの質問やこれに類似した質問は，家族，個人および文脈の継続的なアセスメントのなかで情報を集める上で，役に立つ。

　長期的な計画には，Bruce Parsons が「結果のサンプル」と名づけたものの創作も含まれる (Alexander & Parsons, 1982)。結果のサンプルは，例えば，家族がもし相互間の非難と否定性を減少させたり，家族内の同盟を築いたり，敵意を減少させたりしたときに，家族がどのように見えるか，またはふるまうかといった，質的な描写である。治療が進む過程で，結果のサンプルには，もし少年を監督するための養育技術として話し合いのスキルをうまく用いられれば，家族にどのような変化が生じるかといった描写が含まれる場合もある。治療の終了近くでは，家族と学校がどのように協力するか，成果を生み出して維持するために家族と学校に何が必要かといった事柄が，結果のサンプルに含まれる場合もある。結果のサンプルは，クライエントを客観的にアセスメントするものではない。むしろ，特定の変化を達成した後に家族がどのように働き，見え，行動するかを臨床ベースで描写するものである。こうして現れた質的な描写は，治療者が家族を別のパターンへと導こうと試みる際の案内役となる。加えて，クライエントとの出会いが度重なるに伴い，その描写は詳細かつ明確になる。

　治療計画の策定もセッション計画の策定も，家族との相互作用のなかで行われるものではない。すなわち，次回セッションに備えるため，治療者に割り当てられたまたは自身が割り当てた治療計画の時間において，行われるものである。しかしながら，FFT の治療者は，特定の計画を持ってセッションに臨む一方で，セッションにおいては，当初計画したのとは微妙に違う方法で目標に近づけるような新たな機会に対しても，オープンであり続けるのである。

状況に応じて反応する

　治療者は，面接室において，具体的な治療目標が達成できるように，さまざまな出来事に反応する。出来事は解決されるべき問題や課題に関連することを家族のだれかが持ち込むタイミングであり，相互作用は介入の機会を提供す

る，出来事が報告される議論のなかで生じる（例えば，薬物検査における陽性の結果
や学校問題など）。治療者がこうした事態を発生させる場合もあるし（「前に学校での
問題を話してくれたけど，……」），家族が始める場合もある（「先週は最悪の 1 週間でした。
けんかばかりだったんです……」）。相互作用の連環のなかで，自然に事態が発生し，
対話がクライエントに関連深い個人的なものとなっていき，段階目標に到達す
る機会となる場合もある。FFT の治療者にとって，このような事態は，家族が
どのように機能しているか，現在の問題の本質，家族と協働するための方法に
関する豊かな情報源となる。

　最も強力な事態とは，クライエントを治療に積極的に関与させて動機づけ，
治療を前進させるためのエンジンとなるような事態である。そうした事態が起
きた場合において，FFT のモデルは，家族の強い感情や個人的経験をさまざま
な段階目標へと方向づける助けになる。治療者が，相互作用において反応する
際には，長所を基盤に置き，かつ同盟を築くことに焦点化するように，会話
を導く。上手な FFT のセッションを観察すれば，セッションが事態の連なり
であることが理解でき，事態と治療者の反応の位置づけも明確にできるであろ
う。また，観察者は，事態の連続性も理解できよう。すなわち，家族が何らか
の話題を持ち込むたびに，治療者は，個人的かつ率直に，しかし共通のテーマ
に関連づけつつ，反応するのである。言い換えれば，FFT のセッションにおい
て，治療者は，対話から立ち現れる出来事に対し，一貫した意味を持って反応
することに集中する。強力な事態は，その事態が生じた段階の目標を達成する
ための道筋を提供するものとなる。

　FFT は，段階的モデルであるため，家族が異なっても決まりきったやり方で
適用される直線的な過程のように見えるかもしれない。しかし，ここまでに示
した事例に描写されたとおり，それは誤った理解である。FFT は，その方法論
において系統的であると同時に，その適用に際しては，状況に応じて方向づ
けられる，動的なものである。例えば，FFT は，在宅ベースで 8 回のセッショ
ンで実施される場合もあるが，コミュニティをベースとする状況で，各段階 4
セッションずつの計 12 セッションで実施される場合もある。さらに，FFT が
16 セッションで行われ，その半分が積極的関与と動機づけ段階に焦点化され，
残りの段階に 4 セッションずつが当てられる場合もある。FFT を実施する最も
相応しい方法は，家族の性質や事例をめぐる諸状況によって決定されるのであ
る。

　状況に応じて反応するという考え方は，治療者と家族の間のすべての相互作

用に適用される。例えば，FFT の最初の段階は，家族との最初のセッションの
ずっと前から始まっていると，私たちは考えている。家族との最初の電話は，
接触し，つながりを作り，動機づけ，リフレーミングを始め，会話を方向づけ，
応答性や理解を示すことで家族との同盟を築くという，治療的な機会の一つな
のである。最近の研究（Sexton, Ostrom, Bonomo, & Alexander, 2000）で，私たちは，最
初のセッション前の電話の数を数えた。多人種，都市部，臨床的な場面の状況
で，最初のセッションの前に交わされる電話の平均回数は，8 回であった。こ
の取り組みは，（家族ではなく）治療者は，最初の接触に伴う障害を乗り越えるよ
う，最大限努力しなければならないという原則を示している。この取り組みを
実施したプロジェクトにおいては，治療からのドロップアウトおよび不参加の
割合が非常に低いという結果が得られた（それぞれ，22％と11％）。

　状況に応じるという FFT の性質は，段階間の移行にも表れている。いつ次
の段階に進むかは，面接室内での指標に応じて決断される。すなわち，各段階
の長さは，目標達成度によって決まり，時間によって決まるのではない。各段
階の目標が達成されたときに，移行が行われるのだ。例えば，ある家族の否定
性や非難が極めて激しい場合，家族の側の動機づけが必要な水準に達していな
ければ，行動変容段階に移行しても変化は生じず，介入を受け入れずに終わる
だけであるとの認識の下，治療者は，かなりの時間（12 セッションのうち，3 から 5
セッション）を最初の段階にかけることになる。その一方で，別の家族において
は，最初の動機づけ，問題の家族への焦点化，否定性の処理などを達成するの
に，ほとんど時間がかからないかもしれない。その場合，治療者は速やかに行
動変容段階に移行し，特定の能力の向上やスキルの獲得にかなりの時間（4 か
ら 5 セッション）を割くことになろう。さらに別の家族においては，これらいず
れの段階も速やかに達成されるかもしれない。その場合，問題ある友人とのつ
きあいや地域環境のなかで，家族の変化を維持することに，最も時間やエネル
ギーが必要かもしれない。いずれの例でも，モデルの方向性は保持されており，
各段階の目標は達成されているが，労力をどこに割くかは，家族のニーズに応
じて決められるのである。

目的を持って行動する

　プロセスに焦点化するという FFT の特徴によって，治療者は，家族と純粋
で個人的な対話を交わしながら，同時に，別の内的な対話を行うことが可能に
なる。「私はいまどの段階にいるのだろうか？　何を査定し理解しなければな

らないのか？　クライエントを段階目標に向けて押し進めるために，今この瞬間，私はどのような反応を返すことができるのだろうか？　目の前に座っている唯一無二のこのクライエントに，私がやるべきことをどのように適合させることができるのか？」プロセスに焦点化したこの内的対話のありようは，段階ごとに異なる。例えば，積極的参加と動機づけの段階では，上手な治療者の内的対話の大部分は，否定性と非難の程度，家族への焦点化の程度，家族と治療者の同盟関係の程度，家族成員相互の同盟関係の程度のアセスメントである。治療者の意識は，同時に，リフレーミングを行うための注意点，問題の原因帰属を変えることに対する家族の反応，感謝の言葉にさらに何かつけ加えることができるか，どうすれば行動や感情や意図の意味づけを変えることができるかといった細部にも向けられている。

速やかに動く

　FFT が効果的であるためには，速やかに開始される必要がある。長々とした診断や心理社会的アセスメントを行う時間はない。伝統的な家族療法が薦めるようなことや，「家族にありのままの姿を見せてもらう」，「聞いてもらえるということを理解させるために自分たちのことを語らせる」時間はない。私たちは非常に難しい青少年を扱っているのであり，前に進むべきときにあるなら，そのタイミングをつかみその瞬間にある感情的な力をキャッチする必要がある。私たちにとって，家族の語りが大事かどうかは問題ではない。大事であることは当然だ。家族が自分たちのことを話せないかのように取り扱っているわけでもない。彼らは話さなければならないのだ。実際，私たちにとって，家族の話の背後には，家族成員の価値観，経験，希望およびフラストレーションが読みとれる。それらは，リフレーミングをしたり，同盟関係を基礎とする動機づけを築いたりする上で，必要不可欠である。しかしながら，私たちは，変化させられるべき中核的なパターンは今現前するこの瞬間に目の前に現れており，だからこそ，速やかに動く必要があると考える。治療者が最初の機会を逃すと，変えられるべきそのパターンがまさに再び生じることになり，彼らが家で経験しているのとまったく同じ感情的パターンが始まってしまうことになる。従って，FFT において，治療者はよく聴いてよく理解しなければならないが，同時に，得た情報を速やかに用いて変化を促進しなくてはならない。そうでなくては，治療の場での家族の体験は，家でのそれと変わらなくなってしまい，だとすればわざわざ勇気を振り絞って真剣に対話に加わったり，治療者に

援助を求めに来所したりする理由はなくなる。家族が自分たちの物語を語る空間は，治療者がアセスメントと介入を同時に行うなかで，生み出されるのである。

最善の推測に基づいて行動する

FFT において，治療者は，しばしば家族成員の行動に反応して，ときにはほとんど情報がないままに，セッションの段階目標の達成の可能性が高くなるようにふるまうことを迫られる。これは，家族についてすべてを理解しきれないなかで段階目標に従うという意味で，モデルを信頼することの一部でもある。しかし，結論に飛びつかないためには，治療者は，仮説形成と検証というアプローチを採用する必要がある。研究者にとって，仮説は本質的にはよく練られた推測であり，データの収集と比較を通じて，推測と結果の差異を検討しなければならない。もし出来事やデータが仮説を支持すれば，研究者は仮説をさらに洗練して見直す。仮説を検証する上では，研究者は自らが練った仮説と矛盾するようなデータに対して開かれた姿勢であるだけでなく，そうしたデータを探し求めることが不可欠である。研究者は，仮説を自身の発見に適合するように常に再構成し続けるのだ。

治療もほとんど同様のプロセスを経る。治療者はクライエントの話を聴き，聴いたことについて良く練られた推測をする。例えば，初期段階において，治療者が，ある物事がなぜ父にとって大事なのかを推測したとしよう。その場合，父の親としての努力を認めるときに，治療者は，父の行動についての最初のリフレーミングをこうした推測に基づいて形作り，父の行動には問題があったかもしれないが，同時に一見明らかではない長所もあったことが示されていることを承認するであろう。

行動変容段階におけるセッションでは，治療者はまず家族のコミュニケーションの質を改善することにターゲットを置くかもしれない。治療者は，第5章で論じた原則のとおり，手短な問題を話し合いながら，家族にお互いがより肯定的な雰囲気をとってもらうことで，家族内のコミュニケーション・パターンを変えることから始める。しかしやがて，父と子の関係機能についての当初の仮説が間違っていたようだと気づくかもしれない。当初の治療者のアセスメントでは，父が激しい言葉で怒りを表明するというパターンは，家族と距離を取るためのものという理解だった。しかし実際には，それは家族と関わりを持ち引き込むための，痛みに満ちた唯一の手段だったのだ。この仮説を検証した

結果，治療者は，コミュニケーションの変化のターゲットを，家族の関係性の
アセスメントの修正結果に適合させるであろう。以上のどちらの例において
も，治療者は，関連する情報のすべてを得る前に，既に介入を始めている。仮
説を生成して検証することで，治療者は，変化の過程を始めるのと同時に，家
族についてより多くを知るのに伴って当然に生じるであろう再検討に対して，
オープンであり続けることができる。

機能的家族療法を
面接室で実践する上での困難性

　この本の各章は，原則を提示し，モデルを描写し，目標と介入方法を特定す
るものであり，それらの主張は，臨床経験と研究に基づく観察結果とともに提
示されてきた。こうした情報は，臨床家を，家族に関わる上での視点に結びつ
けることを意図したものであった。しかし，説明の明確さや情報の包括性がど
れほどであっても，そうした説明は，治療者がセッションに入っていくために
十分なものとはなり得ない。これは，FFT のモデルが不明確であったり不正確
であったりするためではない。面接室内で起こることは関係上の相互作用で
あって，現実がいかなる理論をも凌駕するためである。

　FFT の実践に当たって最も難しいことの一つは，会話が早いペースで行わ
れ，感情はパワフルで，家族成員と治療者の間の相互作用がどこに向かうかを
正確に予測することが困難であるという点である。こうしたつむじ風のような
活動のなかで，治療者は進むべき道を見失い，掴まるべきものもなく，これか
ら何が起こるかを知るすべもないように感じてしまうかもしれない。私は長年
にわたって FFT を実践しているので，その経験に基づき，面接室のなかにお
いては，台風の目のなかの落ち着いた場所に，すなわち安定して計画を立てら
れる静かな居場所にいるように感じることができる。私は臨床的な経験を経て
この能力を手に入れたが，私の冷静さは，信頼から来るものでもある。私は，
FFT の段階のメカニズムと目標が私に正しい方向を示すことを信頼している
し，それに関連する治療者としてのスキルを私が遵守できれば，やがて面接室
内でのプロセスは肯定的な変化に至るであろうと信じている。私は，今この瞬
間に必要なことに集中し続ければ，セッションおよび治療は満足できる結果を
もたらす可能性が高いと知っており，だからこそ，FFT のモデルを信頼してい

るのである。

　治療者が生身の人間を前に強い感情を経験している場面において，モデルを導き手として信頼し続けることは，決して容易ではない。面接室内での関係上の相互作用が最もパワフルであるときにおいて，FFTへの信頼の欠如は，最大の困難を生み出す。そうした困難な場面においては，治療者は，すべてを投げ出して，自然のままの，本能的な，しかしあまり効果的ではない方法に走りがちである。しかし，そうしたときこそ，治療者にとって最もモデルが必要なのである。容易に予想されることであるが，われわれは誰でも，溺れそうになると，本当に浮かび続けることができるような物かどうかはさておき，最も手近な物に支えを求めて掴まろうとするものである。海に関係する別の比喩でいうなら，モデルへの信用を学ぶのは，嵐の海で錨を持つようなものである。錨は，波の大きさや風の強さに関わらず，船を海底に繋げて安定させる。治療者がFFTのモデルを信頼すれば，モデルは錨として変化のプロセスそのものに繋がり，最も困難な時期に，最も有用な助けになるのである。

　治療者がFFTを実行するためには，勇敢でなければならない。勇敢さとは，家族が話す辛い経験に向き合い，そのインパクトを感じ，それらが生じるに至ったパターンを変えるといった作業を進んで行うことである。痛みに向かって進むという考えには，何かしら本能に反する部分がある。痛みに満ちた状況では，自分や他者を守るために立ち去ることこそが，最も自然な反応であろう。治療場面でも同様であり，変化の代理人である治療者であっても，しばしば，難しい物事を投げ出し，無視したり，やり過ごしたり，十分に練られていない行動上の解決を提案したりすることで「立ち去ろうと」する。

　怒りや痛みや否定性に立ち向かうのに十分な勇敢さを持つことは，概念的に理解するのは簡単だが，実際に行うのは，容易なことではない。真の勇敢さとは，治療者が自らをクライエントの立場に置いてその痛みや怒りを感じることであり，だからこそ，治療者がクライエントの苦労を承認するときには，誰かを責めないような形で，本当に変化を生み出すようなやり方で行う。クライエントやその痛みを理解しようとする姿勢は，FFT特有のものではない。ほとんどの治療者は共感的であるよう教育を受ける。しかしながら，FFTの臨床的経験から，共感だけでは十分ではないことも示唆されている。たとえ家族自身がそれに前向きではなかったとしても，家族の困難な体験を追経験し，話し合い，承認していく勇敢さこそが必要なのである。

　勇敢さはまた，面接室内にある痛み，怒り，傷つきをあるがままさせておく

よう，治療者に要求する。治療者は，個人としても専門家としても，こうした
強い感情を受け入れる必要がある。個人としては，治療者は，攻撃的あるいは
自身にとって違和感のある感情や行動を経験する不快さに耐えなければならな
い。専門家としては，治療者はこれらの出来事が起こっても任せていられるく
らい家族に敬意を払い，これが家族の通る道の一部であることを知る。このよ
うな助言など当たり前のことのように聞こえるであろうが，治療者にとっては
困難な課題の一つである。多くの治療者は，表明された痛みや怒りを乗り越え
て先に進むことや，治療者としての立場からそうした感情の表現を抑制させる
ことにより，一人または複数の家族成員を「保護する」必要があると感じてし
まう。こうした保護は，よい意図に基づくものではあるが，しばしば，クライ
エントのためというよりは，治療者のためなのである。そもそも，そうした感
情や行動は，家族にとって何ら新しいものではない。実際，それらは家族が慣
れ親しんでいるものなのだ。FFT の観点からは，治療者がこうした困難なシナ
リオを大切に抱え，(以前に提示した柔道のメタファーのように) それを突き放すので
はなく方向を転換させることで，変化が生じるのである。結局のところ，治療
的な (治癒的な) 介入とは，家族の心の底からの感情を制限するのではなく，新
たな方向に向けることであり，治療者はそのことに確信を持っていなくてはな
らない。
　勇敢さを通じて信頼性を養うということは，治療者が非常に率直でなくては
ならないという意味でもある。率直であるということは，家族に起こった特定
の出来事を，遠慮なく積極的に話題にできるということを意味する。対照的に，
率直でないということは，その話題に「遠回しに」言及したり，困難を取り扱
うのを避けようとすることである。FFT の「もしも〜ならば」ではなく「どの
ように」を考えるという方法論が意味するのは，問題行動について話し合うこ
との治療的な価値は，話し合いの最後に何が起こるかによって検証されるとい
うことである。もし若年者が親を殴ったら，もし誰かの行動が他人を傷つけた
ら，治療者は積極的にそうした出来事を話題にしなければならず，それらの出
来事やそれが家族成員それぞれにとって持つ意味について話すのである。そし
て，段階目標に応じて，治療者は出来事のインパクトを変容させる。例えば，
積極的参加と動機づけの段階のセッションでは，治療者は暴力について直接的
に議論し，リフレーミングして，個人の有責性は取り除かずに非難は減少させ
る。行動変容段階のセッションでは，治療者は直接的に若年者のドラッグの使
用について議論し，それを話し合いやコミュニケーションのスキルを向上させ

る機会として利用する。一般化段階のセッションでは，父親の怒りの爆発について話し合いを深めた上で，治療者は，行動変容段階で培った紛争管理のスキルに，再び議論を焦点化させるかもしれない。いずれの段階であるにせよ，治療者が直接的であることによって，家族は，治療者が積極的に家族の人生における重要な出来事について話し合おうとしていることを知るのであり，信頼できて有能な援助者と有用な場が，治療において提供されていることに気づくのである。

　最後に，FFT における対話は循環的な性質を有しているところだが，この点を十分に生かすのは，必ずしも容易ではない。しかし，実際のところ，「二歩進んでは一歩戻る」ような過程は，よい FFT の治療を他のあまり役立たない治療と区別する特徴なのである。この行きつ戻りつする治療過程は，航海に関連する新たな比喩を思い起こさせる。帆船は風を推進力としており，風の方向を変えることはできないため，どこかに辿り着くためには，風向きが変わるのを待つのではなく，風の力を生かして，それに適応しなくてはならない。これを達成するために，船乗りは「上手回し」と呼ばれる技術を用いる。上手回しとは，進みたい方向から吹いてくる風から推進力を得るために，一方向から，直交する他の方向へと，風に応じて進行方向を変えるものである。しかしながら，風に従うだけでは十分ではない。目指す場所にたどり着くためには，船乗りは目標に視線を据え続け，そこに至る軌跡を予想しなければならない。そのため，船乗りはしばしば遠くの海岸線を目印にする。風を横切って往還しながら，その目印を，究極の目標にするのである。

　同様の過程が，FFT においても生じる。面接室での感情の方向性は，必ずしも FFT の段階目標と一致しない。結果的に，治療者はしばしば，危機に対応して目標を変更するという過ちを犯してしまう。例えば，行動上の問題が話し合われる際，親と若年者との間を流れる感情が怒りであることは，何ら珍しくはない。FFT で，治療者は，父親の息子への怒りを，コントロールを失うことへの了解可能な強い感情であるとしてリフレーミングし，その感情が父を怖がらせていることに言及するかもしれない。怒りの渦中にある父親は，治療者に即座に同意するよりも，しない方が普通であろう。怒りを乗り越えようとする努力のなかで，父親は治療者の当初のリフレーミングの試みを否定しようとするのだ。このような場合，治療者が，リフレーミングは「正しくなかった」のだと考え，まったく新たなリフレーミングを試すことは容易である。しかし，有能な FFT の治療者は，父親の不同意に反応して，これを承認しつつ（承認は

リフレーミングの最初のステップである），同時に，リフレーミングを変えるのではなく，新たな要素をつけ加える。有能な治療者は，現在の段階目標から決して目を離さず，しかし，同時に行ったり来たりして——いわば風のなかで「上手回し」をし——目標にたどり着くために通る道筋を，常に変化させていくのである。

結論と振り返り

　よい FFT を実践するには，よい治療者が必要である。FFT は，治療者がクライエントに向けてうまく翻訳できたときにのみ，効果的なのである。したがって，FFT の治療者は，重い責任を負っている。治療者は，FFT のモデル，原則および実践を理解しているのと同時に，それを面接室において体現しなければならない。治療者による体現が，捕らえ所のない治療の過程に対して価値を与え，それこそが，モデルを生きたものにするのだ。だからこそ，治療が動的で，相互作用的で，情緒的な力を持つのであり，変化の専門家である治療者と，一緒に人生を変え得るような助けを探し求めて苦しみの渦中にある家族が，一緒の経験を始めることができるのだ。治療者は，知識，原則および操作的な変化モデルに基づく臨床的介入の手続きをもって，相互作用に臨む。家族は過去の経験，感情，願望および希望をもって，相互作用に臨む。よい治療とは，この非常に異なった二つの観点の，関係上の相互作用から生じるのである。

　FFT を上手に実施するために，治療者は，単純な各段階の記述や，外在化した問題行動についてのマルチシステミックな学術知識を越えて，真に面接室のなかに存在しなければならない。そのためには，勇気，計画性，がまん強さ，粘り強さ，注意深い傾聴および状況に応じた反応が必要である。また，モデルの各段階を通じて家族をうまく導かなければならない。面接室内での成功も，FFT の他のすべての側面とまったく同様であり，モデルに焦点化するとともに，関係上，個人的および情緒的な各側面においては，クライエントに焦点化する必要がある。FFT の治療者は，モデル特有の目標および課題を達成するために，特定の臨床的なスキルや介入を用いる。治療者が従うマニュアルやそれに引き続いて経験する訓練活動は，理論，研究成果およびさまざまな対象への何年もの臨床的経験を統合する。こうした訓練と経験により，治療者とクライエント／家族の間のプロセスに，方向性が与えられる。FFT の訓練や応用を「マニュアル化されたモデル」として捉えれば，内部的に整合せず相矛盾するよう

にも見えるが，FFTは，単なる介入テクニックの寄せ集めではない。具体的には，FFTの臨床的モデルは，以下のような相矛盾する描写により，その特徴をよりよく把握される。

◉単純だが複雑である
◉系統的で定式化されているが，柔軟かつ個別的である
◉しっかりした理論に基づくが，適用においては，実用的である
◉モデルを忠実に遵守することが求められるが，個別的な創造性や臨床的な知恵次第である
◉包括的で秩序立っているが，お手軽なマニュアル的アプローチやカリキュラムに基づく介入モデルではない

面接室内での成功の鍵は，FFTの他のすべての側面におけるそれと同じである——すなわち，FFTのモデルに焦点化しつつ，同時に，関係上の，個人的なおよび情緒的な各側面では，クライエントに焦点化しなければならない。

家族療法家として，私は常日頃から，「面接室の現場で」役に立つ原則に対して，最も関心を注いできた。この章で示したガイドラインは，既に述べたように，FFTを地域の状況に適用する経験の中から導かれたものである。しかしながら，そうした実践での経験を通じて私たちが得た教訓は，本質的には，家族についてでも治療者についてでもなく，FFTが実践される文脈のインパクトの大きさについてであった。また，私たちは，治療者がうまく機能できるような組織に固有の特徴や，そうした組織において治療者をFFTのモデルに繋ぎ留めるために役に立つ「ツール」や，治療者がうまくFFTを実施する能力に重要な影響を及ぼす臨床的なスーパーヴィジョンの性質についても学んだ。これらの教訓は，三つの実践事例の研究とともに，本書の第Ⅲ部のトピックになっている。

III

機能的家族療法の
地域処遇への導入

とえ実証的根拠に基づく家族治療が，試行的な研究において効果が
あったとしても，統制が十分に取れない地域社会におけるプログ
ラムに対して，常にうまく導入できるわけではないということを
示す証拠が出ている（Hoagwood et al., 1995; Rowe & Liddle, 2003; Sexton & Alexander, 2002b;
Henggeler, 2007 などの研究では，現実の臨床現場で実施される実証的根拠に基づく実践の効果は，
研究現場で実施される場合と比べて常に低く，その低下率はおよそ 50％であることを見出してい
る。Weisz, Jenson-Doss, & Hawley, 2006 の研究でも同様である）。保健や精神保健サービス
における新制度の普及に関する研究はたくさんあるにもかかわらず，実質的に
は，特定の実証的根拠に基づく実践を行うための決定的な指針はない（Goldman
et al., 2001）。

これらの知見は，機能的家族療法にとっても同様に当てはまる。機能的家族
療法は，処遇モデルとして長い歴史があり，大きな期待が寄せられているにも
かかわらず，機能的家族療法の研究から得られたものと同じ結果が，地域処遇
の機能的家族療法で達成され得ることを証明するためには，かなりの困難が伴
う。いくつかの事項が重要な事柄となっている。それは，治療者や具体的な訓
練体系の役割，質的改善，そしてデータのモニタリングであり，データの監視
は，FFT が実施されるさまざまな処遇制度に FFT を合わせるのに必要となる。

過去 10 年の間，同僚の Jim Alexander と私は，モデル特有の臨床スーパーヴィジョン・アプローチだけでなく，系統的なプロセス基盤の普及モデルを開発した (Sexton & Alexander, 2004, 2005)。この機会は，暴力研究防止センターの招きによってもたらされ，これが実証的根拠に基づく処遇の地域処遇への移行に主導的な役割を果たした。本書の最終部分となる第Ⅲ部では，FFT のさらなる可能性が現実となるようなやり方で FFT を地域処遇へと導入するさいの留意点について私たちが学んだことを扱う。第 8 章では，FFT が実施される多様な臨床現場において，FFT モデルへの遵守性を生み出し，維持，向上させるための臨床スーパーヴィジョンとその役割について検討する。第 9 章では，地域処遇における複数の組織が，FFT を採用し効果的に活用し，普及の「ツール」や継続的に質を向上させるシステムの諸要素について議論するのに必要な，多次元的で関係性を有するプロセスについて検討する。各章とも，FFT が採用されてきた多くの現場の例を事例研究の形で紹介する。目標とするところは，FFT がどのようにして，組織としてユニークな設定やサービスの提供システムや地域社会のニーズに適応したかについて具体例を読者に示すことにある。

8

機能的家族療法の
地域処遇への導入

　臨床モデルの適用については，その可能性にかかわらず，実は，それを必要
とする地域社会，家族，個人に対してほぼ同じことが言えるのである。もし，
機能的家族療法のような治療モデルを援助しようとする青年や家族に適用する
のであれば，理論から実践への移行（最終章の話題），学究的環境から地域処遇へ
の移行，訓練と学習から臨床的実践への移行（本章の話題）の三つがなされなけ
ればならない。このモデルの展開については，連続的で系統的な過程である継
続的な学習，モニタリング，そして，治療者と組織の双方が，その組織風土と
治療システムの中心に FFT を統合していくことが必要である。このように三
つの移行が成功するためには，組織の系統的な支援が肝要なのである。

　FFT が，35 年間の歴史のなかで，地域処遇において系統的に実践され始め
たのは，わずか 10 年のことである。FFT の普及プロジェクトの計画者および
監督者として，筆者は，FFT に基準を設けて，最良の訓練方法を見いだし，組
織と一緒に取り組み，治療者が青年や家族の援助方法を見つける支援努力を
リードしてきた。そうするなかで，FFT をはじめとする実証的根拠に基づく実
践に関して，地域処遇での実施方法が，治療自体と同じくらい大きな影響を家
族や青年に与えるであろうことが明らかとなった。FFT の地域処遇への移転に
際しては，その臨床モデル自体と同じように，一連の指針となる原則と明確な
手順が必要とされる。これは，マルチシステミックで，関係性を有するデータ
を基盤にしたプロセスである。筆者たちは，FFT の地域処遇への移転が，治療
の実施自体と同じくらい複雑なものであるということをすぐに学んだ。実際，
このプロセスに系統的に注意を払わなければ，FFT を最も必要とする人々が，
このサービスを受けることできず，それが促進するだろう生活の変化による利
益を得る可能性もない。筆者たちは，当初の考え（例えば，「すべての家族成員がい

なければセッションをしない」「長所基盤アプローチで十分である」）が，少し単純で，実際の地域処遇においては適用可能性に乏しく，あるいは，現実的ではない，ということを学んだ。また，筆者たちは，単にワークショップに出席するだけでは実践家が十分に学ぶことができないこと，そして，FFT を実践したい，青年を助けたい，家族の支援者でありたいというだけでは，それらは大切なことであるが，あまり十分な成功要因とはならないということを見いだした。

　これまでに，筆者たちは，科学的な臨床実践家であり，そして，家族と地域社会のニーズに関連する複雑困難な状況と格闘するなかで，一連の訓練，スーパーヴィジョン，実践，質の向上のための手順を開発してきた。これらの手順により，今や，FFT を理論から実践に移すプロセスが決められている。この現実世界への移行に伴う困難によって，私たちは，アメリカ合衆国公衆衛生局医務長官（U. S. Surgeon General, 2001）が述べた「プログラムの効果は，介入の種類と同じくらい，実践上の質によって決まる。多くのプログラムに効果がないのは，その方法が誤っているからではなく，実践上の質の低下によるものである」ということを確信した。

　この国の周辺での普及活動の経験が多くなるにつれ，（機能的家族療法，マルチシステミック・セラピーなどの実証的根拠に基づくプログラムにおける）多くのモデル提唱者は多くの困難を見いだした。例えば，セラピーの伝統的な教授法（大学院での授業，読書，ワークショップへの参加）は，治療モデルを実践に移すためには十分ではないということが明らかとなった。これには二つの理由がある。第一に，私たちは皆，授業やワークショップの後にどうなるのかを知っている。金曜日に素晴らしいワークショップに行く。ワークショップでは，名人の臨床家による面接例のビデオが魅力的で強い印象を与える。月曜日には，2，3 のことをやってみるが，クライエントの要求や危機は多岐にわたるため，私たちの多くは，これまでの知っているやり方に戻ってしまう。水曜日までには，たいてい，新しく学んだことを試みることはよいことだと思い出すが，次の金曜日が来ると，新しいアプローチが試みられたり，取り入れられたりすることはほとんどない。これは，家族も経験することであり，治療者と一緒であって，自分自身で新しい洞察を取り入れようとする場合においても，経験することである。FFT やその他の実証的根拠に基づくモデルの実施を通じて治療者が直面するのは，25年間にわたる健康サービスの研究が，効果のある臨床モデルを複雑な現実世界の環境で普及するための決定的な緩衝要因やメカニズムを説明することに失敗してきたという事実である。FFT の観点からは，治療の実施とは，プログラム

実施者，モデルを採用する組織の風土，臨床家のバックグラウンドや訓練，クライエントの特徴の間にある複雑な力動を伴う関係のプロセスに他ならない。

　第二に，現実世界の状況や参画者の多様性の大きさが，知識の移行を単純なものにしないからである。再現する現場の組織，治療者，クライエントには，非常に多様な文化，地域社会，民族の幅がある。現在まで，FFT の主要なクライエントには，中国系アメリカ人，アフリカ系アメリカ人，白人，ベトナム人，その他多様な人種がいる。事実，これまで FFT は，八つの異なる言語 (ベトナム語，中国語，ドイツ語，スウェーデン語，スペイン語，英語，アラビア語，ハイチ語) を用いて実践されてきた。FFT が実践されてきた機関は，非営利の少年育成のための地域機関から，薬物・アルコール処遇のグループ，従来の精神保健センターにまで及ぶ。ここ 3 年間は，さまざまな治療システムにおいて州規模で FFT を実施することが強調されてきている。例えば，FFT は，ワシントン州の少年司法システムのなかで 8 年以上にわたって展開されてきた。筆者たちは，ニューヨーク州の精神保健システム，ペンシルバニア州とニューメキシコ州の少年司法システム，オランダ中の司法精神医学治療機関において，青年を対象とした治療者や家族療法家を訓練するプロジェクトを行っていた。これらの現場の治療者は，性別，年齢，出身民族といった点で，クライエントと同じく多様であった。これらの現場においては，FFT プログラムは，自宅で行われるサービスとしても，従来の外来プログラムとしても提供される。FFT は，学校を基盤とした現場で実施されるようにもなってきている (Mease & Saxton, 2005)。多様なクライエント，状況，治療者を系統的な治療モデルに組み入れ，非常に多くの異なる機関に導入することは，控えめに言ってもことは複雑である。成果を出すためには，単なるワークショップ，マニュアル，個人学習よりも多くのことが必要とされる。実習のセッション，治療者が行ったやり方と治療者が改善したであろうことに対するフィードバック，継続的な訓練とスーパーヴィジョンが必要とされる。

　この章では，10 年にわたる FFT の地域処遇への導入における教訓と最良の実践について述べる。これらの教訓は，筆者たちの臨床実践，導入の努力，そして，積極的な関与により，若者を援助するという目標を達成したものであり，実践を変えるのに必要な対人関係のプロセスに関する知識から由来している。しかしながら，この章での焦点は，クライエントから地域への移行であり，処遇モデルが地域社会やクライエントのなかで維持成長し地域社会に特有のやり方がありながらも，モデルへの遵守性を保ちながら実施されることの必要性

である。FFT を学ぼうとする実践家に，なぜこのような教訓が重要なのだろうか？　それは，もし，治療者が FFT を活用し，これまでの調査研究によって示された素晴らしい結果を再現する機会に恵まれたなら，特段の支援が必要であるからで，そのことに治療者は責任を負っている。

　この章の目標は，FFT を地域処遇システムのなかで効果的に機能させるために必要なことを説明することである。筆者たちの努力から導かれ，開発されたプロセスを基盤とする普及モデルに関する議論から始まり，一連の学ばれた教訓と FFT が大学と地域社会の連携，個人クリニック，幅広いケアシステムのなかでいかに広く採用され得るのかを示す四つの事例研究へと続いていく。多様な事例は，FFT モデルの適用範囲を説明するものである。

継続的な質の改善
●家族のニーズを満たしながらモデルへの遵守性を維持すること

　地域処遇での展開の成功には，モデルを正確に導入するために多領域の治療システム（治療者，機関，サービス提供システム）を調整することが必要とされる。筆者たちのモデルへの遵守性（adherence）の定義は，他の研究者と近似している。それは，提供された治療がモデルの本質的な理論および手続きに従って実施されていることである（Hogue, Liddle, Rowe, Turner, Dakof, & LaPann, 1998; Waltz, Addis, Koerner, & Jacobson, 1993）。効果的なプログラムの導入にとって，治療の遵守性が極めて重要な要因であることが明らかになってきたとき，筆者たちはこの問題に興味を持つようになった（Henggeler, Melton, Brondino, Scherer, & Hanley, 1997; Hogue, Liddle, & Rowe, 1998; Koerner, & Jacobson, 1994; Sexton & Alexander, 2002）。モデルへの遵守性は，家族に基盤を置くセラピーにおける治療結果にも結びついていた（Henggeler & Schoenwald, 1999; Huey, Henggeler, Brondino & Pickrel, 2000; Schoenwald, Henggeler, Brondino & Rowland, 2000）。Barnoski（2002），Sexton et al.（2002），そして，Sexton と Turner（in press）は，治療者の遵守性が，FFT の導入成功における主な調整要因であることを見出した。モデルへの遵守性を高く保ってモデルを導入した治療者たちは，そうでなかった治療者たちよりも有意によい結果を出していた。治療者のモデルへの遵守性がなければ，FFT が通常の治療条件よりもよい結果を生み出すことはなかった。薬物乱用青年と非行少年のための家族療法におけるモデルへの遵守性に関する研究（Barnoski, 2002; Henggeler et al., 1997; Hogue et al., 1998; Huey et al., 2000; Nitza & Sexton, 2001;

Sexton & Alexander, 2002a) では，複雑でマニュアル化された治療が良好な結果を確保するためには，モデルへの忠実性（fidelity）を厳しく保って実施される必要があることがわかった。

　地域処遇の現場においては，治療への忠実性を発展させ維持することは難しい。地域処遇におけるプロジェクトでは，臨床研究試験で用いられる統制や条件がすべて存在するわけではない。FFT を意図どおりに確実に導入するための実践的方法を見出すのは，その地域処遇組織の責任である。まず，影響を与える可能性のある変数をすべて考慮しなければならない。地域処遇を行う組織は，FFT の特徴にマッチするサービス提供システムを持つ必要がある。例えば，組織にクライエントがリファーされてからセラピーの開始までの間隔は短期間である必要がある。いくつかのサービス提供システムでは，従来のやり方でインテイクとアセスメントを複数回行うことになっているが，これは FFT のやり方と矛盾する。例えば，多くのサービス提供システムは，家族と青年が多くのサービスを同時に受ける「包括的（wraparound）」モデルを用いている。以下に述べるように，FFT は，サービスを提供する際に連続的なアプローチを採る組織で実施されると最もよく機能する。例えば，最初のサービスとして FFT が実施され，必要があれば，次の段階で FFT の治療者によって追加のサービスが決定されるのである。最後に，治療計画とケースロード（受け持ち事例数）の問題がある。地域精神保健やその他の心理的サービス業務の実態では，治療者は，毎週，収入を生み出すサービスに非常に多くの時間を割いており，やや法律家のようにふるまう必要がある。しかしながら，FFT においては，系統的な治療計画策定の必要性が，治療者の費やした時間に支払いを求めることと矛盾するのである。

　それでは，FFT は，多様な地域処遇システム，あるいは，処遇現場において，受けた訓練，経験，経歴が異なる治療者によって，どのように実施され得るのだろうか？　そして，どうやって，それでも成功するのだろうか？　成功するやり方は，他の効果の高い家族療法と非常によく似ている。FFT は，組織，治療者，クライエントの各特徴に合わせると同時に，高いモデルへの忠実性を保って実施される。治療モデルは統合性を保ち，同時に，組織は個別性を保つのである。

　FFT のモデルをその特有の忠実性を伴って導入する際には，治療者，スーパーバイザー，そして組織の影響を受けるものである。そこで，普及プロジェクトでは，筆者たちは，訓練とスーパーヴィジョンによる学習と治療の質の維

持に役立つ組織構造の開発に向けて取り組んだ。筆者たちは，モニタリングよりも，よりプロセス重視のアプローチと継続的な質の向上に努めてきたが，そこでの各セッションと各ケースの経験は現場での取り組みの更なる改善のために集約され活用される。

　私たちのアプローチは，継続的な質の向上（CQI）の原則に基づいたものである。継続的な質の向上は，目新しいものではなく，FFT に特有のものでもない。この哲学は，1990 年代の健康管理分野において広く受け入れられた（Deming, 1986; Ju-ran, 1964; Crosby, 1979）。継続的な質の向上は，1931 年に初めて出版された『製品に対する経済的な品質管理 *Economic Control of Quality of Manufactured Product*』のなかで，Shewahrt によって最初に提唱された品質保証のアプローチである。これは「現存する過程のなかでの直線的な改善の増加」（p.1）と定義されてきており，最初から正しいことを正しい方法で行うことに焦点を当てている。継続的な質の向上のためには，マネージメントだけではない，すべての職員の質に責任を持ち，環境ではなく過程が重視される。この考え方に立って，医薬品研究所（Institutive of Medicine, 2001）は，医療サービスにおける質について，「サービスと治療が望ましい結果を出す可能性を増大させ，現在の専門的知識と一致する程度」と定義した。継続的な質の向上の過程においては，治療の質は治療者だけの責任ではない。成功する継続的な質の管理は，以下に記した多くの本質的な要素を伴って進行する組織全体にまたがる体制によるものなのである。

◉継続的な質の管理は，組織全体にまたがる。継続的な質の管理が成功するのは，その組織が自ら行ったことのすべてに上質を求めるときである。これには，政府機関や上級管理職からも質の高さに向けて全体的な関与があり，臨床スタッフを含むすべての従業員が関与する（Berwick, 1994）。そして，質の確保に向かう自発性，チームワーク，適応性，そして柔軟性を支持する文化的な状況に根ざしている（Boerstler, et al., 1996, p.143）。そこでの管理は，資源の確保を約束し，すべての従業員と臨床スタッフの作業が必ず上質なものとなる継続的な改善を導くような雰囲気を作り出さなければならない。従業員とスタッフは，自分たちの作業の結果やそれを生みだす方法を継続的に改善するよう決意しなければならない。

◉継続的な質の向上は，過程に焦点を当てる。継続的な質の向上のために，過程を理解し，評価されるべき過程の性質を見極め，そして，変化の影響を判断するためにその過程をモニターする。これは，資源のよりよい活用

を通じて生産性を改善する効率的で効果的な過程をもたらし，より上質の作業製品やサービスを生み出す。

●継続的な質の向上は，従業員をエンパワーする。過程の理解や改善は，従業員が関与して効果的な変化へ向けてエンパワーされるようなチームに基盤を置くアプローチを必要とする。

●継続的な質の向上は，進展していかなければならない。その目的は，質の低下が起きる前にこれを防止し，組織化されたやり方で過程を改善する機会を求めることである。

●継続的な質の向上は，その指導者の責任を果たすための管理を必要とする。この責任とは，従業員を訓練し，革新させ，その参加によりエンパワーメントを促進し，彼らたちが問題の改善過程に貢献できるようチームを編成し，改善を導く組織の変化を促進する責任である。

FFT における私たちの継続的な質の向上に対するアプローチは，次のような三つの仮定に基づいている。

●モデルへの遵守性は異なる観点（治療者，クライエント，外部のコンサルタント）から測定されなければならない

●遵守性と忠実性に関する情報は，治療者，スーパーバイザー，日々のプログラム実施者が容易に入手できなくてはならない。

●遵守性と忠実性への注目が，臨床実践とスーパーヴィジョンの中心であるべきである。

このアプローチを地域処遇の現場で実施するために，筆者たちは，モデルへの遵守性を監視して追跡するための四つの方法を用いている。それは，治療者の経過記録，クライエントの体験報告（CPQ），スーパーバイザーによる忠実性の評価，長短期的な変化の評価である。これらの手段は，モデルへの遵守性に関して包括的な見解を発展させるために，異なる活動（治療者の意図，家族の行動，サービス提供の決定と概要）についての情報を多様な視点（クライエント，治療者，スーパーバイザー）から提供する。これらの評価は，モデルへの忠実性を促進し，能力を向上させ，主にデータに基づいた介入に焦点を当てるため，継続的な質の向上に不可欠な臨床的なスーパーヴィジョンモデルの一部でもある。継続的な質の向上の過程は，コンピューターによる継続的な質の向上システムとして構

築されている，FFT のサービス提供システム（第9章）を作り上げている。これらのツールが，次章での主題である。

効果的な地域処遇での実践原則

　FFT を知識段階から日々の臨床実践に移行するために何が必要であろうか？ 青年と家族を最も援助できるやり方で FFT を組織のなかで実践するためには，何が必要であろうか？　次に来るのは，今や，地域処遇での訓練，質の確保，そして，FFT における臨床スーパーヴィジョンの指針となっている原則である。

系統的な訓練の継続

　この本で一貫して説明しているように，FFT は，学習される一連のツール以上のものであり，治療者の意思で自由に適用されるものでもない。そうではなく，FFT は，一連の中核的概念と理論的原則，一連の治療的過程により構築された系統的なアプローチである。これらは，系統的な訓練とスーパーヴィジョンによって治療者にもたらされる。真に臨床的な FFT の活用は，本や入門的なワークショップから学ぶことはできない。力量を高め，このモデルへの忠実性を育むことが，系統的な訓練プログラムの成果である。

　臨床訓練プログラムの目標は，FFT が，その機関において継続的に満足できる介入プログラムとなるように，治療者と現場のスーパーバイザーの忠実性と力量を高めることである。FFT の訓練は，次の順番で三つの段階において実施される。

● FFT を実施することになる治療者に焦点を当てる。主な目標は，モデルへの忠実性，説明責任，力量である。
● 機関の一員であり，現場において FFT の質を管理する責任を持つスーパーバイザーに焦点を当てる（第9章を参照のこと）。
● 協力的なパートナーとして，地域処遇の第一線に対して教育訓練を続ける。

　全体としての目標は，参加者に臨床的なスーパーヴィジョンモデルの知識と実行能力の双方を身につけさせることである。筆者たちのプロジェクトにおいて，私たちは多段階の訓練過程を設けるようになった。時間をかけて訓練し，

このモデルの原則を学ぶために一連の実習と十分な時間をかけることが，成功を高めることになる。この一連の流れは，治療者の発達学習曲線に合うように計画される。訓練を概念の領域から経験の領域へと進展させるには，(適切なケースロードに基づく) 継続的な実践が伴うべきである。

　FFT の訓練は，現在，三つの組織を通じて提供されている。FFT 訓練所 (Functional Family Therapy Training Institute) は，インディアナ大学の実証的根拠に基づく実践センターの一部である (www.cafs.indiana.edu)。このセンターは，継続中の研究，評価，訓練，そして，FFT を実施している組織へ質の改善を図るサービスを提供している。このセンターは，アメリカ合衆国だけでなく，オランダとアイルランドにも支部を持っている。二つの民間組織も，認定された FFT の訓練を提供している。これらは，機能的家族療法協会 (www.functionalfamilytherapy.com) と株式会社機能的家族療法 (www.FFTinc.com) である。

同盟を基盤とした実施

　同盟という概念は，一般的な心理療法の文献と家族を基盤としたモデルにおいて，成果を上げるための決定的な要素として十分に認められている (Alexander et al., 1995; Alexander & Batron, 1996)。しかしながら，この構成概念は，実践においても同じく重要である。この段階においては，訓練者，治療者，組織，地域社会の間に同盟が必要である。この同盟には，実施の目標，それらの目標達成に必要な課題，そして，情緒的な絆の確立についての同意が存在する。実施上の同盟を確立するために，サービス提供システムのなかで組織的な作業を行い，家族を基盤とした FFT の目標を採用し，訓練が始まる前に継続的な質の向上の原則を採用する必要がある。今や筆者たちは，実践の初期段階において，FFT の採用に妨げとなるであろう困難や障害を特定するために，組織のアセスメントを行い，組織的に作業を行う。Sexton と Alexander (2004) は，どのような普及の努力に関しても，最終的な成功は，実践者，組織の本部，治療者自身がこのモデルをうまく採用するという目標の達成のために，一緒に取り組む関係を作り上げることがポイントになるということを示唆している。

　Sexton と Alexander (2003) によれば，実証的な根拠に基づいた実践をうまく移転することができるときには，いくつかの共通する特徴が見いだせる。それらは，質の確保とモニタリングによる処遇への忠実性の必要性，プログラムが実施される組織構造への注目，地域社会と実施者との連携の確立が含まれる。これらの要素は，暴力の研究・防止センターによって行われる普及活動にも含

まれており（Elliott & Mihalic, 2004），今や地域処遇の現場における FFT の実施指針
となっている。このアプローチには，継続的な質の向上の原則や過去 10 年間
に私たちが学んだ教訓が含まれている。

長期間にわたる関与

　FFT を地域社会で展開する移転プロジェクトの最も重要な目的の一つは，持
続可能性を高めることである。したがって，移転プロジェクトは，競売にかけ
られた結果導入された最新のものとしてスタートするが，家族を援助するため
の正規の標準的な方法にならなければならない。これには時間がかかる。それ
は，通常，治療者，機関，資金提供者が新しい実践のための試行期間として考
える期間よりも，ずっと長い時間である。集団単位での伝統的な訓練方法や職
員を訓練する者を雇うことでは，モデルへの遵守性と持続可能性という二つの
要求に対して，満足のいく結果を残すことにはならない。

　医学の領域では，よい外科医を育てるために，大学での訓練後，3 年間の医
学専門学校と少なくともさらに 1 年間の専門医学研修期間が必要とされ，その
すべてに注意深い指導監督と評価が伴うという事実は驚くことではない。もち
ろん，FFT は，とても幅広い領域の専門家によって実施されるように設計され
ているが，すでに述べたように，非常に複雑で多くのスキルを必要とする介入
であるため，すぐに取り上げて内面化することはできない。だから，FFT の地
域処遇への導入には，治療者，担当者，持続可能なプログラムを作り出すため
の財政面での支援者の長期的な参加が必要とされるのである。訓練は，継続的
に，モデルの開発者と連携して行われる必要がある。データを分析すること，
治療者の忠実性を監視すること，勇気をもって FFT をうまく実施していない
治療者を積極的に援助すること，うまく実践している治療者に報償を与えるこ
とを通じて継続的な質の向上に努め，そのために，治療者，担当者，財政面で
の支援者の義務が存在するのである。その義務とは，クライエントへのよいケ
アを保証する手段としてのモデルへの遵守性である。この種の質の向上に関与
するためには，すべてのレベルの組織（治療者，担当者，スーパーバイザー）は，説
明責任を共有しなければならない。なぜなら，処遇的な介入を成功させるため
には，それらのすべてが説明責任を果たさなければならないからである。最後
に，皆が長期的な視点を維持する必要がある。治療者や機関が，FFT をすぐに
内在化することはまれである。実際，その経過は，ちょうど青少年である家族
成員に行動変化を求めているときの家族のプロセスのようである。つまり，訓

練を受けることは，単なる成功への第一歩にすぎない。訓練を受けた後には，具体的な行動の変化と困難を克服するための継続的な注意が伴わなければならない。長期的に見れば，FFT の移転プロジェクトが成功するのは，それが持続可能であり，組織や地域処遇の構成要素の一部になっているときだけである。

治療モデルを機関やサービス提供の特徴に合わせる

　組織やサービス提供システムの特徴に合わせることの重要性は強調しきれない。実際，調査研究によって得られたエビデンスは，組織の構造や雰囲気がクライエントの改善に直接的に影響することを示唆している。筆者たちの経験も同じこと示唆している。さらに，私たちは，FFT の採用初期だけでなく，長期的な経過においても同様の影響があることを見出した。これらの考えは驚くべきものではないかもしれないが，通常，FFT のような新しい実践を採用する場合には，その重要性はより明白になっている。ほとんどの場合，FFT は，認可を受け，または開始のための資金提供を受けて組織に導入される。これらのプロジェクトに対する従来のアプローチは，組織に対し，実践に合うような環境作りよりも，訓練のような事項に焦点を当てるものであった。さらに，これらの導入が，一つの機関，一人のサービス提供の責任者，または，少数の治療者だけに擁護されていることがしばしばあった。熱意や関与が乏しい人たちは，関わらないかもしれないし，取り残されるかもしれない。その結果，組織の長期的な計画やサービスに統合されていない，個別のプロジェクトになることがしばしばあった。FFT の実践の導入を学ばなければならない治療者は，まるで上流に向かって泳いでいるかのように感じることになる。つまり，新しい介入プログラムを学びつつ，従来の変わらぬ環境からの抵抗に逆らっているように感じるのである。

　Glisson と James (1992) は，組織の特徴（文化，雰囲気，構造）と成功する児童精神保健サービスの提供との間にある関係を実証し，これらの変数がその普及の過程において実際に重要な側面になっていることを示唆した。組織の雰囲気は，個人が自らの職場環境を認識する方法としての機能を持っている。それは，その環境で生活して働く人々によって直接的あるいは間接的に認識される測定可能な職場環境の一連の特徴によって記述され，動機づけや行動に影響すると想定される。組織の文化は，その組織において物事がどのように行われるのかを規定する信念と期待から成り立ち，新しいワーカーのふるまい方を形成する。そこで焦点が当てられるのは，個人の考えに関して個々に期待されている

というよりは，その個人のどのような信念が勤務部署の人々の期待と規範に合致しているかである。組織の構成は，その中央集権と役割形成によって決まる。そこには，意思決定への参加，権限の階層，労働の分割，組織における各部署のメンバー間の仕事上のやり取りを規定する手続きマニュアルが含まれる。

すでに述べたとおり，組織に合わせる上での重要な課題のひとつは，FFT を他のサービスに統合することである。家族が FFT に紹介されてきたとき，その家族が同時に他の地域サービス（例えば，子育て支援，怒りのコントロールなど）や専門的なサービス（例えば，親や青年に対する個人カウンセリング，集団療法など）を受けていることがしばしばある。実際，従来からの包括的で裁判所から受けることを義務づけられた精神保健サービスの多くは，意図的に，このような資源を多く家族に提供している。これらのサービスは有用であるが，うっかりして混乱したメッセージをクライエントや家族に送ったり，お互いに悪影響を及ぼしたりしないように，計画的な調整が必要とされる。

このことは，特に FFT にとって重要である。FFT は家族に焦点を当てており，その初期の治療的介入は家族が問題に注目することを目指している。一般的に，個人に焦点を当てたサービスは，問題の所在をその青年や両親に求めたり，家族関係システム以外のものを直接的な介入対象としたりする。このような焦点づけは，FFT の進展を妨げるだろう。したがって，筆者たちは，機能的家族療法が実施されている間は，他のすべての専門的なカウンセリングサービスを終結してもらうか，一時中断してもらうことを提案する。もし，それらを続けるのであれば，FFT の治療者は，サービス提供機関と連絡を取り，そのサービス提供機関が FFT にとってどのように有益で，そして，重要なことは，どのように悪影響を及ぼす可能性があるのかを理解する必要がある。さらに，FFT が終わるまで他の教育サービスの開始を遅らせることができるかどうかを見極めるために，そのサービスを慎重に評価しなければならない。FFT の一般化段階においては，治療効果を高めるようなやり方で別のサービスが家族に適用されるかもしれないし，そのことは地域サービスのより効果的な使用につながるであろう。このような方法で他の機関のサービス開始を遅らせるためには，FFT のチームが，調和のとれたケアシステムを組織することによって地域サービスの提供機関を教育することがしばしば必要とされるのである。

機能的家族療法を
地域処遇で展開した実践例

　以下の節は，機能的家族療法が意図されたとおりに機能するため，注意する
必要がある広範なシステムレベルの問題を確認できるように，四つの FFT プ
ロジェクトの実施例を記述している。各事例は，いくつかの独自の課題を描写
し，複数の個別の教訓を示している。また，これらの事例はともに，FFT が，
ユタ大学の小さな学術訓練センターでソルトレイク・シティーの少年裁判所か
ら委託された主に白人の若者に大学院生が働きかけるプログラムから始まり，
複雑多様な地域社会の組織において使用されるモデルとして現在の地位に至っ
たこと，そして，実践の多様性を示すようになるまでに，いかに長い道のりを
経てきたのかを明らかにするものである。これらの事例は，その成功に影響を
与える過程に基盤を置いた実践モデルについても説明するものである。
　第一の例は，最初に実施された FFT のプロジェクトという意味で貴重であ
り，今に至るまで最大のプロジェクトである。大学と地域社会が連携し，筆者
とその臨床チームは，何千もの若者に FFT を実施するラスベガス家族プロジェ
クト，訓練サービス研究センターを立ち上げた。このプロジェクトは，地域社
会における FFT サービスの質の向上をデータに基づいたモニタリングやスー
パーヴィジョンと結びつけ，FFT を検証し，そのモデル特有の変化のメカニズ
ムを実証することに役立つ効果に基盤を置く研究を創り出したのである。
　第二の例は，アメリカの州規模単位の少年司法システムにおける約 10 年間
に及ぶ FFT の実践を記述している。ワシントン州は，実証的根拠に基づく実
践を取り入れた最初の州の一つである。このプロジェクトは，FFT がすべての
システムの文化を変えることにいかに役立ったか，そして，これらの努力に対
する系統的な評価が，地域処遇で実施する際の極めて重要な要素——処遇への
遵守性——を特定するためにいかに役に立ったのかを説明している。
　最後の二つの例は，多様な文化のクライエント集団に FFT がいかに用いら
れ得るのかを示している。一つの現場は，アメリカ合衆国の大都市でラテン系
アメリカ人，南アメリカ人，アフリカ系アメリカ人，ハイチ人の若者を取り扱
う地域精神保健システムである。もう一つの現場は，オランダのアムステルダ
ムにある主に精神医療のための精神保健センターにおいて FFT を実施するた
めの国際プロジェクトである。
　これらは多くの点で異なるが，いずれの例も同じく，移転の過程に対する系

統的なアプローチの必要性や，治療プログラムの長期的な持続可能性に影響を与えるであろう多面的なシステムについて考えることの必要性を示すものである。以下の例は，得られた一連の教訓であり，地域処遇の現場で FFT を実施するための指針となる原則として役立つものである。

家族プロジェクト──研究，訓練，地域処遇での実践の統合

この家族プロジェクトは，サービス提供，訓練，研究を一緒に提供することができるよう構成されている。ラスベガス少年裁判所とネバダ大学が連携し，筆者の専門的な役割を通じて始まったが，現在は，インディアナ大学の外で運用されており，同じく研究，訓練，臨床実践を結びつけている。1998 年に開始され，この家族プロジェクトで働いていた治療者たちは，4,000 人以上の青年とその家族に FFT を提供してきている。さらに，このプロジェクトは，世界中の組織からやってきた 500 名以上の FFT の治療者に現実の地域社会における訓練の経験を提供し，少年裁判所のいくつかの重大な問題を解決することも助けてきた。家族プロジェクトが始まったとき，ラスベガス少年裁判所は毎月 1,200 人以上の青少年に対してインテーク面接でアセスメントを行っていた。裁判所の観護措置による勾留施設（少年鑑別所）は定員超過状態であり，社会内サービスの提供機関はケースの多さに対応することもできず，実証的根拠に基づいた効果的な処遇を提供するにはほど遠かった。

この家族プロジェクトによって提供されるサービスはユニークなものであった。クライエントは，(1) 裁判官による直接の命令として，(2) 少年裁判所の受理過程における当初のスクリーニングによるものとして，(3) あるいは個人的に家族から，そして，(4) 青少年を地域社会へ戻すために社会内処遇を必要とする収容処遇施設から委託された。クライエントの年齢は 10 歳から 18 歳までの幅があり，20％以上がラテン系アメリカ人，20％以上がアフリカ系アメリカ人であり，委託された際の問題は，初期の危険な行動（門限違反や家族葛藤）から深刻な重大犯罪（武装強盗，暴行，メジャーな薬物犯罪）までの幅があった。サービスは，FFT の訓練を受けた経験豊かな資格のある家族療法家のグループによって，大学の研究室の業務として提供された。

このサービス提供システムは，インフォームド・コンセントの書類にサインするための短い受理面接があった後，すぐに FFT の初回のセッションが続くという大変珍しいものであった。治療者は，スケジュールを柔軟にできる数のケースを持ち，このことは，もし臨床上の必要があれば，治療者たちは，急い

でその家族をスケジュールに入れ，家族の必要性に応じて予定した家庭訪問を
再調整することができた。これらのケースのスーパーヴィジョンや計画策定を
行った筆者たちの経験から得られたスタッフの数やスーパーヴィジョンの過程
は，第9章において説明される FFT の臨床スーパーヴィジョンモデルのもと
になるものとなった (Sexton, Alexander, & Gilman, 2004)。この家族プロジェクトを通
じた FFT の提供は，筆者たちに現在の普及モデルの中核要素となる多くのこ
とを教えてくれたのである。

● FFT は，委託後にすぐに開始されたときに最も効果がある。家族プロジェ
　クトにおいて，筆者たちは，委託後 24 時間以内に家族と連絡を取り，48
　時間以内に最初のセッションを持つというモデルを発展させた。このモ
　デルは，累積のドロップアウト率を 15％未満としたが，これは他のモデ
　ルや従来のサービスにおいて報告された率を大きく下回るものであった
　(Kazdin, 2007)。

● 成功するためには，臨床スーパーヴィジョンはモデルに焦点を合わせる必
　要がある。各ケースのスーパーヴィジョンは，発展中のモデルへの忠実性
　を尊重する一方で，同時に，そのクライエントに合わせ，面接室内での困
　難に対処することを基本としており，系統的であった。その結果が，FFT
　のスーパーヴィジョンマニュアルであり，これには関連する過程，異なる
　段階，十分なモデルの実施を保証する方法について詳細に書かれている。

● FFT は，多様な青少年，多くの問題，さまざまな家族構成に用いること
　ができる。家族プロジェクトは，委託されたすべての青少年を取り扱い，
　治療に取り込むことができる家族システムと取り組んだ。例えば，義理
　の父親や同胞と一緒に来なかった家族の治療を拒否しなかった。私たち
　の「合同家族面接」の概念は，より現実的であり，硬直しておらず，望
　ましいものになった。

● サービス提供における柔軟性は重要であった。私たちは，従来のサービス
　においては普通である週 1 回のセッションというモデルが FFT において
　は必ずしも役に立たないということがわかった。家族プロジェクトの治療
　者は，週に 2 回以上のセッションを設定したり，キャンセルを認めたり，
　次回の面接日を事前に設定しなかったり，再発防止の能力を高めるために
　般化するためのセッションの頻度を調整したりすることができた。この柔
　軟性は，家族のニーズに合致し，状況による意思決定の原則に沿ったもの

　であった。

　家族プロジェクトは，独自の訓練の機会も提供した。大学と地域社会との組織連携の合意を通じて，世界中から来た治療者が治療チームに加わり，そのプロジェクトのなかで家族に対し，スーパーヴィジョンを受けながら FFT を提供することができた。家族プロジェクトにおける訓練の使命は，「家族療法」の設立者たちによって開発された家族研究所モデルを模して制定された。「エクスターンシップ」と呼ばれるようになった体験は，まさに 1970 年代のフィラデルフィア児童クリニックのように，3 か月から 5 か月の間，治療者が家族プロジェクトの現場に月 3，4 日やって来るという集中的な訓練体験であった。各事例は，ワンウェイミラーの前で実施され，訓練中の治療者によって観察され，治療者による振り返りと分析のために録画された。訓練過程において，各事例は詳細に計画され，各セッションは観察された。事例のスーパーヴィジョンは，その場で行われた。筆者たちは，議論の再方向づけ，再焦点づけが進むように，セッションに介入した。これにより，私たちは，家族に即座に影響を与えることができ，治療者にリアルタイムのフィードバックと学びを提供することができた。

　これらの訓練プロジェクトにより，私たちが初めて，計画段階においては個人セッションで，そして時がたった後は一連のセッションでも，FFT の治療の進展を見ることができたのである (Alexander, Bonomo, Ostrom, & Sexton)。私たちは，Hoffmann (1981) がワンウェイミラーの背後からの風景と記述したものと同じ場面を観ることができた。そこでは，何がどのように述べられ，介入がどのように実行されたのかについて，最も細かいことにまで注目された。訓練中の治療者にとって，エクスターンシップの機会は，FFT のすべての訓練過程のなかでも最も価値がある。なぜなら，それは現実的で適用可能だからである。これにより，訓練中の治療者や私たちは，訓練中の治療者が現実に取り組んでいるセッション場面で長所や課題を見出すことができた。これは，スーパーヴィジョンが，もはや単なる臨床報告に基づくのではなく，実際の観察を含んでいるということを意味していた。

　私たちは，訓練に関して多くの教訓を学んだ。例えば，私たちは，治療者がセッション中に行ったことに関する治療者の説明は，彼らが実際に行ったことと常に合っているわけではない，ということを見出した。このことは，次の章において説明される臨床を基盤とする忠実性の測定手段を開発するべく私たち

を後押しした。私たちは，いったん治療者がより伝統的な訓練から概念的，学問的な知識を得た後に，現実の臨床例からさらによく学ぶということを見出した。これは単純なようだが，私たちはすぐに，知っていることとやっていることは非常に異なるという事実に直面した。このことにより，私たちは，成功する治療者になるための自らのアイデアを広げることができた。次の章では，臨床スーパーヴィジョンに関する私たちの忠実性・資格モデルを述べてみたい。さらに，第7章において説明される，FFT を概念モデルから現実の行動へと移転するための多くの臨床指針が，この経験から導き出された。私たちは，家族がチームの支援と関与を積極的に受け入れることを見いだした。この訓練プログラムにおいて，ほとんどすべての治療者は，スーパーヴィジョンチームの関与やライブスーパーヴィジョンによるセッションの中断，セッションの録画が，家族の自発性を減じて，セラピーの進展を妨げることを心配したが，杞憂であった。実際，家族は一様に，チームによるスーパーヴィジョンなどを受け入れ，このことで，治療現場でのチームによるライブスーパーヴィジョンを活用することに私たちは積極的となった。

　家族プロジェクトでは，初回から最後のセッションまで臨床モデルが進展する様子を映した，FFT のセッションビデオの何千ものライブラリーが生まれ，現存する最大の FFT の臨床データ群が記録されている。この臨床データ群が収められているビデオ・ライブラリーからは，FFT の臨床モデルの有効性を証明し，さらなる発展のために役立つ，非常に多くの調査研究に基づく発見が導き出された。例えば，

◉ Sexton とその同僚（Sexton, Ostrom, & Bonomo）は，地域社会の研究で FFT を受けた若者は，その他の処遇を受けた群よりも，1年後の再犯率が25％から40％低いことを明らかにした。FFT は，薬物犯罪，暴力犯罪，財産犯罪を含む多様な問題に対して同様の効果を示した。今やインディアナ大学では，家族プロジェクトが，この研究の最近のフォローアップ（Sexton, & Turner, in press）を加え，多様な地域社会の実践の場においても，FFT が依然として効果的なモデルであることを示している。

◉ Sexton と Mease（2002）は，初期の FFT の結果を再現し，単なる再犯率のような大まかな結果だけではなく，親と若者の家族機能においても有意な臨床的な変化があることを見出した。

◉ Niza（2002）と Niza と Sexton（2002）は，家族の否定性（価値下げ）とドロッ

プアウトに関する影響を調査することができた (第4章を参照)。この作業
からは，二つの極めて重要な実践上の示唆が得られた。第1に，面接室
内の否定的メッセージに焦点を当てて，FFT では，家族成員間の実際の
出来事を扱う必要がある。第2に，セッションの終了前には家族の否定
主義を弱めることが重要である。

◉ Sydnor (2007) と Gilman (2008) は，FFT のスーパーヴィジョンの重要な要
素を調査した。実際のスーパーヴィジョンセッションについての研究に
おいて，忠実性と能力の間の重要な関係を特定することができた。いず
れの研究でも，活発で，系統的な，モデルに焦点を合わせたスーパーヴィ
ジョン過程の必要性を示している。

◉ Erickson (2008) は，FFT が青年の性犯罪者にも効果があることを見出し
た。私たちは，FFT が3か月間にわたって週1回提供されれば，個人療法，
家族療法，集団療法を必要とする2年間にわたる特定の性犯罪者処遇プ
ログラムと同じような効果を生みだすことができることを見出した。こ
の研究が示唆する経費削減の可能性は重要である。

　家族プロジェクトの取り組みは続いている。インディアナ大学の青年・家族
研究センターにおいて，現在，私たちは，主に，初期の同盟の役割とドロップ
アウトに関する研究，家族の非難の変化とその結果の影響に関する研究，行
動変化に必要な要素と FFT の一般化段階に関する研究に従事している。また，
私たちは，司法システムから出て来た若年成人とその家族に焦点を当てるよう
に FFT の取り組みを広げている。さらに重要なことは，家族プロジェクトの
取り組みは，FFT のような臨床モデルが地域社会の現場で処遇モデルとして実
行可能であり続けるために必要なサービス提供のメカニズム，訓練の原則，継
続的な調査研究の必要性を明らかにするものである。それはまた，FFT のよう
な処遇モデルを提供し，改善するために，大学と地域社会が連携する価値を説
明する。

ワシントン州の報告──広範なシステムにおける FFT の実施

　1997 年にワシントン州の州議会は，実証的根拠に基づく実践の時代へと勇
気ある一歩を踏み出した。州内の 14 の少年裁判所は，少年司法システムにお
いて実証的根拠に基づく実践だけを若者に提供するサービスとして，FFT を
選択し，実行し始めた。人口統計学的にみて多様な場所が，複数の市内 (シア

トル，エベレット，タコマ），中規模の地域共同体（スポカネ，ティリシティ），遠方の郊外地域（サン・ジャン諸島）で選ばれた。地方での持続可能性を確立するため，30人の新しい FFT の治療者が六つのワーキンググループに組織され，治療者が孤立して取り組むことがないことが保証された。そして，そのグループメンバー全員が訓練，ケースコンサルテーション，フォローアップ訓練に出席することになっていた。保証された 10 年間のなかで，この最初のプロジェクトは，FFT の提供や質を保証する包括的な州全体にわたるシステムを発展させた。今や FFT は，少年司法システム内で制度化され，裁判所に係属することになった青少年すべてが利用することができる。その日々の取り組みは，州全体にわたる FFT の質の保証ディレクター（quality assistant director; QAD）によって調整され，FFT モデルの開発者との連携のなかで実施されている。この QAD は，FFT の質の保証データベース（第 9 章を参照）を通じて FFT のサービスをモニターする。州全体にわたる質の保証計画（地域社会における青年責任法）は，QAD の活動指針となるべく策定され，FFT のモデルに忠実でない治療者の取り組みを見極め，改善させるための手段を提供した。これらの手段には，評価して罰を与えるのではなく，地域社会の治療者の取り組みを支援して向上させることを目指す，公式，非公式の改善計画が含まれている。この計画は，治療者が，その取り組みに関して，個別的で，タイムリーに具体的な情報を受け取り，問題が生じたときには早期に知らされ，改善のための特定の個別的計画の作成を支援されるべきであるという原則に基づいている。

　このプロジェクトは，FFT の訓練，スーパーヴィジョン，臨床モデルに取り入れられている多くの教訓を私たちに教えてくれた。それはまた，これらの努力を支援して援助する多くの調査結果を生みだした。

●このプロジェクトは，FFT の訓練モデルの最初の試験であった（Alexander, et al., 2000; Sexton & Alexander, 2004）。それは，訓練モデル，エクスターンシップ，スーパーヴィジョン，継続的な品質保証が，クライエントに肯定的な結果を生みだすことに効果があることを示した。

● FFT は，深刻な臨床的な問題を示す多様な若者に対して効果があった（Sexton & Turner, in press）。このプロジェクトのレビューは，第 3 章の調査のセクションに掲載されている。FFT は，将来における刑事司法システムへの関与を 31％減少させており（13.2％対 19.2％），それは統計的に有意な差であった。さらに，FFT を受けた者は，暴力の再犯が 43％減少した。

◉治療者の役割は極めて重要であった。肯定的な結果が明らかだったのは，FFTを設計どおりに実施した治療者にとってのみであった。このことは，地域社会における実施にとって，質の保証と実施計画が極めて重要であるということを示唆している（第9章を参照）。

◉最後に，これらの結果は，重要な経費削減を示した。それは地域において治療効果を評価するためもう一つの手段である。一家族当たりのFFTの総費用費は2,500ドルであり，明らかに低い数値である（他地域における費用は，その地方の条件によって異なるだろう）。AosとBarnoski（1998）によって開発されたアルゴリズムを用いて，リントン州のシステムは，家族成員が被った計り知れない情緒的苦痛はさておき，裁判費用，犯罪被害者費用において，若者一人当たり16,250ドルの経費を削減した。このアルゴリズムは，FFTを提供するために1ドル投資するごとに，14.67ドル以上の見返りがあることを示唆している。

マイアミのFFTプロジェクト

FFTの開発者および治療者である筆者たちは，FFTの過程と結果から，クライエントの人種，文化，民族性の役割に大変興味を持つようになった。初期の結果に関するデータは，FFTが性別や人種にかかわらず，均しく効果があることを示唆していた。前述のワシントン州のFFTプロジェクトのデータ（Barnoski, 2004）は，人種や民族性によって結果に差がないことを示していた。しかしながら，これらの既存の発見があっても，私たちは，さらに系統的な研究が必要であると信じていた。過去6年間にわたり，フロリダ州マイアミの児童精神医学センター（Children's Psychiatric Center: CPC）において，非常に成功したFFTのプロジェクトが進展した。CPCは，ダデ郡の少年司法・児童福祉システムと緊密に連携し，大都市であるマイアミとその周辺地域において，家族基盤のセラピー（機能的家族療法）を青年に提供した。CPCは，ラテン系アメリカ人，キューバ人，アフリカ系アメリカ人，南アメリカ人，ヒタチ人といった多様な家族にサービスを提供することで知られている。過去5年以上，CPCプロジェクトがサービスを提供してきた若者と家族のうち，68％はラテン系アメリカ人，27％がアフリカ系アメリカ人，5％がハイチ系アメリカ人であり，その治療者も同じく多様であった。このプロジェクト結果から，クライエントの参加率やプログラム完了率，そして，家族内の変化を見ることによって，文化的に多様なクライエントに対するFFTの役割を検証することができたのである。

　このプロジェクトは，どのように FFT が非常に多様な地域社会において実施され得るのかを示した点で素晴らしいものとなった。それはまた，文化的に多様な治療者を訓練する初めての経験を与えてくれたのである。CPC においては，FFT とまったく同じ訓練と臨床モデルが実施されているので，CPC プロジェクトの結果は，FFT モデルの文化的な有用性に関する初めての証拠を提供するものとなった。

◉その 5 年間のプロジェクト期間に CPC プログラムに参加した青年のうち，ほぼ 80％が FFT を完了した。マイアミのアフリカ系アメリカ人，ラテン系またはハイチ系家族の完了率は，アメリカの他地域，例えばラスベガスの完了率と比べて有意な差はなかった。

◉マイアミで FFT を完了した家族は，家族内の機能と家族成員の個人の症状の程度において，有意な変化が生じた。標準的な家族／個人間の機能評価（Youth Outcome Questionnaire; Lambert & Burlingame, 2002）において，FFT に参加した母親と父親たちは，青年となった子どもたちの行動について，対人関係の悩み，身体上および精神上の健康問題，社会問題，行動の機能不全を含む幅広い領域で臨床的に信頼できる変化を報告した。

◉再犯率の減少という観点からは，FFT は，そのプロジェクトに参加した多様な文化集団に属する若者に対して同じ効果があった（Dunman, 2009）。このように，FFT が家族に焦点を合わせて個別のアプローチを行うために，文化や人種の境界を超えることを示唆する予備データがある。

◉私たちは，治療者と家族の人種的または民族的なマッチングは結果に何の影響も及ぼさないことを見出した。言い換えれば，クライエントは空きがあった順に治療者に割り当てられ，ほとんどの治療者と家族は，文化的，民族的な背景が異なっていた（Dunman, 2009）。確かなことがわかっているわけではないが，家族へのマッチングが FFT の理論と実践の中心部分であるため，人種・民族のそれは違いを生み出さないようである。

アムステルダムプロジェクト
──司法精神医学の治療現場における FFT

　深刻な青年の問題行動は世界的な関心事になっており，多くの国々は，実証的根拠に基づいたプログラムを実施することによってこれに対応している。オランダでは，少年犯罪は社会的な危機として現われている。過去 20 年間にお

ける自己報告による評価と公的な警察記録によると，約37％の少年が前年に
犯罪行為を行ったことを認めている。さらに，この年齢集団内の暴力犯罪行動
の数は，過去20年間に3倍となった (Boendermaker & Van Yperen, 2003)。少年たちの
間で暴力犯罪の傾向が増していることや，少年の問題行動への社会的注目が集
まっていることに呼応して，オランダにおいては，少年非行に効果がある処遇
方法を見極めることが優先課題となっていた。国立健康科学研究所と精神保健
サービスの提供機関に加えて，法務省と保健省が，うまく確立された効果的な
臨床介入モデルを探していたが，系統的な調査において長い歴史を持つという
理由で，アメリカの臨床介入モデルを調査した。その結果，法務省は，主要な
処遇の選択肢の一つとして，最近，FFT を採用した。これらの省は，多様な地
域社会のサービス提供者たちに FFT の訓練と実施を支援している。地方のサー
ビス提供者たちは，その他のモデルが採用する一般的なケースマネージメン
ト・アプローチとは異なって，FFT が治療に焦点を合わせているため，精神保
健の組織に合致していることがわかった。FFT は，伝統的な家族療法によく似
ており，専門職員に気に入られたのである。

　それにもかかわらず，この精神保健の文化に家族モデルを導入することだけ
でも困難があった。医学のアプローチは，青年の個々のリスク要因 (精神保健問
題，仲間の影響など) と両親の個々のリスク要因 (関係上の葛藤，親の精神障害，家族の
歴史，教育レベル) を診断することに基づいている。既に述べたように，FFT は，
個人よりも対人関係に焦点を当てており，診断を超える継続的アセスメントを
重視している。この文化的な対立を乗り越えるためには，FFT のセラピーコン
サルタント (筆者自身)，地域の家族治療者，そして，その治療施設の精神科医
との間に，信頼関係を構築することを必要とした。プロジェクトの共通ビジョ
ンを慎重に根気強く作り上げ，FFT の実施中に，私たちは強固な同盟関係を作
り上げることができた。

　このプロジェクトの一つの目標は，アメリカの家族療法のモデルをオランダ
に移転するために必要な文化的な調整を行うことであった。アメリカ合衆国と
オランダは大きさが異なるが，個人の価値，標準的な核家族 (父親，母親，二人の
子ども)，キリスト教などのヨーロッパ文化の伝統をいくらか共有している。ア
メリカ合衆国のように，オランダは，今や教会の役割が小さくなり，多くのひ
とり親家庭や離婚後に一緒になった複家族が標準的な家族と一緒に存在する多
文化社会である。オランダは，多民族の様相が増している。モロッコ人やスリ
ナム人が多く，トルコ人の集団が移住してオランダ市民となっている。このよ

うに，文化に敏感であることは，FFTの移転を成功させるためには，きわめて重要な変数であった。1年間の訓練の後，治療スタッフたちと筆者は，FFTが，その臨床モデルに何の変化も加えることなく，この国際的で文化的に多様な現場において提供され得ることを見出し，驚いた。しかしながら，多様な家族に合わせるための臨床スキルが必要であるという極めて重要な課題があったことを明記しておきたい。

　過去6年間にわたり，このオランダのFFTプロジェクトは，14以上の異なる治療機関において100人以上の治療者を訓練することに成功した。オランダ人のスーパーヴァイザーが，治療の統合性をモニターし，継続的な質の保証とスーパーヴィジョンを提供し，組織のサービス提供システムをFFTに適合させることを支援するために，オランダ「知識センター」が設立された。このプロジェクトの間，約5,000家族が青年とともにFFTを受けた。この訓練とスーパーヴィジョンは，今やオランダの組織によって行われており，サービスが存在している治療組織によって「所有」されている。この過程が示しているのは，FFTは，系統的な計画があれば，異なるサービス提供の現場に統合され得るし，最終的には，自立できるということである。アムステルダムプロジェクトは，FFTのモデルが，実際に文化的な境界を越えて広がるということを示している。

結論

　ある意味で，地域社会の現場においてFFTを実施することは，ちょうど家族と一緒にFFTを行うようなものである。それには，積極的関与と動機づけ，行動変容，そして一般化が必要であるが，それには治療モデルとして最良の結果をもたらし，同盟を基盤としたアプローチを通じて，組織の治療提供システムにモデルを統合するプロセスが伴う。このプロセスの中心にFFTとその理論的，臨床的モデルがある。筆者たちモデルの開発者でさえ，FFTがうまく実施されたときには，非常に異なる地域社会の現場において，いとも簡単にFFTを移すことができることに驚いた。振り返ってみると，これは私たちが一貫して治療方法を遵守したためだと思われる。各プロジェクトにおいては，FFTを設計されたとおりに実施することが主な目標だった。治療提供のシステム，治療者の役割，組織の取り組みは，中核となる各原則，臨床モデル，そして，治療者がクライエントに示す臨床指針において，FFTの実施が促進されるよう，すべてが調整された。

　私たちが学んだ主な教訓は，FFTのようなモデルは，もし，採用者が地域社会の実際の現場で，発展中の臨床試験の結果を常に複製したいのであれば，包括的なアプローチを採る必要があるということである。このように，訓練，スーパーヴィジョン，説明責任に関して従来の方法はもはや適用しない。代わりに，成功する臨床治療は，今や，発展に焦点を合わせた訓練に基づく継続的な質の改善に頼っている。青年の外在化型の行動障害を含む複雑なケースに対応するために，この治療モデルの移行は複雑で長期の取り組みとなるのである。

　現実世界においては，FFTは，無菌の現場ではなく，複雑多様な現場で提供される。この章で紹介されたプロジェクトは，クライエント，現場，そして，FFTが機能するシステムを包括するものである。FFTは，心理学において継続する研究と実践の乖離を克服するための完全な方法になり得る。なぜなら，サービス提供，訓練，研究の各領域が複雑に関連する現場において，これらが用いられ得る明確で系統的なモデルを提供するからである。その結果が，臨床的有用性が高いよりよい調査であり，関連する臨床訓練であり，私たちが有効なことを継続的に学ぶことができるようなワンウェイミラーの裏側からの視点で示される。FFTは，アメリカ合衆国の内外において，民族的に多様なクライエントに適用されている。実際に，FFTプロジェクトは，アメリカ生まれの治療モデルがうまく他の文化や他の国に移転され得るということを初めて示した。

　FFTを地域社会の現場において実施し移転することは，容易なことではない。FFTは単なる臨床モデル以上のものである。それは，訓練，治療，スーパーヴィジョン，そして実施計画を含むサービス提供システムである。これらの要素はすべて，継続的な質の向上の原則によって，結びつけられている。ある組織のすべてのレベルにおいて，最も重要な焦点は，FFTの提供の質，継続する過程と結果に関するデータの収集，治療者の実践を向上させる方法の学習である。これは，治療者たちが，眼の前のクライエントだけでなく，すべての担当ケースへの取り組みのために，彼ら自身の評価者となることを意味している。そのためには，治療者を支援する方法を一貫してモニターして調整する組織，多様なサービス提供システム，そして，その組織を特徴づける雰囲気や文化が必要とされる。それは，臨床スーパーバイザーがさらに幅広い役割を果たし，質をモニターし，そのデータの結果を系統的に向上させるために使用することを意味する。FFTのサービス提供システムが，次章の話題である。

9

サービス提供システムとしての
機能的家族療法

　実際の処遇現場では，機能的家族療法（FFT）のような臨床モデルは，より大きなサービス提供システム（service delivery systems; SDS）の一部として実施される。サービス提供システムとは，ある組織が臨床的介入を行う際の，全体的なやり方のことを指す。典型的には，どのようにクライエントを診断し処遇するかという方法，臨床的スーパーヴィジョンの実施，そして，臨床過程と結果のモニタリングが含まれる。第8章で述べられているとおり，機関におけるサービス提供システムは，優れた処遇の諸要素（診断・介入・臨床的スーパーヴィジョン）を含むものであり，質の保証の原則に基づいたものである。しかし，自身の一部として提供される処遇アプローチから「分断された」ことにより，機能不全に陥ったシステムが散見されるのも事実である。

　臨床的忠実さをもって FFT を実施し，継続的に質の改善を行う原則に従えば，新しい組織に FFT を導入するたびに，サービス提供システムを推進していくことになる。そして，効果的な FFT のためには，診断，処遇計画，臨床的介入，質の改善，そして，臨床的スーパーヴィジョンを包括するシステムを開発・実施する必要があるということに気づかされる。FFT は，最大限に有効に機能すれば，青少年とその家族に処遇を提供している組織における，バラバラな要素をまとめることができる。実際，FFT の究極的な成功は，組織の規模の大小に関わらず，サービス提供システムの諸要素が相互に連携しているか，FFT の原則に従っているか，その程度に左右される。FFT を取り巻くケアシステムが，特定モデルへの遵守性や治療者の有能性を，特異的かつ効率的に向上させていくのである。

　こういった領域は，臨床的スーパーヴィジョンやモニタリングのフィードバック，治療的文脈に対するマッチングといった，継続的な質の改善のために

構築されたサービス提供システムにおいて，特に重要である。当初，FFTを社会内の枠組みに導入した際，すぐに判明したのは，臨床的スーパーヴィジョンは，通常用いられているような単なる危機場面や個別的な臨床的問題の解決の道具というよりも，FFTの統合性，さらには成果を維持するための総合的な試みの一環として，不可欠な要素であるということである。スーパーヴィジョンは，臨床実験研究において忠実性 (fidelity) を保証するための重要な方法の一つであり，現場の大半で通常行われている手続きである。社会内処遇においては，臨床的スーパーヴィジョンの道具および過程は，事例中心になりがちで，特定の処遇モデルの遵守性やそれを実施する有能性とは，特に関連づけられていないことが多い。この発見がきっかけとなって，われわれは，FFTについての遵守性と有能性に焦点を当てた特定のスーパーヴィジョンモデルを開発した (Sexton, Alexander, & Gilman, 2004)。このスーパーヴィジョンモデルは，ここ10年来のFFT普及活動において中心となっているものである。真の質の改善に向けた活動には，Liddle (1986) が述べているように，その臨床モデル本体と同じ構造の，独自の原則と実施法を持った臨床的スーパーヴィジョンが不可欠である。このように考えると，臨床的スーパーヴィジョンは臨床モデル基盤の中核であり，「長期的に維持できるサービス提供システムの中核として機能する」ものである。

　さらにわかったことは，継続的に質の改善を目指すアプローチを特徴づけるための，FFTモデルの要素を測定する方法の必要性である。第8章に記したように，継続的な質の向上 (continuous quality improvement; CQI) は，青少年とその家族に対する成果を向上させるため，組織全体で取り組むものとなっている。当初，われわれはCQI法を道具として捉えていたが，今では，サービス提供システムそのものの要素だと考えている。例えば，実践研究において，モデルへの忠実性を測る数々の方法が用いられている。その大半が，FFT全体およびその時点での個々の段階についての治療者の仕事を専門家が判定するために，ビデオテープによる複雑な評定や符号化を用いている。しかし，社会内処遇では，このような方法は現実的でないし，コストに見合わない。必要なのは現実的で，臨床的に有意な治療者の仕事に関する尺度であり，治療者が自身の進歩を理解し，実践を向上させることができるような情報を収集し，フィードバックする方法である。このことをきっかけに開発されたのが，実践をモニタリングし向上させる，初期のコンピューターによるシステムである (FFTのQシステム，Sexton & Wilkinson, 1999)。

　最終的に，FFT がサービス提供システムとして確立した今，その他の専門家の仕事にも適用できなければならないということが判明した。クライエントへの臨床的マッチングの原則と同じように，FFT がよりよい効果を上げ，系統的で一貫したサービスをクライエントに提供するためには，FFT も，ケース管理者や保護観察官，精神科医，その他の処遇者にマッチする必要がある。その結果，二つの拡張モデルが生まれた。一つが FFT の原則を保護観察官の業務に活用した「機能的家族療法を用いた仮釈放」で，もう一つが本章の事例研究で後述する統合的ケースマネジメント・アプローチである。第 8 章では，FFT を受け入れやすくする組織の特徴を列記してある。

　そこで，この最終章では，いかに FFT の理論的・臨床的・組織的な特徴が，学術的研究と実際の臨床の橋渡しの手助けとなる系統的サービス提供システムに統合されていくかを述べる。FFT のようなモデルは，学術研究の分野では実験を通じてその効果を実証されてきているが，臨床分野では，社会内処遇の実施機関で提供される広範囲な処遇に統合されなければならない。こういった要素は，組織の業務や治療者の機能，臨床的スーパーヴァイザーの役割，データの収集・管理法といった面に大きな変革を強いることが少なくない。よって，この章で掲げている理念は，実際には保険関係の規定，財政的条件，精神保健関係の規定に関する要件など，さまざまな現実的問題があるにもかかわらず，うまくいくモデルや原則を仮定しているという点において，理想論的なところがある。この理念は，FFT が青少年やその家族に最大限の影響を与え，援助できるような条件をもたらすことを求めている。しかし，同時にこの理念は現実に根ざしたものでもある。実際に FFT を用いている現場で実行されている理念であり，FFT の普及および移行に関するシステムのプロトコルにも含まれている。そこには，いかなる臨床モデルであれ，その理論が実行に移される際に必要な事柄が反映されている。すなわち，理論の包括的システム，臨床実践，スーパーヴィション，継続的な質の改善である。

　この章では，三つの独立した要素を扱う。最初のセクションで扱うモデルの遵守性と治療者の有能性は，サービス提供システムにおけるモデルへの忠実性の最も重要な要素である。次のセクションでは，臨床的スーパーヴィジョン，包括的データモニタリング，情報フィードバックといった，遵守性と有能性を高める方法について述べる。そして，それらの要素が地域の精神保健センターでどのように統合されるかについて，実際のケースを取り上げて説明することでこの章をしめくくる。その精神保健センターでは，FFT が介入モデルの中心

として採用されており，そこのケースマネージャーは，FFT の裾野を広げることに貢献している。

サービス提供システムにおける機能的家族療法

　サービス提供システムについての文献を当たってみても，青少年やその家族に対して処遇を行う組織における実際の中心的業務の統合性に言及しているものは，非常に少ない。「システムオブケア（SOCs）」(Strould & Friedman, 1986) と名づけられたものについての文献は，比較的揃っている。このアプローチは，精神保健，物質濫用，就労支援，医療，社会福祉など，児童とその家族のニーズに関わる多種多様なサービスを大規模にマクロ的な視点で一つにまとめるものである。SOCs の理念は，処遇の受益者に対し，最も制限が少なく，最も適切なサービスをコーディネートして提供するため，さまざまな処遇者を一つにまとめるというものである。SOCs の原則は，魅力的だし有益でもあるが，個々の処遇要素が互いを礎にして包括的・系統的なサービス提供システムを構築しているといった面が欠けている。

　現在ある文献によると，クライエント中心にコーディネートされたケアというものが，いかなるサービス提供システムにおいても重要な目的だと述べられている。コーディネートとは，サービス提供システムにおけるコミュニケーション面を表すと考えられる。われわれの経験上，処遇プロセスのさまざまな要素のうちどれを，いつ，どのように行うかを決めるための，処遇志向の概念的観点がないと，系統的にコーディネートされたサービスを提供することは難しいと思われる。共通した理念とアプローチを持ち，青少年および家族の扱い方においても相似した処遇を提供するために，処遇の諸要素（アセスメント，介入，効果測定，臨床的スーパーヴィジョン，モニタリングと評価など）が一つにまとまるとき，系統的なケアが行われることになる。系統的なケアとは，アセスメントと処遇の目標が合致し，臨床的スーパーヴィジョンの焦点と実際に行われている特定のタイプの処遇が連動し，さらに処遇の目標に合った効果を測定する評価が行われていることだといえるだろう。われわれの経験上，アセスメント，スーパーヴィジョン，評価の機能が系統的に統合された形ではなく，独立した単一の要素として FFT を実施している組織も，しばしば見受けられる。

　われわれ応用心理学者の大半は，サービス提供に関して医学的アプローチでトレーニングを受けてきている。それは，直線的なアプローチともいえる。支援を求めてきたクライエントには，最初に診断につながるような包括的アセスメントを行う。その診断に基づいて，処遇の選択がなされる。ケアが行われ，新たな問題が生じれば，さらに別個のケアユニットが追加される。現在採用されている診断システムは，個人に重点をおいたものであることから，処遇も同じように個人中心的なものになる。その結果，問題は個人に重点を置いたものになりがちで，診断も個人中心的であり，異なった処遇が家族システムのそれぞれの部分に施されることになる。例えば，FFT を受けに来る典型的な青少年は，多くの臨床家が「怒りについての問題」があるとするような若者である。実際，青少年の多くはカッとなりやすく，その激しい感情を隠さず率直に現しがちである。こういった文脈で捉えると，その若者は怒りに関する診断を受ける可能性が高く，結果としてアンガーマネジメントや衝動コントロールに対する処遇を受けることになるであろう。もしその怒りが親に向けられたもので，家庭内に不和があれば，それについての処遇を受けることになったとしても不思議ではない。また，怒りに交友関係が関与しているとすれば，クライエントは「攻撃性代替療法（ART）」のような集団処遇も受けることになるかもしれない。さらに，クライエントが薬物やアルコールを使っていれば，依存症に特化した処遇も受けることになるだろう。こういった個々のサービスは，それらのサービスを包括する広範な理念に基づいて，同時進行で行われることがほとんどである。

　一方，系統的にコーディネートされた形で FFT をサービス提供システムにうまく統合している組織の大半は，別な経過をたどる。そこでは，ケアが「連続したモデル」に沿って提供される（第3章，第8章参照）。こういった組織では，論理的に順を追って処遇を行う「家族優先」の方法が処遇を組み立てる上で最も効果的だと考えられている（実際，FFT は，条件が許せば，家族中心で系統的で同時進行のケアモデルに賛成である。この章で取り上げるケーススタディはそのようなモデルの一例である）。

　図 9.1 は，どのように FFT が組織内でサービスを逐次的にコーディネートするかを示している。注目すべきは，このモデルでクライエントが最初に受けるのは FFT の処遇である。アセスメントはマルチシステミックなもので，第2章や第3章で説明したような原則に基づいている。一度 FFT が始まれば，他の処遇は「後退」する。FFT の治療者は，一般化の段階が始まったときに，家族が変化を維持するのに必要な社会資源やその他のサービスについて考え始

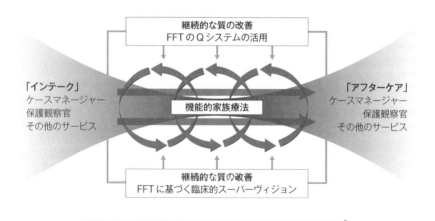

青少年と家族が，サービス提供システムに関わる時間の経過に伴うサービス優位性の推移

図 9.1―統合的 FFT サービス提供システム

る。ケアの委託およびコーディネートがこの段階の中心となる。組織という観点からこのモデルを見たときに重要なことは，必要不可欠な処遇の諸要素に，継続的な質の改善 (CQI) へとつながる道筋が一本通っているということである。臨床的スーパーヴィジョンや臨床の進度およびモデルへの忠実性を測る同時進行的モニタリングを通じて，継続的で集中的，かつ，特化された FFT による支援や治療者が最善の処遇を最大限発揮できるようにするためのフィードバックが行われる。

　クライエントの視点から見ると，このモデルで最も重要なことは，家族自身が「自分たちが処遇の中心だ」という感覚を持てるということである。なぜなら，サービス提供システムの各段階において，家族自身がユニットとして機能する，その独自性に焦点が置かれているからである。治療者やその組織が最も有益で有効な処遇を行えるように，家族を処遇の中心に据えるという点は，SOC とも似ている。SOC と異なっているのは，このアプローチでは家族自身が処遇を決めるということはないということである。家族は主要な分析のユニットであり，自分たちの生活で何が大きな影響を持ち，何に重きが置かれているかについて発言することができるのである。

効果的な機能的家族療法の
サービス提供システムにおける中心的要素

　図 9.1 のモデルには，継続的な質の改善を促進し，よりよい成果を挙げるための，FFT の三つの主要な要素が示されている。つまり，モデルの遵守性と治療者の有能性の向上，プロセスの経過および臨床モデルの成果に関する同時進行的モニタリングとフィードバック，そして，モデル中心で系統的な臨床的スーパーヴィジョンである。

モデルへの遵守性および治療者の有能性の向上および維持について

　FFT は，本来の計画どおりに（すなわちモデルに特化した遵守性において）実行されたときに最もその効力を発揮し，また，高い技術（すなわち治療者の有能性）をもって実施されなければならない。この 2 点は，クライエントにもたらす成果に対して重要でかつ直接的な関連を持つため，CQI における具体的な目的となっている。遵守（adhere）とは，辞書の定義によると，「何かに一致していること」「逸脱することなく物事を完遂または実行すること」「執着・粘着・固持し，離れようとしないこと」などとなっている。これらの定義はすべて当てはまる。特定モデルを遵守する FFT の治療者は，FFT の原則や理念的枠組みに一致して臨床的判断を下し，臨床モデルを固持して治療を行い，FFT の目標に従ってクライエントと接する。同様に，FFT を遵守する治療者は，逸脱せずに仕事を完遂する。言い換えれば，目の前の事象や状況，問題に対し，モデルの目標と原則にしっかり基づいて対応する。そして，向かうべき方向性や目標，成果を決める際，地図のようにモデルに執着する。モデルの基本的要素が含まれていなければ，行われている処遇行為はもともと開発された介入プログラムと別物になってしまうし，期待されたモデルによる成果が上げられなくなってしまう。最も重要で念頭におかなければならないことは，モデルへの遵守性とは，治療者とモデルとの関係性にかかわるもので，測定が可能だということである。

　特定モデルの遵守が重要なことは明らかではあるが，それだけでは不十分である。いかなる臨床場面も，治療者とモデルだけで完結することはない。そこには家族がいる。この本を通じて主張してきた個々の事例・段階・目標のそれぞれにおける第一原則は，モデルと治療者による介入の効果は，そのクライエントにどの程度マッチしているかに左右されるということである。この原則があるがゆえに，FFT は民族的・人種的・宗教的・文化的背景の異なる家族に対

して，効果を発揮してきたのである。そして，この原則は治療者の有能性によるところが大きい。

辞書によると，「有能性 (competence)」とは，「そうするよう求められた際に，知識や技術や判断を実行に移す力」と定義されている。FFT においては，家族にアプローチする際，その臨床モデルや核となる理論原則，特定の介入スキルを適用できるということを示す。従って，治療者の有能性とは，独自かつ複雑な対象家族に見合ったモデルをマッチすることができる力だといえる。ここで強調しておかなければならないのは，われわれの定義する有能性とは，適性とか力量といった能力の有無のことではない。FFT における有能性とは，FFT を応用する能力のことである。

遵守性と有能性とは互いに関わりあってはいるが，別個のものである。実のところ，遵守性は FFT を応用する有能性の前提条件であることは直観的に明らかであろう。同じ成果を再現したければ，モデルを再現しなければならない。第 8 章で述べたように，500 人の治療者が研修を行った「ワシントン州プロジェクト」によると，高い遵守性をもって FFT を行った者 (毎週のスーパーヴァイザーの評価による) は，無作為に選ばれた対照群と比べ，有意に優れた成果 (1 年後の再犯率) を上げていた。一方，遵守性の程度が低いと評価された者は，高い FFT 治療者と比較して成果が有意に低いのはもちろん，旧来の方法によるサービスよりも成果が上がらなかった。すなわち，彼らのクライエントは，家族療法を受けない方がよかったかもしれないということである。特筆すべきは，ここで測定している「成果」とは，臨床的に有意な，FFT 終了後 18 か月以内の逮捕を指すことである。

知識と実践

遵守性と有能性は独立した構成要素であるが，どちらも治療者が家族とうまく関わり，よい成果を生むときに存在する要素である。遵守性と有能性は FFT の臨床モデルに根ざし，臨床モデルによって測定されるものである。それぞれの要素には，知識と実践の両面がある。モデルへの遵守性と治療者の有能性，知識と実践の関係は，図 9.2 に説明されている。

モデルの遵守性

モデルの遵守性に関する知識とは，FFT の中核をなす原則についての基礎的で実用的なものである。その原則は，FFT の治療者が行うあらゆる臨床行為の背景となるものである。臨床的スーパーヴァイザーは，治療者とケースについ

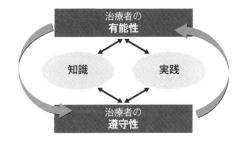

図 9.2―モデルの遵守性と治療者の有能性，知識と実践の関係
Sexton, Alexander, Gilman（2004）からの改変

てディスカッションを行う際，特にこの原則に注意を払っている。治療者が，どの程度原則に精通しているかを正確に見定めることで，スーパーヴァイザーは系統的に治療者の介入に的を絞ることができるようになる。

　モデルの遵守性に関する実践では，家族に対し知識を実行に移す能力が必要となる。基礎的実践の段階では，優れたカウンセリングと家族療法に共通した要素が実施する能力に含まれる。モデルに忠実な実践では，対象家族の独自性に関する理解と尊重を土台とした同盟関係をベースにした治療に近づくことで，治療者が中核的原則を実践できるよう求められる。知識面と同様，モデルへの忠実性に関する実践面も，FFT の臨床モデルに根ざしている。治療者は家族を巻き込み，動機づけ，達成可能で個別的な行動変容の目標を当該家族に適合した方法で設定し，その変容を般化していく必要がある。

治療者の有能性

　有能性の知識面に関しては，治療者は FFT における二つの重要な側面を複合的に理解していることが要求される。一つはクライエントの問題，もう一つは治療のプロセスである。有能な治療者には，クライエントが抱えるさまざまな問題や課題を，複合的かつ個性記述的に理解する能力がある。高い有能性を持っていれば，治療者は，対人関係の機能が持つ重要な項目を整理し，目前にある困難な問題を複合的な対人関係のパターンとして捉えることができる。

　クライエントとその問題を複合的に捉えるということは，治療者が，クライエントごとに合った方法で臨機応変に対応できるということにつながる。クライエントの問題を複合的・多元的に理解するということは，治療者が，FFT モデルに不可欠な関係性にとどまりながら，さらに広範囲な関心事に対応できるということでもある。

　治療者の有能性において主要なのは，実践面のほうである。実践面での有能性とは，面接室において，治療者が，個々のニーズやその場の状態にぴったりと合致した方法でクライエントに相対する能力のことである。FFT の治療者には，モデルで設定した短期的・長期的目標から軸足を外さず，同時に臨機応変な対応もできる複雑な能力が必要なのである。この十分に複雑な実践の側面とは，極めて個性記述的なアプローチによって FFT モデルの目標を達成する能力のことだといえる。

同時進行モニタリングとフィードバック

　CQI に基づくサービス提供システムの主な目標は，所属組織における臨床家の学習および実践がうまくいくこと，並びに臨床的介入の成功が維持されることである。Sapyta, Riemer, Bickman (2005) は，このプロセスを他の困難な課題の学習になぞらえている。彼らは，アーチェリーを例に上げ，生来のよい選手もいるだろうが，その技を磨くには，練習やトレーニング，情報のフィードバックが必要であり，系統的なトレーニング，同時進行的な指導，そして，包括的な情報のフィードバックの有無が，試行錯誤的な学習法と効果的で効率的なスキル開発との違いであると述べている。家族療法では，われわれが接する青少年やその家族は支援を必要としており，その支援に効果がなければ（暴力，犯罪，学校不適応などの形で）結果がはっきり現れる。こういった問題を考えると，家族療法家には，自己流の経験や試行錯誤で学習しているような時間的余裕はない。このことは，実務上の問題だけでなく，倫理面での問題でもある。

　臨床スキルの系統的学習の必要性に関しては，文献で数々の例を挙げて指摘されている。例えば，Grove, Zald, Lebow, Snits, Nelson (2000) によると，ある種の診断に関する課題については，経験を積んだ専門家よりもコンピューターの方が成果を上げられる。単なる臨床的判断だけでは不正確になりやすいという根拠が次々と出てきているにもかかわらず，専門家は相変わらず自らの経験と意見に基づいて臨床的判断を下す能力を過信しがちである (Garb, 1989; Sapyta et al., 2005)。臨床的処遇の習得は，経験を通じて行われることが大半で，適切かつ規則的で信頼性の高いフィードバックがあまり行われないことが原因であると，Bickman やその同僚 (Sapyta et al., 2005) の論文は指摘している。さらに，彼らの研究では，フィードバックはプロセスと成果に焦点を当てた明確なものでなければならず，個々の臨床的判断と介入にそのフィードバックを統合して取り入れるための助言を伴なわなければならないということが述べられている。

　系統的モニタリングは，系統的学習と表裏一体である。その重要性にもかかわらず，心理療法におけるモニタリング並びに特定のモデルの臨床プロセスおよびクライエントの問題性にかかる情報のフィードバックに関する方法については，あまりよく知られていない (Sapyta et al., 2005)。特に有望な取り組みとしては，臨床的プロセスの成果 (Lambert, 2002; Bickman, 2009; Sapyta et al., 2005; Riemer et al., 2005) と特定モデルの遵守性 (Sexton and Alexander, 2004) の両方に関するモニタリングとフィードバックにコンピューター技術を用いることが挙げられる。クライエントの問題行動やモデルの遵守性，その他の臨床的プロセス (治療的協調など) の関係の現状をモニタリングし，モデルの遵守度を増加させ，社会内処遇の成果を上げるのに必要な臨床的適応を促進するのに，そのようなツールは有益である。従って，継続的な質の改善を心理的サービス提供システムに導入するにあたって，コンピューターシステムは技術的な基盤となってくれるものである。

　FFT の質の改善システム (FFT の Q システム) と，臨床的スーパーヴィジョンのプロセスが，協働してこのポテンシャルの実現に寄与している。FFT の Q システムは，FFT のサービスの質を確保し，維持するための補助として機能するよう企画された，遵守性と有能性の開発ツールである。処遇の忠実性を高めるのに必要とされる多様な情報源を管理することの困難さと重要性を認識した Sexton と同僚 (Sexton & Wilkinson, 1999; Sexton & Alexander 2004) は，社会内で FFT を実施する治療者がクライエントの個人情報 (連絡先，家族構成，生活歴など) や接触状況 (面接，面接の予定，電話など)，アセスメント情報 (クライエント個人，家族，および行動に係るもの)，遵守性の程度，成果の測定などの記録に活用できる，理解しやすく使いやすい上，安全性も高く，HIPAA (医療保健の携行性と責任に関する法律) にも準拠しているプログラムとして，FFT の Q システムを開発した。

　治療者にとって，Q システムは，家族との個々の面接で起きたことを記載したり，次回のセッションの計画を立てたり，臨床モデルの中心的要素の一つひとつを統合して実行に移していったりするのに使われる，処遇計画ツールである。Q システムのおかげで，治療者は，FFT の各段階を通じて，関連性のある目標やスキル，介入から注意を外さずにいられる。特定のモデルに対する忠実性や治療者の処遇計画，成果の測定，リスク要因と保護要因のアセスメントが，接触の管理ツールと一つになっている。実践で使ってみると，Q システムは，すべてのクライエント，面接および接触，アセスメント，そして，FFT の個々のケースにかかるすべての質の保証についての情報を網羅している。このデータに基づき，Q システムは，治療者に対し，そのモデル忠実性の程度や，

クライエントの現時点での成果の指標，サービス提供に関する図表などを提示する。

　スーパーヴィジョンの観点からいうと，Qシステムは，エビデンスに基づいた処遇にはつきものの，最も困難な課題に対応できるものである。すなわち，個々のケース・治療面接について，モデルへの忠実性が日々維持されていることを保証するという点である。さらに，臨床的スーパーヴァイザーにとっては，治療者の考え方や決定，達成した成果について，具体的で焦点のはっきりした，セッションごとの情報が得られるという利点もある。こういった情報を入手することで，スーパーヴィジョンのプロセスの効果に焦点を当て，それを向上させることができ，結果としてクライエントの成果を向上させることが可能となる（下記の臨床的スーパーヴィジョンに関する項目を参照）。

　FFT の Q システムは，モデルへの忠実性やクライエントの成果，サービス提供の大略について，治療者，スーパーヴァイザー，管理職，評価者および研究者に対し，リアルタイムで情報を提供する**単一の**システムという点においてユニークなものである。Q システムは，実務の質を高め，スーパーヴィジョンの目標を設定し，成果を評定するのに活かせる広範囲の情報を，あらゆる関係者に提供するもので，その結果，モニタリングおよび質の改善の両方に役立つフィードバックシステムとなっている。本章の最後に載せた事例研究では，Qシステムがどのように利用され，処遇機関のサービス提供システムにどのように組み込まれているかについて，より詳細に説明している。

データに基づいた測定

　Sapita et al.（2005）や Rimer（2005）が指摘したように，継続的な質の改善はコンピューターのツールだけでは成り立たない。危機的状況が生じる前に臨床的判断の方向転換やサポート，場合によっては修正を行うために，信頼性や妥当性が高く，使いやすい情報がフィードバックされなければ，サービスの向上は見込めない。そこでわれわれは，Q システムの中心を成す，集中的データベースによる尺度となるような機器のシリーズを開発した。筆者は，自らこのツールの開発に携わり，ここ10年間に著した数々の論文に加え，FFT のブループリントマニュアルでもその解説を行っている。これらの機器は，300か所を超える社会内処遇実施機関で採用されており，毎日何千人もの治療者が利用している。過去に発表したものを，以下に簡略に取りまとめた。

セッションプランニング・ツール

　セッションプランニング・ツールは，モデルに忠実な効果的な FFT を実現するために，重要なものである。FFT のサービス記録としても，また，治療者がセッションを FFT の観点でとらえるための方法としても機能する，一連の進行ノート（progress notes: PNs）により，セッションプランニングは組み立てられる。この進行ノートにより，治療者は，各段階での根本的な目標や，その目標達成に向けての進行，そして，今後のセッションの計画について，検討することができる。いわば，この進行ノートは，治療者がセッションの進行状況をどのように捉えることができるか，そして，どのように捉えるべきかを形作っていくものなのである。このツールは，セッションの内容については背景にとどめ，経過に関する要素を前面に引き出せるようになっており，新人の治療者にとって役に立つ手引きとなっている（どんなツールでもそうだが，進行ノートも，それが使われる範囲に応じて役に立つものである）。さらに，このツールは，以後のセッションでどのように注意を集中し，どのように取り組みを方向づけるかについて，特定モデルに対するガイダンスも提供する。この技術のおかげで，治療者は，臨床的スーパーヴァイザーからのフィードバックを待たずして臨床的モデルに集中することができ，その結果，自己充足感を得ることができる。Q システムから入手できるセッションや処遇の計画に役立つさまざまなツールは，図 9.3 に示されている。

特定モデルに対する遵守性および治療者の有能性についての尺度

　FFT 臨床モデルの独自性を考えたとき，目標の明確化は，治療者が特定モデルの治療目標を目指す程度，および，その目標の達成度を測る重要な尺度である。処遇モデルに関して治療者のとる行動の全体像を把握するために，遵守性の程度は二つの異なった観点から測定される（Sexton, Alexander, & Gilman, 2004）。

　●スーパ　ヴァイザーによる治療者の遵守性の評定　TAM（Therapist Adherence Measure，治療者遵守性尺度）は，治療者の FFT 臨床モデルに対する遵守性の度合をスーパーヴァイザーが評定する尺度である。TAM は二つの次元から成り立っている。一つは，スーパーヴァイザーによる全体を通しての遵守性の評定（TAM-G），もう一つは各段階の評定（TAM-S）である。スーパーヴァイザーは，毎週の臨床スタッフ会議で，モデルへの総合的な遵守性が低いか，中程度か，高いかについて，7 ポイント式のライカースケールを用いて両方の評定を行う。FFT モデルの遵守性に関する研究（Barnoski, 2000）で

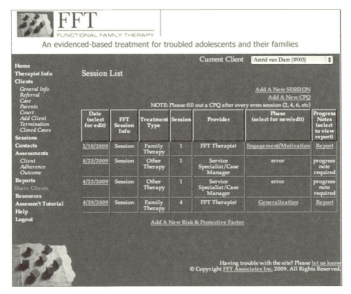

図 9.3―FFT の Q システム

は，TAM の数値と青少年クライエントの行動成績に有意な相関があると
されている。(TAM-G における) モデル忠実性の高得点は，再犯率低下を予
測することに成功している。段階ごとの治療者の遵守性評定 (TAM-S) は，
ビデオ録画による遵守性の評定システム (Gillian, 2008) をもとに改変された
スーパーヴァイザーによる評定尺度である。ビデオ録画による評定の特
徴として，TAM-S は，評定者間での信頼性が高い (.70-.85)。スーパーヴァ

イザーが評定する場合でも，TAM-S では，同じ項目と基準を採用している。治療者の遵守性は，全体について (TAM-G) も各段階について (TAM-S) も，毎週の FFT 臨床スーパーヴィジョンにおける臨床スタッフ事例発表の場で，スーパーヴァイザーによって評定される。TAM-G および TAM-S について研修を受けたスーパーヴァイザーは，FFT スーパーヴィジョンのマニュアル (Sexton, Alexander, Gilman, 2004) に従い，発表された各事例についての治療者の全体的な遵守性と，その段階ごとの個別的な遵守性を評定する。

◉**家族／クライエントによる治療者の遵守性の評定**　カウンセリング経過質問票 (Counselling Process Questioner: CPQ) は，家族が，処遇場面での FFT 治療者との個々の接触で経験したことを報告するものである。CPQ (Sexton, Ostrom, Bonomo, & Alexander, 2000) は，18 項目からなる目録で，家族構成員一人ひとりが作成する。FFT の各段階の目標に，各 6 項目が対応している。青少年と親に対する準備研究 (Datchi-Phillips, 継続中) によると，この道具には，家族が FFT で経験すると期待されることが正しく反映されており（例えば CPQ が行われた段階の平均点は，最高値を示している），FFT の各段階における変容メカニズムを活性化させる介入を治療者がどの程度行ったかが明らかになっている。言い換えると，CPQ は，治療者が処遇マニュアルに書かれたとおりにモデルに忠実に行っている程度を正しく測っているということである。348 の家族から得られた 1 回目，2 回目，3 回目のセッション後のデータに基づいた当初の因子分析では，CPQ における 3 因子が支持されている。

サービス提供概略図

1 回ごとの FFT のセッションやクライエントとの接触が Q システムに記録されていることから，FFT の治療者はケースごとに，または自分のすべてのケースを通して，どのようなサービスが提供されているかについて，より大きな全体像を把握することができる。どのぐらいの頻度で家族セッションが行われ，現在その家族がどの処遇段階にあり，いつセッションをキャンセルし，変更し，無断欠席したか，誰がセッションに参加したなど，治療者は多種多様な情報を見ることができる。このようなサービス提供に関するデータは，治療者に概略図としてフィードバックされ，治療者はそれをもとにセッションの計画を改善することができる。こういったことを通じて，治療者と臨床スーパー

ヴァイザーは，モデルにおいて治療者が得意としている部分（例えば初期介入）がどこで，まだ改善できる部分（例えば特定の行動変容への働きかけ）がどこなのか，ピンポイントで把握することができる。

クライエントのアセスメントおよび成果尺度

　包括的な CQI ツールである Q システムは，変化前，変化後そして臨床的に関連性のある変化のレベルを総括するレポートにおいて，モデルと関連のある直近の成果を測る尺度も提示している。この尺度は，治療者に対し，もともとクライエントが持っていたニーズの領域（開始時アセスメント）と FFT による成果（最終段階の変化尺度）について，リアルタイムで随時フィードバックする。そのことにより FFT の治療者は，より一層の技術発展に向けて決定的に必要な，優れた情報を手に入れることができるのに加え，この情報を基にさらによい計画を立てることができる。成果尺度は，変化前と変化後，臨床的に信頼性のある変化についての指標値，そして，実践面でのクライエントの変化を明らかにする。Q システムには，回答者に多大な負担をかけずに最大限の臨床的効果を得られるような，臨床的に有益で信頼性の高い測定具から成っている。アセスメントおよび成果の尺度には，以下のようなものがある。

- ●精神衛生尺度（長所および問題点に関する質問票，親のストレス指標，青少年問題行動症状目録，児童用サービスアセスメント）
- ●一般的な成果尺度（長所および問題点に関する質問票）
- ●リスク要因および保護要因尺度（ワシントン州リスク・保護要因測定計器）
- ●良好な成果に不可欠な経過変数（ピーボディ・アライアンス基準，段階別目標および改善尺度）

フィードバックレポート

　Q システムは，臨床家とスーパーヴァイザーの両者に対し，既に述べたような各要素に関する即時的なレポートと要約表を提供できるように設計されている。つまり，治療者は，クライエントの現在の進行状態（経過尺度），クライエントやスーパーヴァイザーが自分のモデルへの遵守性についてどのように考えているか，そして，個々のクライエント，自分の担当ケース全体，および組織全体の基準という観点での処遇成果について知りたいと思えば，Q システムを見ればよいということである。セッションごとのサービス提供状況についてのモニタリングは，コンピューター上に表示され，要約される。図9.4は，Q シ

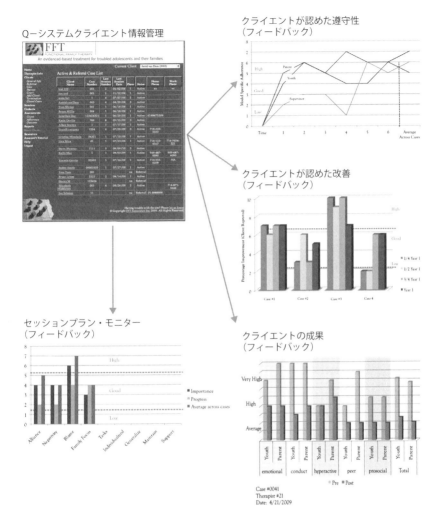

図 9.4―Q システムで利用可能なフィードバックレポート
Sexton, Alexander, Gilman（2004）からの改変

ステムで利用可能なフィードバックレポートをいくつか例示したものである。
そのようなレポートの使い方は，下に述べる事例で説明している。

機能的家族療法の
臨床的スーパーヴィジョンモデル

　臨床的スーパーヴィジョンは，これまでずっと臨床実践の重要な事柄として行われてきた。臨床研修プログラムにおいては，臨床的スーパーヴィジョンは学術分野と実務分野の橋渡しとして機能している。組織においては，スーパーヴィジョンはしばしば行政的な目的（サービス提供システムで設定されている実務基準を重点的に確認するなど）と臨床的な目的（クライエントを支援するなど）の両方を有している。もっと広い社会的文脈で考えると，臨床的スーパーヴィジョンは認可プロセスの中心であり，治療者が独立して実務に当たることを許可する意味を持っている。明らかに，治療者がどのようなタイプの臨床的スーパーヴィジョンを受けるかは，その治療者の臨床的判断に影響を与えている。一方，現場での臨床的スーパーヴィジョンの重要性にもかかわらず，そのメカニズムや手続きはこれまであまり明確に定義されてこなかった。エビデンスに基づく系統的な臨床モデルの時代では，スーパーヴィジョンの役割とその説明責任に対する貢献は，極めて重要で注目に値するものである。

　スーパーヴィジョンのタイプが異なれば，その目的とするところも違う。治療者の向上を目的としたスーパーヴィジョンであれば，個人的な成長や仕事の上達，業務に対する方向づけなどが重視されがちである。行政的な観点を重要視するスーパーヴィジョンの場合は，その組織や許認可条件の基準や標準を満たした実践であるかどうかが焦点になる。臨床的スーパーヴィジョンに関していうと，基本も目的もそこまで明確ではない。治療者が最も適切で効果的な処遇が行えるようにすることを目的としている一方，スーパーヴァイザーの提起した問題や提案，およびそれに続く流れの基盤となる論拠は，それほどはっきり示されていない。治療実務全般について言えるように，臨床的スーパーヴィジョンの実践も，いくつかの広範囲な概念的アプローチに基づいている (Bernard & Goodyear, 2004)。それらのアプローチから抜け落ちているのは，スーパーヴァイザーが，どの特定の臨床モデルに基づいて提案したか，どのような目的に治療者を向かわせようとしているのかということの明確化である。従って，スーパーヴィジョンの目的，実践，および手続きを臨床モデルと結びつけることは，実践の向上に不可欠なものである。

　家族療法に限って言えば，スーパーヴィジョンと研修は，この30年で発展してきているが，時代ごとに強調するポイントが変化してきている。現在

は，スーパーヴァイザーを認定する AAMFT の基準の進展のように，職業団体によって指定・認定された臨床家の専門化の時代となっている。Cleghorn と Levin (1973) は，研修を受ける人の成長に不可欠な三つの家族療法のスキルを説明している。①治療セッションにおける行動のデータを正確に描写する能力を含む知覚スキル，②臨床的観察の結果を言語に翻訳する能力を含む概念スキル，③セッション中の治療者の行動を家族の交流パターンを変容させる方向に向けていく介入スキルの三つである (Anderson, Rigazio-DiGilio, & Kunkler, 1995)。

　FFT の臨床的スーパーヴィジョンモデルは，これらの初期の概念に基づいて組み立てられている。臨床的スーパーヴィジョンは，モデルを学習し，実務の品質を維持し，特定モデルの遵守性および治療者の有能性を確保しながら，多様なクライエントや条件にモデルを適用していく際の，重要な一要素となっている。治療実績を上げるためには，臨床的スーパーヴィジョンは，FFT と同じ原則に基づき，同じ目的を持ち，同じ対人関係の臨床実践を支持していなければならない。FFT のスーパーヴィジョンモデルを最も早く正式に表明したのは，Haas, Alexander, Mas である (Liddle, Breunlin, & Schwartz, 1988)。その後，社会内処遇での FFT の実績が増すにつれて，さらに必要な事項があることが判明した。より正確に言えば，スーパーヴィジョンモデルは，(前記のとおり) 実際の臨床現場での特定のモデルの遵守性および治療者の有能性に対応していなければならない。

　社会内処遇の現場で使われている FFT に適合した，特定のモデル対応のスーパーヴィジョンモデルを最初に解説したのは，Sexton, Alexander, Gilman (2004) である。遵守性と有能性という 2 点に集中的に特化した結果，FFT におけるスーパーヴィジョンは，治療者の成長や治療者を支える環境づくりだけをカバーするのでは不十分だということが明らかになった。それは，教えるということについての要素を含み，家族に接するにあたってのモデルへの遵守性と有能性開発の相互依存について強調する必要がある。また，治療者，処遇環境，FFT チームのワーキンググループ，そして，スーパーヴァイザーを含む，マルチシステミックな背景を包括していなければならない。

　われわれのアプローチは，サービス提供システムに対して密接な関わりを持っている。FFT の臨床的スーパーヴァイザーは，第一に優秀な FFT 治療者でなければならない。なぜなら，優れたスーパーヴィジョンというものは，優れた実践に何が必要かということに対する専門的な知識に基づいているからである。従って，多くの組織で習慣的に行われていることとは違い，FFT のスーパーヴァイザーは，FFT を高いレベルで実践できることを示す能力がある。十

分に研修を受けた治療者なのである。さらに，スーパーヴァイザーでありな
がら，自らもクライエントを担当し，自分のケースについてはスーパーヴィジ
ョンも受ける。以下の FFT の臨床的スーパーヴィジョンに関する役割とプ
ロセスに関する記載は，Sexton と Alexander によるこの分野の既刊書 (Sexton,
Alexander, & Gilman, 2004) に準拠したものである。さらに，この著作は，Alexander
がユニバーシティ・トレーニング・クリニックにいたころに記した，初期の論
文に基づいている (Alexander et al., 1988)。Alexander は，そこでスーパーヴィジョ
ンについての定義説明を深めていった。この著作では，スーパーヴィジョンの
プロセスに二つの特徴があり，そのために過去のモデルと大きく異なっている
と明言している。一つ目はスーパーヴァイザーの役割，二つ目がスーパーヴィ
ジョンの目的，最後は臨床的スーパーヴィジョンを成功させるための方法，つ
まり対人関係のプロセスである。

FFT の現場スーパーヴァイザーの役割

　社会内処遇の FFT の現場におけるスーパーヴァイザーは，その組織が提供
する FFT のサービスの質について責任を負っている。FFT の臨床的スーパー
ヴァイザーは，必要に応じて介入しながら，さまざまな作業領域を通じて，三
つの主要な目的を推し進める。

- FFT の臨床実践の場におけるサービス提供に関し，モデルへの忠実性と
  品質を監視すること (つまり，品質を保証するということ)。
- FFT 治療者に対し，常に FFT という観点で考え，FFT の原則に基づいて
  臨床的決断を下すよう指導することにより，遵守性と有能性を高めるこ
  と (つまり，品質の改善を推進するということ)
- モデルを推進し，家族が高品質のサービスを享受できるような FFT の実
  践が行えるよう，サービスを提供する環境を管理すること

　FFT の臨床的スーパーヴィジョンは，この三つの目的を二つの基本的活動で
達成する。一つ目は，所属するワーキンググループにおける個々の治療者の遵
守性と有能性を常にモニターすること，つまり「品質の保証」である。スーパー
ヴァイザーは，公式には系統的評定メカニズムを通じて，そして非公式にはス
タッフのケース会議での観察を通じて，このことを行っている。モニタリング
に関するスーパーヴァイザーの責任は機関全体にも及ぶ。スーパーヴァイザー

は，組織が (管理実務および構造の両方で) FFT の効果的な提供をサポートしている
かどうかも評価しなければならない。

　もう一つのスーパーヴァイザーの重要な責務は，質の改善である。このこと
は，臨床的スーパーヴィジョンの一義的な目的であり，治療者と現場環境の両
方に対し，デザインどおりに (モデルの遵守)，かつ，個々の家族のニーズに上手
にマッチさせて (モデルを使う能力)，FFT を実施する能力を向上させることを意
味する。品質を向上させるため，スーパーヴァイザーは，FFT のスーパーヴィ
ジョンモデルおよび後述の原則に基づいて治療者に対し介入を行う。最終的な
目的は，高品質のサービス提供を伴う，モデルへの高い遵守性である。スー
パーヴァイザー，個々の治療者，そして，ワーキンググループ間の，複雑な関
係性のプロセスのなかで行われる系統的なスーパーヴィジョン介入から質の改
善は生まれるのである。

スーパーヴィジョンの基幹原則

　FFT の臨床モデル同様，そのスーパーヴィジョンモデルも，活動の背景およ
びスーパーヴィジョン介入の基盤となる一貫した理論的・哲学的な基幹原則に
基づいている。さまざまな点で，この原則は個々の具体的な介入より重要であ
る。なぜなら，この原則によりスーパーヴァイザーの仕事のパラメーターが決
まってくるからである (Sexton et al., 2004)。FFT の臨床的スーパーヴィジョンは，
以下のようでなければならない。

●**モデル中心であること**　FFT の臨床モデル (その核となる基幹原則および臨床的プ
　ロトコル) は，質の保証と改善にとって第一の基本である。従って，それは
　治療者に対するアセスメントの指標でもあり，スーパーヴァイザーが方向
　づけるすべての介入の成果目標でもある。スーパーヴィジョンは，モデル
　(指定の目的とモデルにおける介入のストラテジー) に関する遵守性とその目標を達
　成し，処遇ストラテジーを用いるための有能性に注意を払って行われる。

●**関係性に基づいていること**　スーパーヴァイザー，個々の治療者，そし
　て複数の治療者からなるワーキンググループ間の関係性プロセスは，スー
　パーヴィジョンモデルの段階的な性質が反映される。関係性プロセスは個
　人の尊重に基づいている。治療者一人ひとりの個性の違い，長所，特徴を
　認めている。さらに，スーパーヴァイザーと治療者が青少年と家族に対す
　る FFT モデルの効果的な実施という同じ目的に向かって力を合わせること

ができるのも，協調関係に基づく関係性プロセスがあってのことである。

●**マルチシステミックであること**　スーパーヴィジョンを行う際は，治療者，サービス提供システム，ワーキンググループなど，複数の領域にわたって目を配り行動しなければならない。

●**段階的であること**　スーパーヴィジョンのプロセスは，処遇段階と同じく，徐々に展開していくものである。段階ごとに，目的とそれに関連した変容メカニズム，変容メカニズムを活性化させるのに最も適したスーパーヴァイザーの介入がまとまって存在する。

●**データまたはエビデンスに基づいていること**　個々の具体的なスーパーヴィジョン介入やその目的は，治療者のサービス提供パターンのモニタリング，および遵守性や有能性に関する治療者の活動の個別的な尺度の精査に基づいている。モニタリングも，目標設定も，そして最終的には介入も，複数のデータ源や観点から得られたデータを用いている。スーパーヴィジョン・プロセスの各段階を通して，スーパーヴァイザーはワーキンググループ全体の遵守性，有能性，発達段階も常に査定している。モニタリング，意思決定，介入は，治療者自身（自己申告）や質改善システム（FFTのQシステム）を含む複数のデータ源から得られたエビデンスによって促進されるのである。

　これらの原則はFFTスーパーヴィジョン・プロトコルでは互いに関連づけられている。

系統的スーパーヴィジョン・プロトコル

　プロトコルは，スーパーヴィジョンの役割および原則から成り立っている。プロトコルとは，自分がスーパーヴィジョン・プロセスのどの辺りにいて，これからどこに向かっているのか把握する手助けとなる「地図」や手引きのようなものである。そのモデルは，今後のスーパーヴィジョン面接での協議事項を決めることにも，狙った成果に近づくのに最適なスーパーヴィジョン介入や行動，そして，スーパーヴィジョン面接における具体的な目標を明確化することにも役に立つ。スーパーヴァイザーの一義的な責務は，治療者の遵守性と有能性の成長による質の保証と改善であるが，スーパーヴァイザーはこれらの目標や任務に対し，バラバラの事象としてではなく，関連性のあるプロセスとして取り組まなければならない。このプロセスには，スーパーヴァイザーにはスー

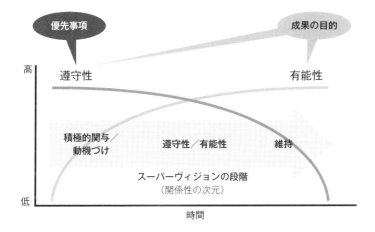

図 9.5―FFT の臨床的スーパーヴィジョンの段階
Sexton, Alexander, Gilman（2004）からの改変

パーヴァイザーの，治療者には治療者の役割がある。各自がそれぞれの役割を全うし，協力することで，クライエントの家族が葛藤を乗り越える手助けをするのである。

　スーパーヴァイザーにとってのプロセスの手引きとしてのスーパーヴィジョンモデルは，「今何が起きているのか」をスーパーヴァイザーが把握するための基礎となる事実であり，同時に指導のもととなる材料も提供する。スーパーヴィジョン面接で起きることを想像してみよう。FFT の治療者は，毎日難しい家族と接しているため，相手にしている家族の葛藤や感情，認知をその場に持ち込むことになる。スーパーヴァイザーは，そのような中身についての発表において，関係プロセスに注目する。そして，臨床モデルにおけるセッションごと，段階ごとの目標に従い，治療者やそのグループの行動に対応していくのである。言い換えれば，スーパーヴァイザーは，スーパーヴィジョンモデルの段階を的確に把握し，スーパーヴィジョンの初期と後期の段階では異なった対応ができるようでなければならない。そこで，スーパーヴァイザーが，スーパーヴィジョンの最も重要な直近の目標に着目し，そこから外れないようにするため，プロトコルが地図として機能するのである。

　FFT の臨床的スーパーヴィジョンの段階（図9.5参照）は，かなり具体的で，直接的で，規範的なものなので，カリキュラムのように感じられるかもしれない。しかし，これを番号に従えば描けるような機械的なアプローチだと受けとめないでいただきたい。そうではなく，FFT スーパーヴィジョンは，関係性に

反応するものであり，具体的な目標を達成する考え方に立脚したものである。その意味で，FFT スーパーヴィジョンは，FFT の治療同様，系統的・組織的であると同時に，関係性・反応性に基づいたものである。この弁証法によるアプローチでは，同じスーパーヴィジョン面接が二度起きることはない。スーパーヴァイザーは，個々のワーキンググループや治療者個人の個性に合わせて段階を適用し，それに伴うストラテジーを実践していくのである。

スーパーヴァイザーの介入

臨床的スーパーヴィジョンや既述の質の保証ツールを用いて得られた治療者の遵守性と有能性に関する概略に基づき，臨床的スーパーヴァイザーは，さまざまな方法で治療者の遵守性と有能性を高めようとすることができる。どのような介入をするかは，以下のような条件に左右される。

- 遵守性と有能性のどちらがより問題なのか
- 知識と実践のどちらの領域がより問題なのか
- 個々の治療者の関係性に関するスーパーヴァイザー側の理解

スーパーヴィジョンは，多くの点において間接的なプロセスといえる。以前発表された，スーパーヴィジョン・プロセスや，エビデンスに基づいたモデルとして FFT を位置づける根拠となった実証研究とは，異なる点も多い。広範囲にわたり地理的にも遠く離れた現場を管轄するような大規模な社会内処遇プロジェクトにおいては，治療者と同じものをスーパーヴァイザーが見ることはない。その代わりに，スーパーヴァイザーは，スーパーヴィジョンの場で，治療者の報告に基づいて決定を下す。これは難しいことではあるが，スーパーヴァイザーが，治療者の報告や決断，考え方をモデルの遵守性と有能性という枠で捉えることができるなら，可能である。図 9.6 は，スーパーヴァイザーが用いる翻訳のプロセスをわれわれがどのように理解するようになったかを示している。治療者がケースについて話すとき，全般的な家族の描写から，個々の具体的な彼らの行動に徐々に移行していくということが，この図からわかるだろう。スーパーヴァイザーは，この全般的な家族の描写から，基幹原則を読み取ろうとする。一方，具体的な行動についての説明は，スーパーヴァイザーにとって，治療的介入がモデルに忠実かどうか判断する機会となっている。

何をするかを決めるにあたって，スーパーヴァイザーは，まず治療者が示す

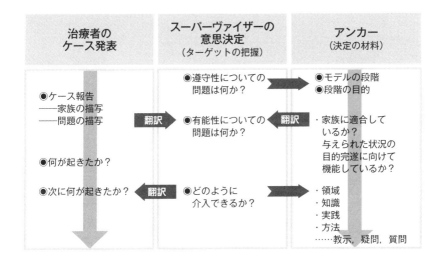

図 9.6―スーパーヴァイザーの翻訳のプロセス

要求の奥には何があるのかに目を向け，問題となっているのがモデルの遵守性
なのか，それとも有能性なのかを見定める必要がある。この判断を下すため
に，スーパーヴァイザーは，モデルがその処遇段階について規定しているもの
と，治療者が報告している内容を対比し，臨床モデルという尺度に従って測定
する。このプロセスは，図 9.6 で示されている。

　このような質の改善の領域に働きかける介入としては，二つの主要な道筋が
ある。

● 「教授的指導」は，知識の分野に属する問題にはきわめて適切な働きかけ
　である。例えば，基幹原則あるいは基礎レベル（遵守性）または複合的レベ
　ル（有能性）における臨床手順の理解不足といったような場合である。いず
　れの場合においても，臨床的スーパーヴァイザーの最善の行動は，治療者
　の抱える困難の中心にある問題の背後に隠された概念的原則に焦点を当て
　ることである。

● 一方，「個別ケースに関する提案」は，主に実践分野における遵守性や有
　能性を向上させるための方法である。臨床的スーパーヴァイザーは，ある
　特定の行動指針や物事を捉え直す特定の方法を提案したり，系統的なテー
　マの発展を促したり，他の関係性アセスメントを提唱したりする。有能性

に働きかける場合，治療者がクライエントに合致し，それに付随したFFTモデルを適用できるようになることが目的となる。提案は，直接の提言という形でも，ロールプレイや実演を見せることでも，必要な手順を説示することでも行うことができる。

遵守性および有能性データの質保証に関する測定尺度

質保証のデータは，正式なケーススタッフ会議やスーパーヴァイザーとの個別的なセッションのいずれかまたはその両方で行われたケース討議の内容から得られる。ケース発表の間，スーパーヴァイザーは遵守性や有能性に関係した事柄に注目して話を聞く。まずは，遵守性のレベルについて考えることが望ましい。なぜなら，遵守性はFFTの必要条件ではあるが，十分条件ではないからである。そして，モデルに忠実に実践されていることが明らかになれば，スーパーヴァイザーは有能性の問題を考える。

スーパーヴィジョン計画とスタッフ会議

スーパーヴァイザーが個々の会議の計画を立てることで，スーパーヴィジョン・スタッフ会議はより効果的なものになる。スーパーヴァイザーは，まずスーパーヴィジョンの段階を見極め，治療者別にその段階での目的を明確化し，遵守性と有能性に関して，どの問題に対処するかを決定することから始める。通常，スーパーヴァイザーは，セッションを準備するにあたって，（Qシステム上の）治療者の記録や過去のスーパーヴィジョンにおける評点に再び目を通し，どの治療者がケース提供を行うかを決める。ワーキンググループ内の治療者は，一人毎月2回のケース発表を行うというのが，一般的なガイドラインとなっている。

いったんスタッフ会議が始まってしまえば，スーパーヴァイザーの目標は，ケースの広範な議論から具体的な行動計画へと移行する。その計画は結果として，クライエントの家族に対して，その段階の目的を完遂するための道筋を示さなければならない。臨床的スーパーヴァイザーは，この目的に向けて議論を構築し，方向づけ，質問を投げかけ，ワーキンググループの他のメンバーに議論に加わるよう促していく。

機能的家族療法のサービス提供システムにおける調整的ケアの実例

　FFT の成果は，広範囲にわたる関係機関や地域の処遇・サービス提供者間の調整的ケアによって大きく向上する。問題行動のある青少年や家族，その環境は複雑である。従って，FFT も調整された一連のケアシステムの一部にすぎない。さらに，FFT は，同じ原則に従ってクライエントやその問題をとらえ，FFT の基幹原則を理解し実践する，異なった専門家間での調整された協働作業により，一層効果が上がる。実際のところ，他の専門家が FFT の成果を上げることに協力してくれるかどうかは問題ではない。成果向上という課題達成のために，彼らの見識をどのように調整された系統的サービス提供システムに生かすことができるかということが問題なのである。

デラウェア FFT サービス提供システム

　Child and Families First, Inc. (子どもと家族が第一 (株), CFF) は，デラウェア州を受け持つ地域精神保健センターである。CFF は，市街地と地方の両方に二つのセンターを構えている。他の多くの機関同様，CFF には家族や青少年を担当するケースマネージャーと治療者のシステムがある。ケースマネージャーは，食料品割引切符の発行や家賃扶助，交通費支給などの家族の緊急的ニーズに応じた保護を提供する。治療者は，専門的な処遇を提供する。ケースマネージャーと治療者は，家族に同時進行で包括的なチームとして機能する。ケースマネージャーが現実的な家族のニーズに応え，治療者は家族関係に焦点を当てる。CFF は，治療者とケースマネージャーのサービスがしばしば重なっているということにいち早く気づいた。そして，ときには，善意に基づいていたとはいえ，彼らのサービスが家族を別々の方向に支援していたことがあったのである。ケースマネージャーは，ときに地域や治療者に対して家族を代弁する「声」となっていたが，治療者は家族に自分自身で話させようとしていた。(図9.1 参照)

　CFF で FFT が導入されたとき，現在「デラウェアモデル」と呼ばれるものも同時に始めた。デラウェアモデルとは，データに基づいた質の改善システム (FFT の Q システム) によって編成された，同一の理論原則 (FTT) でケースマネージャーと FFT 治療者を統括する一貫したサービス提供システムのことである。デラウェアモデルの独自な点は，FFT のような特定の臨床モデルが治療の枠を超えて発展し，ケアを調整していく方法の実例が示されているということで

ある。このプロジェクトは，組織面のサポート（CEO の Leslie Newman）および臨床面のサポート（臨床部長の Vicky Kelly）と，FFT 専門家（筆者および FFT 臨床コーディネーターの Astrid van Dam）の調整を含む取り組みにより実行された。このモデルは，ケースマネージャーが，個々の道具やマニュアル，モデルの研修開発などに共同作業プロジェクトとして参画することにより，さらに発展した。その目的は，最新テクノロジーを用いたケアシステムの体系に，専門家と治療者とケースマネージャーを結びつけることであった。あらゆるサービス提供者は，合同で研修を受け，FFT というレンズを通して家族とその問題を理解する観点を持ち，個々の役割を全うするにあたって関係性のスキルを活用しようと努めていた。そこには，すべての関与するサービス提供者の長所を生かす，系統的な処遇システムが生まれていた。個別のケースに関する一連の出来事は，以下に示すとおりである。

紹介の管理

他機関からの紹介を受理するのは，組織のケースマネージャー（CM）である。CM は，開始時にサービスアセスメント（SA）を行う。SA とは，クライエントの記録や，家族の背景にあると思われるリスク・アセスメント要因を特定するために作成された紹介状を包括的に精査することである。CM は，紹介状や現存するあらゆるケース関連文書により，特に家族の背景を検討する。それは，通常，一般化段階で特に強調される領域である。CM の役割は，FFT の経過の初期段階において，背景的要因を見定めることである。CM は治療者ではないので，FFT を初期のセッションの目的から遠ざけることなく，このことを行うことができる。必要があれば，CM は学校や保護観察所やその他の紹介元の機関と連絡を取り，さらなる情報収集に努める。SA を補完するために，CM が直接家族に面接することは滅多にない。SA は，以下の 5 領域に焦点を当てて進められる。

- ●精神保健（過去の精神保健ケア，直近の医療診断，現在の治療状況，その他の精神保健サービス）
- ●学校（現在の出席状況，特別支援教育プログラム，通学手段や学校の友人問題）
- ●家庭環境（公共サービス打ち切りのおそれの有無，家庭内や近隣の治安問題，拡大家族など）
- ●少年司法や福祉の関与（犯罪歴，現在係属中の刑事事件，保護観察または仮釈放期間中か）
- ●仲間の関与（悪友の関与を疑わせるいかなる兆候を含む）

ケース割り当て

SA が Q システムに入力されると，ケースが輪番で FFT 治療者に割り当てされる。担当となった FFT 治療者は，オンラインで SA を読むことができる。

インテークセッション

デラウェアモデルでは，家族との最初のセッションをインテークセッションと呼ぶ。地域精神保健システムではインテークがしばしば行われるが，デラウェア FFT のインテークは，家族，CM，FFT 治療者，保護観察官，学校職員，福祉の紹介元機関などの関係者が全員出席する点において，その多くと異なっている。インテークの目的は，家族の目的やニーズを見定めることではなく，家族に処遇メンバーを紹介し，SA を簡単に振り返ることにある。この集まりの意義は，全員が FFT の目的とプロセスを理解している処遇チームがいるということを家族に対し示すことにある。CM は，リスク要因および保護要因アセスメントを補うことにもこの集まりを活用しているが，質疑応答よりも，観察や討議がそれに生かされている。治療者は，この集まりで予約や動機づけを高める働きかけを始める。

FFT の治療

FFT の期間中，家族に対する一次的な接触・連絡窓口は，治療者である。ここでの CM は裏方に回り，処遇に関する支障（交通手段など）を解消することで FFT を後方支援する。FFT 治療者は，SA にアクセスすることができる。SA により，治療者は家族に対する視野を広げ，自由に FFT の目的を追求することができる。

一般化の強化

ケースが FFT の一般化段階に入ると，ケースマネージャーにも連絡が行く。CM は治療者の処遇記録に目を通し，両者はサービス計画を発展させるために協議を行う。サービス計画とは，その家族の環境で FFT の作業を支援し，維持し，般化するための，系統的な計画である。FFT 最終段階のセッションにおいては，CM も合同家族セッションに参加し，FFT 治療者と一緒に，一般化への移行を話し合う。そこでは，家族の新たな焦点への気づきが促されると同時に，CM への関係性の移行も進められる。CM は，FFT で展開された系統的テーマを利用する，治療中に引き出され，取り組んできた行動変容ターゲットに基づく，家族の自助の原則を守るなど，一般化段階の原則に従って行動する。危機的状況が起きても（実際よく起きる），CM は，FFT 治療者と同じく，方向性を変えることはしない。CM は，家族が自分たちで問題解決できるよう自立を促

すとともに，FFT 治療者の仕事を基盤にして，FFT を家族の生活や周辺環境にまで広げていく。CM との接触も一回ごとに Q システムに入力されるので，治療者も参照することができる。

FFT の Q システムの役割

デラウェアモデルプロジェクトは，FFT の Q システムの利用を基に立ち上げられた。Q システムは，セッションプランニング，ケースマネジメント，およびスーパーヴィジョンの中心的ツールになった。個々のケース，セッション，クライエントのアセスメント，遵守性の程度，および治療者の経過記録は Q システムに入力された。ケース，サービスに関係する専門家，FFT 治療者の情報は，Q システム上でケース関係者に共有され，処遇計画情報の透明化に役立てられている。クライエントとの接触，ケースの概略，ケースについての計画は図 9.3 の画面から入力し，管理することができる。権限を持ったユーザーは，特定のクライエント，個別の治療者，またはチーム全体のケースロードについての記録を選ぶことができる。記録するデータは，カスタマイズすることもできる。それ以外にも，治療者やスーパーヴァイザー，FFT コンサルタントは，さまざまな記録にアクセスすることができる。このシステムは，治療者やスーパーヴァイザー，管理者に情報を提供することにより，フィードバックのツールとしても機能する。

記録は，クライエントの全体像やスーパーヴァイザーを基に，または自分で設定したセッションの目的から，治療者にフィードバックを提供する（図 9.4 参照）。フィードバックは，クライエントをより迅速に支援できる分野に関心を向けられるようにする目的で行われる。図 9.4 は，治療者が特定のクライエントの情報を選択した状態である。クライエントもスーパーヴァイザーも，治療者の特定モデルの遵守性を高く評価している。青少年も親も，治療を開始してから生活と家族が改善したと報告している。治療者は，実施可能な処遇計画について，精神保健基準（SDQ）からも情報を得ることができる。これらの基準は，処遇前と後の両方について調べることができる。治療者が次のセッションを計画したり，より長期的な処遇計画の調節を行ったりするために，治療者によるセッションの目的，クライエントおよびスーパーヴァイザーの評定した遵守性，クライエントの成績，クライエントの改善の兆候を，リアルタイムで入手することができる。スーパーヴァイザーは，Q システムを通じて，チーム全体の遵守性やサービス提供に関する概況情報にアクセスすることができる。こ

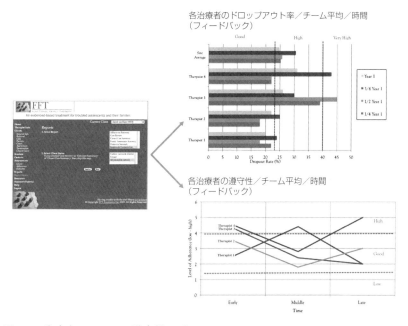

図 9.7—治療者のモデルの遵守性レポート

ういったデータは，スーパーヴィジョンセッションの基礎資料となる。

　CQI は，治療，ケア調整，スーパーヴィジョンおよび現場の評価に用いることができるフィードバック情報である。例えば，プロジェクトの最初の6か月間，治療からのドロップアウト率が非常に高い治療者が二人いた (図9.7)。スーパーヴァイザーとコーディネーターがそれぞれのケースを調べた結果，一人の治療者にはスーパーヴィジョンを追加することが必要だと判断した。もう一人に関しては，ケース紹介段階での問題が大きく，それが高いドロップアウト率につながっていたと考えられた。また，遵守性の評定によると，一人の治療者は FFT の実施にあたって，著しい困難を抱えていることがうかがわれた。スーパーヴァイザーは，当該治療者の経過記録を精査し，彼が困難を感じている領域を特定することができた。また，治療者は，処遇モデルがより成果を上げるためには，どのような追加的支援が必要で，どのように組織が変化できればよいかについて考えることができた。スーパーヴァイザーも治療者も，遵守性の点数の結果から，自分たちの調節がうまくいったかを把握することができた。

　現在，デラウェアは，内部の標準基準率データ (典型的なセッション数，ドロップ

アウト率，SDQ の点数の変化，CPQ プロファイルなど）に加え，Q システムからの集積記録も活用して，サービス専門家や FFT 治療者，その他のサービス提供者の役割について，データに基づいたプロファイルを検討している。このような情報は，その組織の内規並びにサービス提供，遵守性，経過および結果の基準値に照らし合わせ，その組織独自のものになってはじめて，有益なものとなる。そうなれば，標準基準率データは，Q システムから生み出された CQI 情報に対し，その現場独自の意味を持たせることができるのである。こういったデータは，デラウェアモデル，FFT，その他の多様なサービス提供の分野での改変・変更に関する資料になりうるものである。

まとめ

　社会内処遇においては，どのような実践もそれ単独では存在し得ない。あらゆる処遇は，クライエントのニーズや処遇機関のサービス提供実務，資金，他の処遇者や処遇行為からの影響と調和しなければならない。FFT は，効果的な臨床モデルに加え，ケース計画・セッションプランニング・臨床的スーパーヴィジョン，そして FFT サービスの質の改善に向けたデータのモニタリングなどに焦点を当てたサービス提供システムの諸要素も組織に包含することになった。個々の要素のモデルは，われわれがこれまでさまざまなシステムや個々の組織に FFT を導入した実績から発展してきたものである。

　FFT のサービス提供システムの諸要素は，われわれが科学的に重要だとわかっている二つのこと，つまり，特定モデルへの遵守性と治療者の有能性を高める方策を探すという，一つの目的から派生したものである。モデルの遵守性は，効果を上げるための必要条件であるが十分条件ではないというのが，われわれの発見である。治療者は，独自の背景を持つ個別の家族にモデルを適用するにあたって，有能性も示す必要がある。家族のマルチシステム性 (第1章，第2章参照) を考慮すると，これは特に驚くべきことではない。

　ときが経つにつれ，その組織のより広いサービス提供システムが三つの領域で FFT と調整されると，FFT の機能がより発揮されるということがわかってきた。その領域とは，セッションプランニング，臨床的スーパーヴィジョン，そして，同時進行的データモニタリングおよびフィードバックである。治療者が特定モデルの重要な計画情報をたどり，実行に移せるよう，われわれは同時進行的処遇計画プロセス (セッション経過記録) を開発した。臨床的スーパーヴィ

ジョンは，FFT のサービスの質を向上させるという責を担う一方で，FFT の基礎と同じ関係性の性質を兼ね備えたものとなった。また，家族，スーパーヴァイザー，そして，治療者からの情報をもとに，治療者の遵守性と有能性に関する知識および実践の要素に特化したコンピューターシステムも作った。そのシステムは，治療者の実務向上およびスーパーヴァイザーのモニタリングとスーパーヴィジョン計画に役立つフィードバックのために，すでに述べたプロセスに準拠したデータを収集するものである。この Q システムにより，系統的にケースをプラニングすることができ，スタッフは空いた時間を臨床実践に回すことができる。これらの要素が機能すれば，ケース計画，臨床的スーパーヴィジョン，データのモニタリングを統合する，調整されたサービス提供システムを形成することになる。そして，効果的に実行されれば，これらの領域は，同時進行的に質の改善に関するより幅広い原則を生み出し，発展させていく一助ともなりうるのである。

そもそも，FFT は，反抗的な青少年に関わるときの原則をまとめたものであったが，徐々にプロセスに基づいた伝統的な家族療法へと成長し，その後きわめて特化された臨床的に独自の処遇モデルとなり，さらにサービス提供システムへと発展を遂げた。筆者の考えでは，これらの進化は，FFT のマルチシステミックで動的志向の強い本質を反映した結果のように思う。FFT は，臨床実践モデルの基盤をなす堅固な原則を中心に構築された。そのモデルは，治療者が従うべき概念地図でもあり，質の改善に必要な分野を測る具体的な尺度でもある。これまで，モデルというものは，異なった概念モデルや理論的アプローチが生じるたびに改変され，進化してきたものであり，今後もそうあるべきであろう。現時点での臨床モデルを明確にしておくことは，系統的でありながら関係性に基づいた変容プロセスの性質を強調するものでもある。そして，科学と実践の両方の分野から情報を集めるというのも，またモデルの性質である。実際，この最終章に記した知見は，われわれが多種多様な機関やサービス提供システムで FFT を実践した臨床実績から得られたものである。科学に対しても，現在進行中の実践からの発見に対しても開かれていること，それこそが FFT の変わらない姿勢である。

文献

Abrantes, A. M., Hoffman, N. G., & Anton, R. (2005). Prevalence of co-occurring disorders among juveniles committed to detention centers. *International Journal of Offender Therapy and Comparative Criminology, 49(2)*, 179-193.

Alexander, J. F., &Barton, C. (1980). Intervention with delinquents and their families: Clinical, methodological, and conceptual issues. In 1. Vincent (Ed.), *Advances in family intervention, assessment and theory.* Greenwich, CT: JAI Press.

Alexander, J. F. & Barton, C. (1995). Family Therapy Research. In R. Mikesell, D. Lusterman, S. McDaniel (Eds.), *Integrating family therapy: Handbook of family psychology and systems theory.* Washington DC: American Psychological Association.

Alexander, J. F., Newell, R.M., Robbins, M.S., & Turner, C.W (1995). Observational coding in family therapy process research. *Journal of Family Psychology, 9.*

Alexander, J. F., Barton, C., Schiavo, R. S.,& Parsons, B. V. (1976). Behavioral intervention with families of delinquents: Therapist characteristics, family behavior, and outcome. *Journal of Consulting and Clinical Psychology, 44*, 656-664.

Alexander, J. F., Holtzworth-Monroe, A., Jameson, P. B. (1994). The process and outcome of marital and family therapy: Research, review, and evaluation. In the *Handbook of psychotherapy and behavior change*, A. E. Bergin and S. L. Garfield (Eds.). 4th ed. Oxford, UK: Wiley, pp. 595-630.

Alexander, J. F., & Parsons, B.V. (1973). Short-term behavioral intervention with delinquent families: Impact on family process and recidivism. *Journal of Abnormal Psychology, 81*, 219-225.

Alexander, J. F., & Parsons, B. V. (1982). *Functional family therapy.* Pacific Grove, CA: Brooks/Cole.

Alexander, J. F., Pugh, C., Parsons, B., & Sexton, T. L. (2000). Functional family therapy. In D. Elliott (Series Ed.), *Blueprints for violence prevention* (2nd ed.). Golden, CO: Venture Publishing.

Alexander, J. F., Robbins, M. S., & Sexton, T. L. (2000). Family-based interventions with older, at-risk youth: From promise to proof to practice. *Journal of Primary Prevention, 21*, 185-205.

Alexander, J. F. & Sexton, T.L. (2000). Functional family therapy. OJJDP Juvenile Justice Bulletin. Rockville, MD: Juvenile Justice Clearinghouse.

Alexander, J. F., & Sexton, T. L., (2002). Functional family therapy: A model for treating high risk, acting-out youth. In J. Lebow (Ed.), *Comprehensive handbook of psychotherapy, vol. IV: Integrative/ eclectic.* New York: Wiley.

Alexander, J. F., Sexton, T. L., Robbins, M. S. (2002). The developmental status of family therapy in family psychology intervention science in H.A.

Alexander, J. F., Waldron, H., Newberry, A. M., &Liddle, N. (1988). Family approaches to treating delinquents. In F. M. Cox, C. Chilman, & E. Nunnally (Eds.), *Families in trouble*. New York: Sage.

Alvarado, R., Kendall, K., Beesley, S., & Lee-Cavaness, C. (2000). *Strengthening America's families*. Washington, DC: Department of Justice, Office of Juvenile Justice and Delinquency Prevention.

American Psychological Association (2000). *Publication manual of the American Psychological Association* (4th ed.). Washington, DC: APA.

American Psychological Association (2007). Assessment of Competency Benchmarks Work Group: A developmental model for defining and measuring competence in professional psychology, June 2007. Retrieved February 2, 2009, from http://www.apa.org/ed/resources/comp_benchmark.pdf.

Andersen, R. M. (1995). Revisiting the behavioral model and access to medical care: Does it matter? *Journal of Health and Social Behavior, 36*, 1-10.

Anderson, S., Rigazio-DiGilio, S., & Kunkler, K. (1995). Training and supervision in family therapy: Current issues and future directions. *Family Relations, 44*, 489-500.

Aos, S., Barnoski, R., & Lieb, R. (1998). *Watching the bottom line: Cost-effective interventions for reducing crime in Washington*. Washington State Institute for Public Policy: RCW 13.40.500.

APA Presidential Task Force. (2006). Evidence-based practice in psychology. *American Psychologist, 61*, 271-285.

Bandura, A. (1969). *Principles of behavior modification*. New York: Holt.

Bandura, A. (1982). Self-efficacy mechanism in human agency. *American Psychologist, 37*, 122-147.

Barnoski, R. (2000). Outcome evaluation of Washington State's research-based programs for juvenile offenders. Washington State Institute for Public Policy, www.wsipp.wa.gov.

Barnoski, R. 2002a. Washington State's Implementation of Functional Family Therapy for Juvenile Offenders: Preliminary Findings. Washington State Institute for Public Policy. Olympia, WA.

Barnoski, R. (2002b). Washington state's implementation of functional family therapy for juvenile offenders: Preliminary findings. Washington State Institute for Public Policy, www.wsipp.wa.gov.

Barton, C., & Alexander, J. F. (1981). Functional family therapy. In A. Gurman & D. Kniskern (Eds.), *Handbook of family therapy*. New York: Brunner/Mazel, 403-443.

Barton, C., Alexander, J. F., Waldron, H., Turner, C. W, & Warburton, J. (1985). Generalizing treatment effects of functional family therapy: Three replications. *American Journal of Family Therapy, 13(3)*, 16-26.

Bateson, G. (1972). *Steps to an ecology of mind*. San Francisco: Chandler.

Baumrind, D. (1967). Child care practices anteceding three patterns of preschool behavior. *Genetic Psychology Monographs, 75*, 43-88.

Bernal, G., & Sa'ez-Santiago, E. (2006). Culturally centered psychosocial interventions. *Journal of Community Psychology, 34*,121-131.

Bernal, G., & Scharr6n del Rio, M. R. (2001). Are empirically supported treatments valid for ethnic minorities? Toward an alternative approach for treatment research. *Cultural Diversity and Ethnic Minority Psychology, 7*, 328-342.

Bernard, J. M., & Goodyear, R. K. (2004). *Fundamentals of clinical supervision* (3rd ed.). Boston: Allyn & Bacon.

Berwick, D. M. (1994). Eleven worthy aims for clinical leadership of health system reform. *Journal of the American Medical Association, 272*, 797-802.

Blatt, S. J., Sanislow, C. A., Zuroff, D. C., & Pilkonis, P. A. (1996). Characteristics of effective therapists: Further analyses of data from the National Institute of Mental Health Treatment of

Depression Collaborative Research Program. *Journal of Consulting and Clinical Psychology, 64,* 1276-1284.

Block, J., Block, J. H., & Keyes, S. (1988). Longitudinally foretelling drug usage in adolescence: Early childhood personality and environmental precursors. *Child Development, 59,* 336-355.

Boendermaker, L., van der Veldt, M. C., &Booy, Y. (2003). *Nederlandse studies naar de effecten van jeugdzorg.* Utrecht: NIZW Boendermaker, L., van Yperen, T. (2003). *Kansen in de ketene Een gemeenschappelijk referentiekader voor de justitie le jeugdinrichtingen.* Den Haag, The Netherlands: Dienst Iustitie le Inrichtingen.

Boerstler, H., Foster, R. W, O'Connor, E. J., O'Brien, J. L., Shortell, S. M., Carman, J. M., et al. (1996). Implementation of total quality management: Conventional wisdom versus reality. *Hospitals and Health Services Administration, 41(2),* 143-159.

Bordin, E. S. (1979). The generalizability of the psychoanalytic concept of the working alliance. *Psychotherapy, 16,* 252-260.

Bowen, R. M. (1976). In A.C. Eringen, (Ed.), *Theory of mixtures, continuum physics,* Vol. 3. Academic Press, New York.

Bronfenbrenner, U. (1986). Ecology ofthe family as a context for human development: Research perspectives. *Developmental Psychology, 22(6),* 723-742.

Burlingame, G. M., Wells, M. G., Hoag, M., Hope, C., Nebeker, R., Konkel, K., et al. (1996). *Administration and scoring manual for the Youth Outcome Questionnaire (Y-OQ.1).* Wilimington, DE: American Professional Credentialing Services.

Centers for Disease Control and Prevention. (1995). *Monthly Vital Statistics* (Report 43, No. 13). Washington, DC: U.S. Public Health Service.

Centers for Disease Control and Prevention (2002). Nonfatal physical assault-related injuries treated in hospital emergency departments-United States, 2000. *Morbidity and Mortality Weekly Report, 51,* 460-463.

Centers for Disease Control and Prevention. (2010). Web-based injury statistics query and reporting system (WISQARS). Available at http://www.cdc.gov/ncipc/wisqars.

Chung, H. L., Little, M., Steinberg, L., & Altschuler, D. (2005). Juvenile justice and the transition to adulthood. Network on Transitions to Adulthood. MacArthur Foundation research network on transitions to adulthood and public policy. University of Pennsylvania Department of Sociology, 20, 2005. http://www.transad.pop.upenn.edu/downloads/chung-juvenile%20just%20formatted. pdf.

Claiborn, C. D., & Lichtenberg, J. W (1989). Interactional counseling. *Counseling Psychologist. 17(3),* 355-453.

Clark, R. D., & Shields, G. (1997). Family communication and delinquency. *Adolescence,* 32,81-92.

Cleghorn, J., & Levin, S. (1973). Training family therapists by setting learning objectives. *American Journal of Orthopsychiatry, 43,* 439-446.

Community Juvenile Accountability Act. Chapter 338, Laws of 1997 RCW 13.40.540. Washington Department of Social Services, http:// www.dshs.wa.gov/pdf/EA/ GovRellleg0903/CJAA0903.pdf.

Coulehan, R. Friedlander, M., & Heatherington, L. (1998). Transforming narratives: A change event in constructivist family therapy. *Family Process, 37,* 17-33.

Crosby, Philip B. (1979). *Quality is free: The art of making quality certain.* New York: New American Library.

Dahlberg, L.L. (1998). Youth violence in the United States: Major trends, risk factors, and prevention approaches. *American Journal of Preventative Medicine, 14,* 259-272.

Datchi-Phillips, C. *Change in contexts: A critical approach to empowerment research in counseling.* Diss. Indiana University, 2009. Dissertations & Theses @ CIC Institutions, Pro Quest. Web. 31 Mar. 2010.

Dawes, R. M. (1994). *House of cards: Psychology and psychotherapy built on myth.* New York: Free Press.

Diamond, G. S., Reis, B. F., Diamond, G. M., Siqueland, L., & Isaacs, L. (2002). Attachment-based family therapy for depressed adolescents: A treatment development study. *Journal of the American Academy of Child and Adolescent Psychiatry, 41,* 1190-1196.

DiClemente, R. J., Hansen, W B., & Ponton, L. E. (1996). Adolescents at risk: A generation in jeopardy. In R. J. DiClemente, W B. Hansen, & L. E. Ponton (Eds.), *Handbook of adolescent health risk behavior* (pp. 1-4). New York: Plenum Press.

Dishion, T. J., & McMahon, R, J, (1998). Parental monitoring and the prevention of child and adolescent problem behavior: A conceptual and empirical formulation. *Clinical Child and Family Psychology Review, 1(1),* 61-75.

Dixon, A., Howie, P.,& Starling, J. (2004). Psychopathology in female juvenile offenders. *Journal of Child Psychology and Psychiatry, 45(6),* 1150-1158.

Dodge, K.A. (2008). Framing public policy and prevention of chronic violence in American youth. *American Psychologist, 63(7),* 573-590.

Domalanta, D., Risser,W L., Roberts, R. E., & Hale Risser, J. M. (2003). Prevalence of depression and other psychiatric disorders among incarcerated youths. *Journal of the American Academy of Child and Adolescent Psychiatry, 42(4),* 477-484.

Elliott, D. S. (Series Ed.). (1998). *Blueprints for violence prevention.* University of Colorado, Center for the Study and Prevention of Violence. Boulder, co: Blueprints Publications.

Elliott, D. S., & Mihalic, S. (2004). Issues in disseminating and replicating effective prevention programs. *Prevention Science, 5,* 47-53.

Erickson, C. *The effectiveness of functional family therapy in the treatment of juvenile sexual offenders.* Diss. Indiana University, 2008. Dissertations & Theses @ CIC Institutions, Pro Quest. Web. 31 March 2010.

Falicov, C. J. (1995). Training to think culturally: A multidimentional comparitive framework. *Family Process, 34,* 373-388.

Frank, J. D. (1969). *Persuasion and healing: A comparative study of psychotherapy.* Baltimore: Johns Hopkins University Press.

Frank, J. D., & Frank, J. B. (1991). *Persuasion and healing: A comparative study of psychotherapy* (3rd ed.). Baltimore: Johns Hopkins University Press.

Friedlander, M. L.,&Heatherington, L. (1998). Assessing clients' constructions of their problems in family therapy disclosure. *Journal of Marital and Family Therapy, 24,* 289-303.

Garb, H. N. (1989). Clinical judgment, clinical training, and professional experience. *Psychological Bulletin, 105,* 387-396.

Garb, H. N. (1998). *Studying the clinician: Judgment research and psychological assessment.* Washington, DC: American Psychological Association.

Gergen, K. (1985). The social constructionist movement in modern psychology. *American Psychologist, 40,* 266-273.

Gilman, L. (2008). Supervisory interventions and treatment adherence: An observational study of supervisor interventions and their impact on therapist model adherence. Unpublished doctoral dissertation, Indiana University, Bloomington.

Glisson, C., & James, L. (1992). The inter organizational coordination of services to children in state custody. In D. Bargal & H. Schmid (Eds.), *Organizational change and development in human services organizations* (pp. 65-80). New York: Haworth.

Goldman, H. H., Ganju, v., Drake, R. E., et al. (2001). Policy implications for implementing evidence-based practices. *Psychiatr Serv. 52*:1591-1597.

Gordon, D. A. (1995). Functional Family Therapy for delinquents. In R.R. Ross, D.H. Antonowicz, & G.K. Dhaliwal (Eds.). Going straight: Effective delinquency prevention and offender rehabilitation. Ontario, Canada: Air Training and Publications.

Gordon, D. A., Arbuthnot, J., Gustafson, K., & McGreen, P.(1988). Home-based behavioral systems family therapy with disadvantaged juvenile delinquents. *American Journal of Family Therapy, 16*, 243-255.

Greenberg, L. S., & Safrin, J. D. (1990). *Emotion in Psychotherapy.* New York: Guilford Press.

Greenwood, P. W, Model, K. E., Rydell, C. P., & Chiesa, J. (1996). *Diverting children from a life of crime: Measuring costs and benefits.* Santa Monica, CA: The Rand Corporation.

Griffin, K. W, Botvin, G. J., Scheier, L. M., Diaz, T., & Miller, N. L. (2000). Parenting practices as predictors of substance use, delinquency, and aggression among urban minority youth: Moderating effects of family structure and gender. *Psychology of Addictive Behaviors, 14(2)*, 174-184.

Grove, W M., Zald, D. H., Lebow, B. S., Snits, B. E., & Nelson, C. E. (2000). Clinical vs. mechanical prediction: A meta-analysis. *Psychological Assessment, 12*, 19-30.

Gurman, A. S., & Kniskern, D. P. (Eds.). (1981). *Handbook of family therapy.* New York: Brunner/Mazel, Gurman, A. S., Kniskern, D. P., & Pinsof, W M. (1986). Research on the process and outcome of marital and family therapy. In S. L. Garfield & A. E. Bergin (Eds.), *Handbook of psychotherapy and behavior change* (3rd ed., pp. 565-624). New York: John Wiley and Sons.

Haas, L. J, Alexander, J. F., & Mas, C. H. (1988). Functional Family Therapy: Basic Concepts and Training Program. In H. L Liddle. Breunlin, & Schwarts (Eds). *Handbook of family therapy training and supervision.* New York: Guilford Press.

Haley, J. (1964). Research on family patterns: An instrument measurement. *Family Process, 3(1)*, 41-76.

Haley, J. (1976). *Problem-solving therapy.* San Francisco: Jossey-Bass.

Hansson, K, (1998). *Functional family therapy replication in Sweden: Treatment outcome with juvenile delinquents.* Paper presented to the Eighth Conference on Treating Addictive Behaviors, Santa Fe, NM.

Harrison, A., Wilson, M., Pine, C., Chan, S., & Buriel, R. (1990). Family ecologies of ethnic minority children. *Child Development, 61*, 347-362.

Hawkins, J. D. & Catalano, R. F. (1992). *Communities that care: Action for drug abuse prevention.* San Francisco: Jossey-Bass.

Hawkins, J. D., Catalano, R. F.,& Miller, J.Y. (1992). Risk and protective factors for alcohol and other drug problems in adolescence and early adulthood: Implications for substance abuse prevention. *Psychological Bulletin, 112*, 64-105.

Heatherington, L.,& Friedlander, M. L. (1990). Couple and family therapy alliance scales: Empirical considerations. *Journal of Marital and Family Therapy, 16(3)*, 299-306.

Heatherington, L., Friedlander, M. L., & Greenberg, L. S. (2005). Change process research in couples and family therapy: Methodological challenges and opportunities. *Journal of Family Psychology, 19*, 18-27.

Henggeler, S. W. (1989). *Delinquency in adolescence.* Newbury Park, CA: Sage.

Henggeler, S.W, & Borduin, C. M. (1990). *Family therapy and beyond: A multisystemic approach to treating the behavior problems of children and adolescents.* Pacific Grove, CA: Brooks/Cole.

Henggeler, S.W, Melton, G. B., Brondino, M. J., Scherer, D. G., & Hanley, J. H. (1997). Multisystemic therapy with violent and chronic juvenile offenders and their families: The role of treatment fidelity in successful dissemination. *Journal of Consultingand Clinical Psychology, 65,* 821-833.

Henggeler, S.W, & Schoenwald, S. K. (1999). The role of quality assurance in achieving outcomes in MST programs. *Journal of Juvenile Justice and Detention 14,* 1-17.

Heppner, P. P., & Claiborn, C. D. (1989). Social influence research in counseling: A review and critique. *Journal of Counseling Psychology, 36(3),* 365-387.

Henry, W P. & Strupp, H. H. (1994). The therapeutic alliance as interpersonal process. In A. O. Horvath & L. S. Greenberg (Eds,), *The working alliance. Theory, research and practice* (pp. 51-84). New York: Wiley.

Hobfoll, S. E. (1991). Gender differences in stress reactions: Women filling the gaps. *Psychology and Health, 5,* 95-109.

Hoffman, L. (1981). *Foundations of family therapy.* New York: Basic Books.

Hogue, A., Liddle, H. A., Rowe, C., Turner, R. M., Dakof, G. A., & LaPann, K. (1998). Treatment adherence and differentiation in individual versus family therapy for adolescent substance abuse. *Journal of Counseling Psychology, 45,* 104-114.

Horvath, A. O. (2001). The alliance. *Psychotherapy: Theory, Research, Practice, Training, 38(4),* 365-372.

House, J., Landis, K. R., & Umberson, D. (1988). Social relationships and health. *Science, 241,* 540-545.

Huey, S. J., Jr., Henggeler, S.W, Brondino, M. J., & Pickrel, S. G. (2000). Mechanisms of change in multisystemic therapy: Reducing delinquent behavior through therapist adherence and improved family and peer functioning. *Journal of Consulting and Clinical Psychology, 68,* 451-467.

Institute of Medicine, Committee on Quality of Health Care in America. (2001). *Crossing the quality chasm: A new health system for the 21st century.* Washington (DC): National Academy Press.

Jackson, D. (1961). Interactional psychotherapy. In M. Stein (Ed.), *Contemporary psychotherapies,* (pp. 256-271). New York: The Free Press of Glenco, Inc.

Jackson, D. N., & Messick, S. (1961). Acquiescence and desirability as response determinants on the MMPI. *Educational and Psychological Measurement, 21,* 771-792.

Jones, E. E., & Nisbett, R. E. (1972). The actor and the observer: Divergent perceptions of the causes of behavior. In E. E. Jones, D. E. Kanouse, H. H. Kelley, R. E. Nisbett, S. Valins, & B. Weiner (Eds.), *Attribution: Perceiving the causes of behavior* (pp.79-94). Morristown, NJ: General Learning Press.

Kazdin, A. E. (1987). Treatment of antisocial behavior in children: Current status and future directions. *Psychological Bulletin, 102,* 187-203.

Kazdin, A. E. (1991). Effectiveness of psychotherapy with children and adolescents. *Journal of Consulting and Clinical Psychology, 59(6),* 785-798.

Kazdin, A. E. (1997). A model for developing effective treatments: Progression and interplay of theory, research, and practice. *Journal of Clinical Child Psychology, 26,* 114-129.

Kazdin, A. E. (2001). Progression of therapy research and clinical application of treatment require better understanding of the change process. *Clinical Psychology: Science and Practice, 8(2),* 143-151.

Kazdin, A. E. (2003). Psychotherapy for children and adolescents. *Annual Review of Psychology, 54,* 253-276.

Kazdin, A. E. (2004). Evidence-based treatments: Challenges and priorities for practice and research. In B. Burns & K. Hoagwood (Eds.), *Child and adolescent psychiatric clinics of North America* (pp. 923-940). New York: Elsevier.

Kazdin, A. E. (2006). Arbitrary metrics: Implications for identifying evidence-based treatments. *American Psychologist, 61(1),* 42-49.

Kazdin, A. E. (2007). Mediators and mechanisms of change in psychotherapy research. *Annual Review of Clinical Psychology, 3,* 1-27.

Kazdin, A. E. (2008). Evidence-based treatment and practice: New opportunities to bridge clinical research and practice, enhance the knowledge base, and improve patient care. *American Psychologist, 63(3),* 146-159.

Kazdin, A. E., & Weisz, J. R. (Eds.). (2003). *Evidence-based psychotherapies for children and adolescents.* New York: Guilford Press.

Kelley, H. H. (1973). The processes of causal attribution. *American Psychologist, 28,* 107-128.

Kempton, T., & Forehand, R. (1992). Juvenile sex offenders: Similar to, or different from, other incarcerated delinquent offenders? *Behavior Research and Therapy, 30,* 533-536.

Kiesler, D. J. (1982). Interpersonal theory for personality and psychotherapy. In J. C. Anchin & D. Kiesler (Eds.), *Handbook of interpersonal psychotherapy* (pp. 3-24). Elmsford, NY: Pergamon.

Klein, K., Forehand, R., Armistead, L., & Long, P. (1997). Delinquency during the transition to early adulthood: Family and parenting predictors from early adolescence. *Adolescence, 32,* 61-80.

Klein, N., Alexander, J., & Parsons, B. (1977). Impact of family systems interventions on recidivism and sibling delinquency: A model of primary prevention and program evaluation. *Journal of Consulting and Clinical Psychology, 45,* 469-474.

Koerner, K., & Jacobson, N. S. (1994). Emotion and behavioral couple therapy. In S. M. Johnson & L. S. Greenberg (Eds.), *The heart of the matter: Perspectives on emotion in marital therapy* (pp. 207-226). New York: Brunner/Mazel.

Kogan, N. (1990). Personality and aging. In J.E. Birren & K. W. Schaie (Eds.), *Handbook of the psychology of aging* (3rd ed., pp. 330-346). San Diego, CA: Academic Press.

Kumpfer, K. L. (1999). Factors and processes contributing to resilience: The resilience framework. In M. D. Glantz & J. L. Johnson (Eds.), *Resilience and development: Positive life adaptations* (pp. 179-224). New York: Kluwer Academic/Plenum Publishers.

Kumpfer, K. L., & Turner, C. W. (1990). The social ecology model of adolescent substance abuse: Implications for prevention. *International Journal of the Addictions, 25(4A),* 435-463.

Liddle, H.A. (1985). Five factors of failure in structural-strategic family therapy: A contextual construction. In S. B. Coleman (Ed.), *Failures in family therapy* (pp. 152-189). New York: Guilford.

Liddle, H.A. (1995). Conceptual and clinical dimensions of a multidimensional, multisystems engagement strategy in family-based adolescent treatment (Special issue: Adolescent Psychotherapy). *Psychotherapy: Theory, Research and Practice, 32.*

Liddle, H. A., Breunlin, D. C., & Schwartz, R. C. (Eds.). (1988). *Handbook of family therapy training and supervision.* New York: Guilford.

Liddle, H. A., & Dakof, G. A. (1995). Efficacy of family therapy for drug abuse: Promising but not definitive. *Journal of Marital and Family Therapy, 21(4),* 511-543.

Loeber, R. (1991). Antisocial behavior: More enduring than changeable? *Journal of the American Academy of Child and Adolescent Psychiatry, 30,* 393-397.

Loeber, R., & Dishion, T. (1983). Early predictors of male delinquency: A review. *Psychological Bulletin,* 94, 68-99.

Loeber, R., & Stouthamer-Loeber, M. (1986). Family factors as correlates and predictors of juvenile conduct problems and delinquency. In M. H. Tonry & N. Morris (Eds.), *Crime and justice: An annual review of research,* vol. 7 (pp. 29-149). Chicago: University of Chicago Press.

Maccoby, E. E., & Martin, J.A. (1983). Socialization in the context of the family: Parent child interaction. In P. H. Mussen & E. M. Hetherington (Eds.), *Handbook of child psychology: Socialization, personality and social development,* vol. IV (pp.1-101). New York: Wiley.

Mahoney, M. J. (1991). *Human change processes: The scientific foundations of psychotherapy.* New York: Basic Books.

Marlatt, G. A. & Gordon, J,R, (Fd) (1985). *Relapse prevention: Maintenance strategies in the treatment of addictive behaviors.* New York: Guilford Press.

Martin, J.R. (1997). Mindfulness: A proposed common factor. *JournalofPsych0 therapy Integration,* 7, 291-312.

McGoldrick, M., & Gerson, R. (1985). *Genograms in family assessment.* New York: Norton.

Mease, A. C. & Sexton, T. L. (2005). Functional Family Therapy as a school-based mental health intervention program. In K.E. Robinson (Ed.), *Advances in school-based mental health interventions.* Kingston, New Jersey: Civic Research Institute.

Miller, T. R., Cohen, M. A., & Rossman, S. B. (1993). Victim costs of violent crime and resulting injuries. *Health Affairs, 12(4),* 186-197.

Minuchin, S. (1979). Constructing a therapeutic reality. In E. Kaufman &P. Kaufmann (Eds.), *Family therapy of drug and alcohol abuse* (pp. 5-18). New York: Gardner.

Minuchin, S., Montalvo, B., Guemey, B. G., Rosman, B. L., & Schumer, E L. (1967). *Families of the slums: An exploration of their structure and treatment.* New York: Basic.

Mulford, C. E, & Redding, R. E. (2008). Training the parents of juvenile offenders: State of the art and recommendations for service delivery. *Journal of Child and Family Studies, 17(5),* 629-648.

National Institute on Drug Abuse. (1992). *National high school senior drug abuse survey 1975-1991: Monitoring the future survey.* NIDA Capsules (NIH Publication No. 99-4180). Washington, DC: U.S. Department of Health and Human Services, Alcohol, Drug Abuse, and Mental Health Administration.

Neighbors, B., Kempton, T., & Forehand, R. (1992). Co-occurrence of substance abuse with conduct, anxiety, and depression disorders in juvenile delinquents. *Addictive Behaviors, 17,* 379-386.

Nitza, A.G. (2002). The relationship of treatment adherence and outcome in functional family therapy. Unpublished doctoral dissertation, Indiana University, Bloomington.

Nitza, A.G. & Sexton, T. L. (2001). Treatment Adherence and Outcomes in Empirically Supported Treatments. Paper presented at the American Counseling Association, San Antonio, TX.

Nitza, A. G. & Sexton, T.L. (2002) The relationship of treatment adherence and outcome in functional family therapy. Unpublished doctoral dissertation, Indiana University.

Parsons, B. v., & Alexander, J. E (1973). Short-term family intervention: A therapy outcome study. *Journal of Consulting and Clinical Psychology, 41,* 195-20l.

Patterson, G. R. (1982). *Coercive family process.* Eugene, OR: Castalia.

Patterson, G. R., & Forgatch, M. S. (1985). Therapist behavior as a determinant for client noncompliance: A paradox for the behavior modifier. *Journal of Consulting and Clinical Psychology, 53(6),* 846-85l.

Patterson, G. R., & Stouthamer-Loeber, M. (1984). The correlation of family management practices and delinquency. *Child Development, 55(4)*, 1299-1307.

Pedersen, P. (1997). Recent trends in cultural theories. *Applied and Preventive Psychology, 6*, 221-23l.

Pettit, G. S.,Bates, J.E.,&Dodge, K. A. (1997). Supportive parenting, ecological context, and children's adjustment: A seven-year longitudinal study. *Child Development, 68*, 908-923.

Pinsof, W M., & Catherall, D. R. (1984). *The integrative psychotherapy alliance: Family couple and individual therapy scales.* Chicago: Center for Family Studies, Northwestern University.

Pinsof, W M., & Wynne, L. C. (2000). Toward progress research: Closing the gap between family therapy practice and research. *Journal of Marital and Family Therapy, 26*, 1-8.

Pliszka, S. R., Liotti, M., & Woldorff, M. G. (2000). Inhibitory control in children with attention-deficit/hyperactivity disorder: Event-related potentials identify the processing component and timing of an impaired right-frontal response-inhibition mechanism. *Biological Psychiatry, 48*, 238-246.

Pliszka, S. R., Sherman, J. 0., Barrow, M. v., & Irick, S. (2000). Affective disorder in juvenile offenders: A preliminary study. *American Journal of Psychiatry, 157(1)*, 130-132.

Pope, C.,&Feyerherm,W (1991). Minorities in the juvenile justice system. Washington, DC: Office of Juvenile Justice and Delinquency Prevention.

Pope, C., Lovell, R., & Hsia, H. (2002). *Disproportionate minority confinement: A review of the research literature from 1989 through 2001.* Washington, DC: U.S. Department of Justice, Office of Justice Programs, Office of Juvenile Justice and Delinquency Prevention.

Prochaska, J. O. (1999). How do people change, and how can we change to help many more people? In M. A. Hubble, B. L. Duncan, &S. D. Miller (Eds.), *The heart and soul of change: What works in therapy* (pp. 227-255). Washington, DC: American Psychological Association.

Quinn, W. H., Dotson, D., & Jordon, K. (1997). Dimensions of the therapeutic alliance and their associations with outcome in family therapy. *Psychotherapy Research, 74*, 429-438.

Reiss, D., & Price, R. H. (1996). National research agenda for prevention research: The National Institute of Mental Health report. *American Psychologist, 51*, 1109-1115.

Riemer, M., Ros.of-Williams, J., Bickman, L. (2005). Theories related to changing clinician practice. *Child Adolescent Psychiatric Clinics of North America,* 14:241Y254.

Robbins, M. S., Bachrach, K., & Szapocznik, J. (2002). Bridging the research-practice gap in adolescent substance abuse treatment: The case of brief strategic family therapy. *Journal of Substance Abuse Treatment, 23*, 123- 132.

Robbins, M. S., Alexander, J. E., & Turner, C. W (2000). Disrupting defensive family Interactions in family therapy with delinquent adolescents. *Journal of Family Psychology, 14(4)*, 688-70l.

Robbins, M. S., Mayorga, C. C., & Szapocznik, J. (2003). The ecosystemic "lens" to understanding family functioning. In T. L. Sexton, G. R. Weeks, & M. S. Robbins (Eds.), *Handbook of family therapy* (pp. 23-40). New York: Brunner-Routledge.

Robbins, M. S., Turner, C., Alexander, J. E, & Perez, G. (2003). Alliance and dropout in family therapy for adolescents with behavior problems: Individual and systemic effects. *Journal of Family Psychology, 17*, 534-544.

Robertson, A., Dill, P., Husain, J., & Undesser, C. (2004). Prevalence of mental illness and subtance abuse disorders among incarcerated juvenile offenders in Mississippi. *Child Psychiatry and Human Development, 35(1)*, 55-74.

Rogers, C. (1957). The necessary and sufficient conditions of therapeutic personality change. *Journal of Consulting and Clinical Psychology, 21*, 95-103.

Rosenblatt, J. A., Rosenblatt, A., & Biggs, E. E. (2000). Criminal behavior and emotional disorder: Comparing youth served by the mental health and juvenile jus- J tice systems. *Journal of Behavioral Health Services & Research, 27(2)*, 227-237.

Roth, A. D., & Fonagy, P. (1996). *What works for whom? A critical review of psychotherapy research.* New York: Guilford.

Rowe, C. L., Liddle, H. A. (2003). "Substance abuse. *Journal of Marital and Family Therapy, 29*, 97-120.

Sale, E., Sambrano, S., Springer, E, & Turner, C. (2003). Risk, protection, and substance use in adolescents: A multi-site model. *Journal of Drug Education, 33(1)*, 91-105.

Sapyta, J., Riemer, M., & Bickman, L. (2005). Feedback to clinicians: Theory, research, and practice. *Journal of Clinical Psychology, 61*, 145-153.

Sampson, R. J., & Laub, J. H. (1993). *Crime in the making.* Cambridge, MA: Harvard University Press.

Schoenwald, S. K., Henggeler, S. W., Brondino, M. J., & Rowland, M. D. (2000). Multisystemic therapy: Monitoring treatment fidelity. *Family Process, 39(1)*, 83-103.

Selvini-Palazzoli, M. (1978). *Self-starvation: From individuation to family therapy in the treatment of anorexia nervosa.* New York: Aronson.

Selvini-Palazzoli, M., Boscolo, L., Cecchin, G., & Prata, G. (1978). *Paradox and counterparadox.* New York: Jason Aronson.

Sexton, T. L. (2008). Evil or troubled? Treating the most difficult adolescent's mental health problems with functional family therapy. In E. De Saude Mental: 0 Contributo Da Terapia Funcional Familiar - Separata PSICOLOGIA FORENSE Almedina Coimbra, Portugal.

Sexton, T. L. (2009). Functional family therapy: Traditional theory to evidence-based practice. In J. Bray & M. Stanton (Eds)., *Handbook of family psychology* (pp. 327340). Malden, MA: Wiley-Blackwell.

Sexton, T. L., & Alexander, J.E (2002a). Family-based empirically supported interventions. *Counseling Psychologist, 30(2)*, 238-26l.

Sexton, T. L., & Alexander, J. F. (2002b). Functional family therapy for at-risk adolescents and their families. In T. Patterson (Ed.), *Comprehensive handbook of psychotherapy, vol. II: Cognitive-behavioral approaches* (pp. 117-140). New York: Wiley.

Sexton, T. L., & Alexander, J. E (2003). Functional family therapy: A mature clinical model for working with at-risk adolescents and their families. In T. L. Sexton, G. R. Weeks, & M. S. Robbins (Eds.), *Handbook of family therapy* (pp. 371-400). New York: Brunner-Routledge.

Sexton, T. L., & Alexander, J.E (2004). *Functional family therapy clinical training manual.* Seattle, WA: Annie E. Casey Foundation.

Sexton, T. L., & Alexander, J. E (2005). Functional family therapy for externalizing disorders in adolescents. In J. Lebow (Ed.), *Handbook of clinical family therapy* (pp. 164-194). Hoboken, NJ: John Wiley.

Sexton, T. L., Alexander, J. E., & Gilman, L. (2004). *Functional family therapy: Clinical supervision training manual.* Seattle, WA: Annie E. Casey Foundation.

Sexton, T. L., Alexander, J. E, & Mease, A. L. (2004). Levels of evidence for the models and mechanisms of therapeutic change in family and couple therapy. In M. J. Lambert (Ed.), *Bergin and Garfield's handbook of psychotherapy and behavior change* (5th ed., pp. 590-646). New York: Wiley.

Sexton, T. L., Coop-Gordon, K. Gurman, A. S. Lebow, J. L. Holtzworth-Munroe, A., & Johnson, S. (2007). *Report of the Task Force for Evidence-Based Treatments in Couple and Family Psychology.* Washington, DC: American Psychological Association.

Sexton, T. L., Gilman, L., & Johnson-Erickson, C. (2005). Evidence-based practices. In T. P. Gullotta & G. R. Adams (Eds.), *Handbook of adolescent behavioral problems: Evidence-based approaches to prevention and treatment* (pp. 101-128).New York: Springer.

Sexton, T. L., & Griffin, B. L. (Eds.). (1997). *Constructivist thinking in counseling practice, research, and training.* Counseling and development series, vol. 3. New York: Teachers College Press.

Sexton, T. L., Ostrom, N., Bonomo, J., & Alexander, J. A. (2000). *Functional family therapy in a multicultural, multiethnic urban setting.* Paper presented at the annual conference of the American Association of Marriage and Family Therapy, Denver, CO.

Sexton, T. L., Ridley, C. R., & Kleiner, A. J. (2004). Beyond common factors: Multi level process models of therapeutic change in marriage and family therapy. *Journal of Marital and Family Therapy, 30(2)*, 131-149.

Sexton, T. L., Robbins, M. S., Hollimon, A. S., Mease, A. L., & Mayorga, C. C. (2003). Efficacy, effectiveness, and change mechanisms in couple and family therapy. In T. L. Sexton, G. R. Weeks, & M. S. Robbins (Eds.), *Handbook of family therapy* (pp. 264-301). New York: Brunner-Routledge.

Sexton, T.L., Sydnor, A.E., & Rowland, M.K. (2004). Identification and treatment ofthe clinical problems of childhood and adolescence (pp. 350-369) . In R. Coombs (Ed.), *Family Therapy Review: Preparing for Comprehensive and Licensing Exams.* Mahway, New Jersey: Lawrence Erlbaum Associates.

Sexton, T. L., & Turner, C. T. (in press). The Effectiveness of Functional Family Therapy for Youth with Behavioral Problems in a Community Practice Setting. *Journal of Family Psychology.*

Sexton, T. L., Turner, C. T., & Schuster, R. (in process). *Functional family therapy in a community-based setting.*

Sexton, T. L., Weeks, G. R., & Robbins, M. S. (2003). *Handbook of family therapy: The science and practice of working with families and couples.* New York: Brunner Routledge.

Sexton, T. L., & Whiston, S. C. (1994). The status of the counseling relationship: An empirical review, theoretical implications, and research directions. *Counseling Psychologist, 22*, 6-78.

Sexton, T. L., & Whiston, S. C. (1996). Integrating counseling research and practice. *Journal of Counseling and Development, 74*, 588-589.

Sexton, T. L., & Whiston, S. C. (1998). Using the knowledge base: Outcome research and accountable social action. In C. Lee and G. Walz (Eds.), *Social action: A mandate for counselors* (pp. 241-260). Alexandria, VA: American Counseling Association.

Sexton, T. L., & Wilkerson, J. (1999). *The Functional Family Therapy Clinical Services System.* Henderson, NV: RCH Enterprises.

Sexton, T. L., Sydnor, A. E., Rowland, M. K., & Alexander, J. F. (2004). Identification and treatment of the clinical problems of childhood and adolescence. In R. Coombs (Ed.), *Family Therapy Review: Preparing for Comprehensive and Licensing Examinations* (pp. 349-369). Mahwah, NJ: Lawrence Erlbaum Associates.

Shadish, W.R., Montgomery, L. M., Wilson, P.,Wilson, M. R., Bright, 1.,& Okwumabua, T. (1993). Effects of family and marital psychotherapies: A meta-analysis, *Journal of Consulting and Clinical Psychology, 61*, 992-1002.

Shewhart, W. A. (1931). Economic Control of Quality of Manufactured Product, New York: Van Nostrand. (Republished in 1981, with a dedication by W Edwards Deming by the American Society for Quality Control, Milwaukee, WI.) Snyder, H., & Sickmund, M. (1999). *Juvenile offenders and victims:* 1999 *national report.* Washington, DC: U.S. Department of Justice, Office of Justice Programs, Office of Juvenile Justice and Delinquency Prevention.

Snyder, J., & Patterson, G. (1987). Family interaction and delinquent behavior. In H. Quay (Ed.), *Handbook of juvenile delinquency* (pp. 216-243). New York: Wiley.

Stanton, M. & Welsh, R. (in press). Specialty competencies in couple and family psychology. In A.M. Nezu & C.M. Nezu, (Eds.), Oxford University Press series on *Specialty Competencies in Professional Psychology.* New York: Oxford University Press.

Strong, S. R. (1986). Interpersonal influence theory and therapeutic Interactions. In F. J. Dorn (Ed.), *The social influence process in counseling and psychotherapy* (pp. 17- 30). Springfield, IL: Charles C Thomas.

Strong, S. R., & Claiborn, C. D. (1982). *Change through interaction: Social psychological processes of counseling and psychotherapy.* New York: Wiley.

Stroul, B. A., & Friedman, R. M. (1986). *A system of care for children and youth with severe emotional disturbances.* Washington, DC: CASSP Technical Assistance Center.

Szapocznik, J.,& Kurtines, W (1989). *Breakthroughs in family therapy with drug abusing problem youth.* New York: Springer.

Szapocznik, J., Kurtines, W M., Santiesteban, D. A., Pantin, H., Scopetta, M., Mancilla, Y., et al. (1997). The evolution of a structural ecosystemic theory for working with Latino families. In J. Garcia & M. C. Zea (Eds.), *Psychological interventions and research with 'Latinopopulations* (pp. 166-190). Boston: Allyn & Bacon.

Taylor, S. E., & Fiske, S. T. (1978). Salience, attention, and attribution: Top of the head phenomena. In L. Berkowitz (Ed.), *Advances in experimental social psychology,* vol. 11 (pp. 249-288). New York: Academic Press.

Teplin, L. A., Abram, K. M., McClelland, G. M., Dulcan, M. K., & Mericle, A. A. (2002). Psychiatric disorders in youth in juvenile detention. *Archive of General Psychiatry, 59,* 1133-1143.

Tharp, R. G. (1991). Cultural diversity and treatment of children. *Journal of Consulting and Clinical Psychology, 59,* 799-812. U.S. Public Health Service, Office of the Surgeon General. *Youth violence: A report of the Surgeon General, 2001.* Available at http://www.surgeongeneral.gov/library/youthviolence.

Uehara, E. (1990). Dual exchange theory, social networks, and informal social support. *American Journal of Sociology, 96,* 521-557.

Ulzen, T., & Hamiton, H. (1998) The nature and characteristics of psychiatric comorbidity in incarcerated adolescents. *Canadian Journal of Psychiatry, 43,* 57-63.

Vondra, J., & Belsky, J. (1993). Developmental origins of parenting: Personality and relationship factors. In T. Luster & L. Okagaki (Eds.), *Parenting: An ecological perspective* (pp. 1-34). Hillsdale, NJ: Erlbaum.

Wahler, R. G., & Hann, D. M. (1987a). An interbehavioral approach to clinical child psychology: Toward an understanding of troubled families. In D. H. Ruben & D. J. Delprato (Eds.), *New ideas in therapy: Introduction to an interdisciplinary approach* (pp. 53-78). New York: Greenwood Press.

Wahler, R. G., Hann, D. M. (1987b). The communication patterns of troubled mothers: In search of a keystone in the generalization of parenting skills. *Education & Treatmentof Children.* Vol *7(4),* Fall 1984, 335-350.

Waldron, H. B., Slesnick, N., Turner, C. W, Brody, J. L., & Peterson, T. R. (2001). Treatment outcomes for adolescent substance abuse at 4- and 7-month assessments. *Journal of Consulting and Clinical Psychology, 69*, 802-813.

Waltz, J., Addis, M. E., Koerner, K., & Jacobson, N. S. (1993). Testing the integrity of a psychotherapy protocol: Assessment of adherence and competence. *Journal of Consulting and Clinical Psychology, 61*, 620-630.

Wampold, B. E. (2001). *The great psychotherapy debate: Models, methods, and findings.* Mahwah, NJ : Erlbaum.

Watzlawick, P.,Weakland, J., & Fisch, R. (1974). *Change: Principles of problem formation and problem resolution.* New York: Norton.

Weisz, J. R., Huey, S. J., & Weersing, V. R., (1998). Psychotherapy outcome research with children and adolescents: The state of the art. In T. H. Ollendick & R. J. Prinz (Eds.), *Advances in clinical child psychology,* vol. 20 (pp. 49-91). New York: Plenum Press.

Weisz, V., & Tomkins, A. J. (1996). The right to a family environment for children with disabilities. *American Psychologist, 51*, 1239-1245.

Wells, M. G., Burlingame, G., Lambert, M. J., Hoag, M., & Hope, C. (1996). Conceptualization and measurement of patient change during psychotherapy: Development of the Outcome Questionnaire and Youth Outcome Questionnaire. *Psychotherapy: Theory, Research, & Practice, 33(2)*,275-283.

Westen, D., Novotny, C. M., & Thompson-Brenner, H. (2004). The empirical status of empirically supported psychotherapies: Assumptions, findings, and reporting in controlled clinical trials. *Psychological Bulletin, 130(4)*, 631-663.

Whaley, A. L.,& Davis, K. E. (2007). Cultural competence and evidence-based practice in mental health services: A complementary perspective. *American Psychologist, 62(6)*, 563-574.

World Health Organization. (1992). *TheICD-10 Classification of Mental and Behavioral Disorders.* Geneva: World Health Organization.

監訳者あとがき

　本書は，機能的家族療法（以下，FFT）を創始者した James Alexander 博士のもとで精力的に FFT を学び，後にコ・メンバーとして多数のプロジェクトに参画し，FFT に関する数多くの論文を発表してきた Thomas Sexton 博士による解説書である。FFT は，その名の通り家族療法の一つであるが，これまでの家族療法とはいくつかの点でやや趣の異なる特徴をもっている。以下に，その特徴と思われることを列挙してみたい。

(1) FFT は，構造派や戦略派や社会的構成主義など「〜学派」と呼ばれる問題の発生や解決を基軸としたひとつの学派を標榜するのではなく，むしろそれらの理論や技法にある有効性を認め，家族の機能回復に役立つと立証されていること（たとえば，リフレーミングの技法など）なら積極的に取り入れ，常に進化を前提とした動的な治療システムである。

(2) これまでの家族療法は，家族に関連するどのような心理的問題に対しても対応可能な，いわゆるユニバーサルな治療体系を提供してきたように思うが，FFT は，ターゲットとする対象を外在化型の問題行動をもつ青少年とその家族に特化していることである。そのような問題としては，学校での問題，薬物乱用，虐待，暴力，非行，不良行動（ぐ犯），素行障害などが含まれ，対象とする範囲は限定的とはいえ相当に広い。このような問題を示す青少年の家族には，家族成員相互の否定性や相互非難という共通の雰囲気なりコミュニケーションがあり，それが家族の本来の機能を阻害している。家族には，このようなリスク要因とともに，子どもの問題を一番に解決したいという保護要因もあり，両者を有機的に関連させている。

(3) 治療の進行に段階を設定し，段階ごとに明確な目標を設定している。それぞれの段階で，何を治療の焦点としなければならないのかが明示され，各段階では常にアセスメントと介入が繰り返し行われ，動的でシステム的である。治療の進行は全体で三段階に分けられるが，それらの段階は行きつ戻りつする。三つの段階の中でも，特に，第一段階の積極的関与と動機づけ (Engagement/Motivation) はチャレンジングである。問題のある青少年やその家族は，自分たちに何らかの問題があると知りつつもその問題を直視することに背を向けたり，問題を改善しようとしても実行力が伴わなかったり，あるいは問題解決をあきらめてしまったりしている。三段階あるなかで，積極的関与と動機づけが第一段階として大きく位置づけられていることに，非行傾向のある少年とその家族に特有な療法であることの納得がいく。

(4) 働きかけの対象は，青少年と家族だけでなくコミュニティも含まれる。これは特に，改善された問題行動を維持するのに重要である。非行少年は学校での躓きや学校からドロップアウトをしていることが多い。また，地域の不良仲間との関係に問題があることも多い。地域社会という拡大システムへの考慮は，異文化性への敬意とも通じており，それが，米国内外で FFT が普及している要因ともなっている。

(5) FFT はスーパーヴィジョンのシステム化を確立している。これは，FFT の遵守性 (adherence) という考えのもとで FFT の質保障を担保する鍵となっている。この遵守性とセットとなっているのが治療者の有能性 (competence) であり，実際の家族面接で治療者は創造性豊かに家族と接することが求められる。どれ一つとして同じ家族はないという信念のもとに，当該家族に特有なリスクや資源を個別に見出し，治療計画を仕立てあげる。

(6) FFT の有効性や治療効率は常にチェックされ，その成果が FFT の改善に活用されるが，そのような，FFT の実行，点検，改善というサイクルの基準に研究成果が採用されるということである。FFT が，「科学的根拠に基づく実践」(Evidence-Based Practice : EBP) の一つとして数えられるのは，科学性を根拠に治療システムを構築しているところにある。先に述べたとおり，外在化型の問題行動を示す青少年や家族は一般に治療動機が乏しいため，FFT は，少年裁判所の命令や委託による形で行われることが多い。つまり，治療は処遇という形態で公的資金 (税金) を投じて行わ

れるため，処遇と称する治療は，効果があり経済的にも効率のよいもの
でなければならないだけでなく，その効果や効率は公的に示されていな
ければならない。FFT は，最新の研究成果やデータをホームページ(http://
www.fftllc.com/about-fft-training/) で常に公開している。FFT が EBP であること
で，刑事政策の施策者は FFT をより採用しやすくなっている。無駄を
嫌う米国流の合理的な考えだが，経済効率にシビアなのは，認知行動療
法 (CBT) を保険点数化した最近の日本も同じである。今後，心理学関
連の資格制度が成熟するにつれて，この傾向はさらに促進する可能性が
ある。

　以上，FFT の特徴を思いつくまま列挙したが，本書を読まれると恐らくまだ
いろいろな発見があるに違いない。ぜひ FFT の新たな側面を発見し，今後の
家族研究や家族支援の実践に活かしていただきたい。
　ところで，最近の日本の少年司法では少年法の適用年齢の引下げが盛んに議
論されている。中学生くらいの年少の子どもの立ち直りに家族がどれだけ重要
であるかは改めて述べるまでもないが，私がこれまで成人の刑事被告人の情状
鑑定等を通して彼らとかかわった経験からして，二十歳を過ぎた若年成人犯罪
者においても家族の存在は無視できず，その意味からも，日本では FFT のよ
うなシステムをこの年齢層の治療や処遇にも拡大して役立てられるのではない
かと考えている。
　本書の翻訳は，非行少年の立ち直りや家族支援を実際に行っている実務家に
よるところが大きい。できるだけ早い刊行を考えていたが，翻訳の全体調整等
に予想以上手間取った。にもかかわらず，金剛出版の高島さんにはいつもなが
ら我慢強く励ましていただいた。本当に感謝申し上げたい。
　本書が，今後の日本の若者の健全育成や家族支援のありかたや少年司法シス
テムの改善に少しでも役立つことを願ってやまない。

文　献

岡本吉生（2012）海外文献紹介：機能的家族療法（FFT）の臨床実践．家族療法研究，
　29（2），91-92.

監訳者を代表して
岡本吉生

索引

［監訳者］

岡本吉生 （おかもと・よしお）

1956 年　鳥取県出身
1979 年　京都府立大学文学部卒業
1997 年　筑波大学大学院修士課程教育研究科修了
1980 年　家庭裁判所調査官（補）。大阪家庭裁判所，広島家庭裁判所，東京家庭裁判所，千葉家庭裁判所に勤務。
1993 年　アメリカ合衆国 Mental Research Institute に留学。Brief Therapy Intensive Training 修了（175 時間）
1999 年　埼玉県立大学保健医療福祉学部助教授
2003 年　日本女子大学家政学部助教授
2012 年　日本女子大学家政学部教授，現在に至る。

専門／犯罪臨床心理学，家族心理学
所属学会／日本犯罪心理学会，日本家族研究・家族療法学会ほか

　［主要編著・訳書］
　『犯罪心理学事典』（丸善出版，共編著，2016 年）
　『ヘルピング・スキル』（金子書房，共訳書，2014 年）
　『非行臨床の新潮流』（金剛出版，共編著，2011 年）
　『ブリーフセラピーの原則』（金剛出版，共訳書，2001 年）など

生島　浩 （しょうじま・ひろし）

1956 年　東京に生まれる
1979 年　一橋大学社会学部社会学科卒業
1992 年　筑波大学大学院修士課程教育研究科カウンセリング専攻修了
2016 年　東北大学大学院文学研究科博士課程修了／博士（文学）
1979 年　法務省に入省し，東京および横浜保護観察所の保護観察官，大津および奈良保護観察所の調査連絡課長などを経て，1996 年 4 月法務省法務総合研究所研究部室長研究官
2000 年　法務省浦和保護観察所観察第一課長
　　　　　現職（2001 年 4 月より）福島大学大学院人間発達文化研究科教授

専門／犯罪・非行臨床，家族臨床専攻

　［主要論著］
　『触法障害者の地域生活支援』（金剛出版，共編著，2017 年）
　『非行臨床における家族支援』（遠見書房，単著，2016 年）
　『非行臨床の新潮流』（金剛出版，共編著，2011 年）
　『犯罪心理臨床』（金剛出版，共編著，2007 年）
　『非行臨床の焦点』（金剛出版，単著，2003 年）
　『悩みを抱えられない少年たち』（日本評論社，単著，1999 年）など。

［訳　者］（50音順）

岡本潤子（おかもと・じゅんこ）｜帝京大学文学部心理学科准教授｜第3章

岡本吉生（おかもと・よしお）｜監訳者｜まえがき，序，第1章，第2章，Ⅰ～Ⅲ部序

小澤真嗣（おざわ・まさつぐ）｜福井家庭裁判所主任家庭裁判所調査官｜第5章

左近司彩子（さこんじ・あやこ）｜神戸保護観察所保護観察官｜第9章

生島　浩（しょうじま・ひろし）｜監訳者｜第8章，第9章

須藤　明（すとう・あきら）｜駒沢女子大学人文学部心理学科教授｜第4章

角田　亮（つのだ・りょう）｜さいたま保護観察所企画調整課長｜第8章

渡部信吾（わたべ・しんご）｜裁判所職員総合研修所教官｜第6章，第7章

機能的家族療法
対応困難な青少年とその家族へのエビデンスにもとづいた処遇

2017年9月10日　印刷
2017年9月20日　発行

著　者　トーマス・L・セックストン
監訳者　岡本吉生・生島 浩
発行者　立石正信
発行所　株式会社 金剛出版
　　　　〒112-0005 東京都文京区水道1丁目5番16号升本ビル二階
　　　　電話　03-3815-6661　振替　00120-6-34848
印刷・製本　太平印刷株式会社
装　幀　岩瀬 聡

ISBN 978-4-7724-1578-1 C3011　　　　©2017 Printed in Japan

触法障害者の地域生活支援

[編]=生島 浩

●A5判 ●上製 ●248頁 ●定価 3,600円+税
● ISBN978-4-7724-1551-4 C3011

罪を犯した障害者の再犯を防ぎ社会復帰と地域生活を支える
刑事司法と福祉の協働，そのリアルな
臨床実践と課題解決策を提示。

離婚と子どもの司法心理アセスメント
子の監護評価の実践

[著]=G・S・W・フールマン　R・A・ジーベル　[訳]=田高 誠　渡部信吾

●A5判 ●並製 ●240頁 ●定価 4,200円+税
● ISBN978-4-7724-1499-9 C3011

心理学は離婚と子の監護をめぐる司法手続にいかに貢献できるか。
実証的な知見を網羅し，実務と研究に
体系的な指針を示す。

子どもの法律入門 第3版
臨床実務家のための少年法手引き

[著]=廣瀬健二

●四六判 ●並製 ●200頁 ●定価 2,600円+税
● ISBN978-4-7724-1575-0 C3032

臨床家必読！
マニュアルにはない本物の知識。
少年法の実務的理解のための定番テキスト，さらなる改訂！